OPEN 是一種人本的寬厚。

OPEN 是一種自由的開闊。

OPEN 是一種平等的容納。

OPEN 2

印度哲學宗教史 新譯本

作　　者—高楠順次郎、木村泰賢
譯　　者—釋依觀
發 行 人—王春申
總 編 輯—張曉蕊
責任編輯—徐平
校　　對—鄭秋燕
封面設計—吳郁婷

影音組長—謝宜華
營業組長—王建棠
行　　銷—蔣汶耕
出版發行—臺灣商務印書館股份有限公司
23141 新北市新店區民權路 108-3 號 5 樓（同門市地址）
電話：(02)8667-3712　傳真：(02)8667-3709
讀者服務專線：0800056196
郵撥：0000165-1
E-mail：ecptw@cptw.com.tw
網路書店網址：www.cptw.com.tw
Facebook：facebook.com.tw/ecptw

局版北市業字第 993 號
初版：2017 年 3 月
初版五刷：2023 年 11 月
印刷廠：沈氏藝術印刷股份有限公司
定價：新台幣 380 元
法律顧問：何一芃律師事務所

印度哲學宗教史

HINDUISM
PHILOSOPHY

高楠順次郎
木村泰賢——著
釋依觀——譯

《印度哲學宗教史》新譯本序

江燦騰

新一年開始，新譯本，使用現代通用的流暢語體文翻譯，把原來的文言文語句和各種過時的書內專有名詞，都更正為現在學術著作通用的專有名詞，使讀者更容易閱讀與理解。這就是原來臺灣商務印書館已發行數十年的長銷書，一九一四年由高楠順次郎與木村泰賢合著出版，在一九三五年由高觀廬中譯的《印度哲學宗教史》一書，在臺灣數十年來多次重印流通之後，現在更推出擅長翻譯日文佛教各種經典名著的依觀尼，完全新譯的二十一世紀初期問世的現代語體文中譯版。

這也是依觀尼繼一年前在臺灣商務印書館出版《梵我思辨——木村泰賢之印度六派哲學》之後，又一新的翻譯作品問世。我也鼓勵依觀尼進一步將木村泰賢的巔峰之作《阿毗達磨論之研究》（大正九年）首次中譯出版。據我所知，全書譯稿也初步完成，只是仍要時間進一步加以潤色與確認而已。如此一來，臺灣本地將是除日本之外，唯一全中譯《木村泰賢全集》六冊的地方。事實上，日本近代著名宗教學者中，很少有如此被全部翻譯的，因此，木村泰賢著作被全部中譯，堪稱是極少數中的最顯赫特例了。

不過，有關《印度哲學宗教史》這本書的學術史理解，過去很少被清楚地理解過。

高觀廬在一九三五年翻譯此書時，他其實只是根據書中作者的原序簡單說明，又摘錄書中德國哲學家叔本華稱頌《奧義書》的有關段落，約略寫成一篇簡短的翻譯序言而已。再者，日本佛教學者渡邊照宏教授雖是木村泰賢在日本東京帝國大學授課後期的出色高徒，可是他在一九五三年受邀為《木村泰賢全集第一卷》，即本書寫全書《解說》時，也沒有多作說明，反而附加大量在此書出版後，各種西洋新譯本印度早期聖典文獻書目或日本學者的相關重要著作。儘管如此，迄今此書在日本學界與一般讀者間，仍是沒有被取代的最佳印度上古宗教哲學及其原典的簡明導論性著作。因此，我以下特別根據各種最新發現，為此新譯本增加解說幾點，具有實質學術史意義的內容。

首先，有關此書為何是《印度哲學宗教史》這樣的名稱？雖然兩位作者掛名的原書序第三條說，為了哲學與宗教二者，在印度佛教之前的印度思想，是不能偏廢的，所以才取這樣的書名與組織書中論述的內容。但，這只是過於簡化的表面說詞而已。真實的情況，其實更複雜，更有學術史意義。因為，高楠順次郎曾留歐七年，從一開始在牛津大學本科就讀，就長期受當時歐洲最著名的比較語言學偉大先驅之一，也是《宗教學》的開創者，印度古典吠陀相關文獻的翻譯者，《印度六派哲學》的作者，《東方聖典》多卷版的主編，馬克斯．穆勒教授的指導。本科畢業後，他研究所的課，更是接受馬克斯．穆勒教授的指導與規劃，並到德國就學於福特、奧登堡、伊森諸教授，以及在法國就學於著名的列維教授等，可以說，是日本當時留歐學者中，學習最多東方古典語言，又對古印度佛教漢譯經典進行出色英譯的一位新銳學者。加上養父又是財力雄厚的事業家，因此，一回日本後，便有兩重機會，進入中央政府擔任要職，以及應聘在日本東京大學擔任講師教授梵文。不止如此，當高楠決定放棄擔任高級政府官員之後，東京大學當局在隔年便改聘他為教授，兩年後。又授與博士學位。此種火箭升空般的迅速地被拔擢與重視，堪稱東京大學創立以來，幾乎沒有前例可比。

但，在東京大學的印度哲學授課方面，他卻遇到強勁的同行，就是曾留德的東大哲學科第一屆畢業的實力派教授井上哲次郎博士、以及同樣在東大任教的井上高徒姊崎正治兩者。因為姊崎正治僅比高楠本人，後一年（一八九八），也應聘在日本東京大學擔任講師，講授《比較宗教學》，又出版日本第一本《印度宗教史考》，充分利用十九世紀後期三十年間西方古印度宗教文學史各種最新著作的成果，建構出從古吠陀宗教史、佛教從印度到亞洲的傳播史、印度教發展史的系統完整綱目。而著名的井上圓了博士，也在同年出版出色的第一本《印度哲學綱要》一書。

在此雙重壓力下，高楠的授課內容，就必須更朝專業古典印度宗教典籍的原典語言與哲學思想發展。一九〇一年高楠擔任東京帝大文科大學新設立的梵語學講座教授一職，專門擔任之後，所編的教材，就是在一九一四年與木村講師共著出版的《印度哲學宗教史》一書。木村原是高楠的教學助理，表現優異，深受高楠的激賞，故決心特別對其拔擢。因為高楠在一九一二年二月被選入最高學術榮譽的帝國學術院會員。當年八月他辭去梵語學講座教授一職，新聘荻原雲來擔任梵語講師，新聘木村泰賢擔任印度哲學講師，因此也援用高楠的原來授課教材。

一九一三年五月高楠又應聘擔任梵語學講座教授。高楠從此不只繼續擔任梵語學講座教授一職，前後講授二十七年之久，也是當時日本印度哲學學術的最高權威。新銳的木村講師有此雄厚無比的親教師當學術後援，自然充滿高度學術熱情與自信。所以，一九一四年出版的《印度哲學宗教史》的教材專書，也就反映了當時的這種新印度哲學治學風尚的新組合教材內容與新方法學的詮釋觀點。因此，就具有開創性新學風的里程碑意義。

高楠本人並不長於現代哲學思辨，他的多古典語言學的專業訓練，主要表現在漢譯佛典的英譯與註釋。他在西方學術界早期所獲得的高度評價，就是在這方面的。他在木村接手之後，便朝日後使他享有世界性學術成就聲望的巨大出版事業，就是循著他的權威指導教授馬克斯．穆勒博士曾從事過的主編東方宗教聖典大叢書的翻譯與出版模式向前邁進。此即日後，高楠所主編《大正新修大藏經》編輯，以及主持日譯《南傳大藏經》與《奧義書全書》，就是他的不朽成就。

根據上述的說明，我們就可以再回過頭來，說明本書何以迄今仍未過時？

我們比較現有各類印度哲學史、或上古印度宗教史著作，都沒有一本是類似本書這樣在《印度六派哲學》之前，就單獨撰寫成一本體系完整的專書。所以《印度哲學宗教史》一書，主要的學術特色，是將：吠陀聖典，梵書，奧義書，經書，四個階段的宗教與哲學的文獻學內容，有體系的分項說明。並有前言與結論的主題展開，以及內容結論的清楚歸納。

更重要的，這是當時最新的大學研究所專業教材，因此有大量的西方相關新著作，曾被全書廣泛的的引用或摘錄。所以，這也是二十世紀東亞知識圈內，吸收當時西方印度哲學早期學術現代觀點，不但相當有用，又簡明清楚，內容豐富，生動有味的，一本導論性著作。

也因為這樣，同類型印度哲學史的大量新著作，雖有更新或更精確的文獻翻譯及相關解說，可是作為導論性著作，就不可能有此大篇幅的原典解說教材了。

而依觀尼的巨大貢獻，有二，一是全書使用現代通用新名詞，取代高觀盧早已過時的舊文言文譯名。二是全書的新語體文現代中文翻譯文，對讀者來說，更容易理解，也清楚作者原意。

最後，我要提及，以上我的解說，有關高楠個人的資料線索，主要是參照，武藏野女子大學佛教文化研究所編，《雪頂．高楠順次郎之研究：他的生平與事跡》（東京：大東出版社，一九七九）一書內容的。

緒言

一、本書題名為「印度哲學宗教史」。全書所含括的時代，始於吠陀，經於梵書、奧義書，乃至經書時代。就印度思想發展史而言，此等雖屬上古時期，但就某種意義言之，實足以代表印度全體之根本思想，故特以通名稱之。繼本書之後，擬依序分別撰述「六派哲學史」、「印度佛教史」、「印度教發展史」、「印度純正哲學史」等書，亦即預計以此五篇完成印度哲學思想方面之研究。

二、本書的另一位撰述者（高楠先生）先前曾以「印度哲學宗教史」為題，在東京帝國大學文科大學講述數年，爾後，以此講義為基礎，筆者更予以增補整理，亦以同一題目講述兩年，最後再予以整理所成的，即是本書。

三、將佛教以前有關哲學與宗教的印度思想予以網羅，以便學者參考，是本書的首要目的。一般所見此一方面之著作，若非偏於哲學，就是偏於宗教，兩者兼備且能取得平衡的，實不得見，可以說此乃學者之憾。欲補此缺陷，本書採取兩者兼具的組織法。筆者非以此自炫，實因印度思想之研究，終究必須兩者相輔才得以完成。

四、本書的用語，盡量求其簡略，對於行文亦求平易，雖然如此，本書不僅是初學者之啟蒙書而已。全篇全然基於正確材料，並佐以批評性的論述，冀望藉由本書，讀者得以踏查古代思想歷程，同時亦熟知斯學之研究方法。亦即本書兼備問題之介紹與批評，既具通俗，同時又能作為研究。

五、在起草本書時，筆者盡可能參照內外學者的研究成果。雖然如此，就材料而言，是直接以原典所載作為根據，對於其他學者的意見，盡量作到並非毫無批判的採錄。從而其結果——不充分的固然不少——，但就總體而言，或就部分而言，相較於西洋學者之著作，相信得以發揮若干特色。各篇之中，所提出的尚未有人注意的新問題，或是尚未有人嘗試下的新解釋不只四、五處。對於筆者所提出的新見地，切望識者予以批評指教。

六、本書在體裁上，必然存在不少缺點，而內容上，想必也有諸多應予以非議之處。因此，殷切盼望斯學之專門諸家與一般讀者撥冗予以賜教與指正。著者深信印度哲學之大成乃日本學界本務，故不為區區私情所拘。若藉由博雅之眼識，本書短處得以去除而長處（若有）能令學界長壽，將是筆者最為深切的盼望。

七、本書之得以成書，應特別感謝的是文學士宮坂喆宗。始從本書之整理與校正直至目次、索引之製作，都出自其手。若無宮坂君之協助，本書至今猶不能問世，故在此致上謝意。

大正三年（一九一四）九月二十四日

著者

目次

第五篇　奧義書終期的學派之開展

總敘

第一節　印度的國土與民族

大體而言，若欲完全了解一國之思想，首先對於該國一般的人文史必須通曉。本書雖意在探究印度古代哲學及其宗教史，但首先仍有必要觸及於此。因此，在進入本題之前，擬略就印度文明生起之原因及其發展光景予以論述。

首先就其人文發展之舞台的印度國土觀之，通常視其國土形狀為三角形，雖然如此，視之為不等邊正四角形，似較為適確。其大體輪廓是，西北方有與阿富汗與巴基斯坦接壤的斯雷依曼山；東北方有阻絕其與西藏交通的喜馬拉雅山；西南望阿拉伯海，東南則面臨孟加拉灣。亦即其四周全由山海圍繞，如此與其他國土全然隔絕之狀態，在了解印度文明上，是必須加以注意的。此乃發生於其中的文明，在諸多方面得以保存其特色的理由之一。柁暹依據文明史的見地，將其不等邊正四角形之國土區分成三個部分。首先以注入阿拉伯海的印度河之河口為起點，拉一直線至注入孟加拉灣的恆河河口，此一直線是不等邊正四角形的對角線，將南北切出二個三角形。亦即北方是印度斯坦（Hindustān）平原，南方是德干（Dekhan）高原至科摩林角。其上方的三角形以興都庫斯山（Hindukush）為頂點，由此向其底邊拉一垂線，其線貫串馬魯斯塔拉（Marusthala）沙漠，形成東西二個三角形，亦即由此區隔出西方的五河流域（Pañjāb）與東方的恆河平原。結果全印度可分成三個三角形。第一，以西方印度河為中心的五河流域；第二，東南的恆河平原；第三，頻闍耶山（Vindhya）以南的半島地區。此實是印度文明發展之三大中心地，興起於五河流域的文明東漸，移入恆河平原後，達於全盛時期，最後從半島地區傳入錫蘭（Ceylon）。

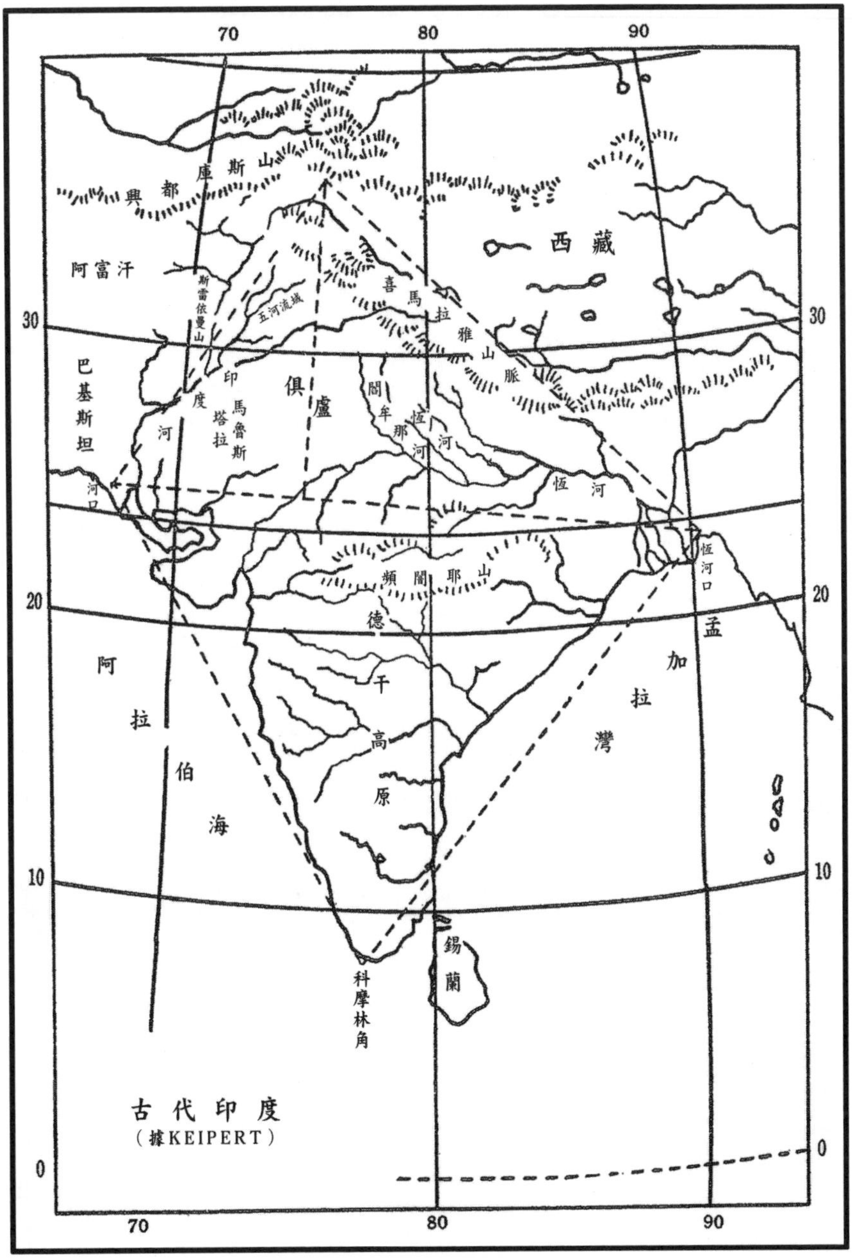
70
80
90
興都庫斯山
西藏
阿富汗
斯雷依曼山
五河流域
喜馬拉雅山脈
巴基斯坦
印度河
馬魯斯塔拉
俱盧
閻牟那河
恆河
恆河
河口
恆河口
頻闍耶山
德干高原
孟加拉灣
阿拉伯海
錫蘭
科摩林角
古代印度
(據KEIPERT)
30
20
10
0

茲略述此三區域的文明與地理方面的特色——第一個三角形，其中雖有邊疆不毛之地，但由於印度河為其最終決口，眾流俱注於此，故富於水利，土地肥濕，適合農牧。加之，天候不如寒帶、熱帶之猛烈，而是溫和宜人。此乃從西北狹路侵入的雅利安民族定五河為其永住之地，借助天然之恩寵，得以勇敢開拓其文明之所以。

此一區域，如其名所示，河川豐富為其特色，故對此稍作說明。河川之中，最主要的，當然是印度河（Indus）。此河發源自西藏，沿西境而走，汲引兩岸諸多河流，最後注入阿拉伯海。「印度」此一國名，實來自於此河。之所以作此說的理由是，初始移住於此之住民懾於其水勢雄大，故泛稱以「信度」（Sindhu，水或海之義）之名，進而將此一流域稱為信度（Sindhu）流域，最後遂成為全印度之名稱。至於其發音所以變成為「印度」，是因為對於 Sindhu，古代波斯語的發音是「興度」（Hindū），轉成希臘語後，遂發音為「印度」（Indos）。從中國人所作的「身毒」、「賢豆」、「印度」等音譯，即得以窺出此間消息，在《西域記》中，玄奘所傳述的此字出自於 Indu（月之義），實是附會之說，此如義淨於《南海寄歸傳》所述。若依據印度人本身不以此作為全印度之名，而是以巴拉達（Bhārata）或閻浮提（Jambu-dvīpa）之名表示其全土看來，「印度」一名恐是古代波斯人等用以作為對岸地方之總名，希臘人襲用此一名稱，最後成為一般化之名。注入印度河的支流之中，從阿富汗方面而來的（主要是喀布爾河），或從本土方面而來的，其數眾多，但最顯著的，是所謂的五河。之所以有「旁遮普」之名，亦來自於此。「旁遮普」是波斯語，五（panj）河（āb）之義，若以梵語表示，通常稱為 Pañca-nada（五河）。此地與古代文明關係甚深，《梨俱吠陀》固無庸贅言，希臘亦傳其名，今嘗試由北至南，將彼等所傳與現今名稱對照如次：

	梨俱吠陀所揭之名	希臘所傳之名	現今之名
1	Vitastā	Hydaspes	Jhelum
2	Asiknī（Candrabhāgā）	Akesines	Chenāb
3	Paruṣṇī（Irāvatī）	Hydraotes	Rāvī
4	Vipāś	Hyphasis	Beās
5	Śutudrī（Śatadrū）	Zarados	Sutlej

此外，也有所謂七河之說，但對於七河的名稱諸說紛紜，故若推定為是在五河之上，添加阿富汗的喀布爾河（Kabūl）以及印度河，想必較為妥當。也有學者認為說為「五」或「七」，未必是定數，而是籠統的多數。要言之，此一區域的河川與古代民族生活有莫大關係，此猶如美索不達米亞之於巴比倫文明，或尼羅河之於埃及文明。

第二個三角形，是東南地方，此一區域在種種方面，與前文所說的第一區大異其趣。就氣候而言，地往南移，稍進入熱帶地區，故較為炎熱；就地勢而言，東北邊境的雪山除外，其地勢廣濶，沃野千里，適合農作，但水災旱魃亦常見之；風景方面，稍嫌單調無味。印度人定住於此地後，訂出複雜的社會制度，導致喪失其敢為之氣象；而宗教行持方面，之所以產生退隱山林幽棲與喜好靜坐沉思之風習，多半是受此氣候風土影響，此乃不爭之事實。

此一區域的河川，最為重要的，無庸贅言，就是恆河（Gaṅgā）。其文明史的價值猶勝於印度河。此因發源自雪山的恆河，在注入孟加拉灣的途中，匯集無數支流而開發出兩岸廣大之平原，其本流與支流會合之處，形成諸多適合都市發展的地形，故具備得以開發獨特且宏偉的文明之條件。若無此恆河，印度恐是無法誕生印度文明與佛教文明。注入於恆河的支流之中，最大的是閻牟那河（Yamunā），就其水量而言，可說是恆河本流。位於此河上游與蘇特連河（Sutlej）之間的區域，就是所謂的「俱盧」（Kuru-kṣetra），此乃婆羅門文明發源地。婆羅門所說的「中土」（Madhya-deśa），即是此地，此地又稱婆羅門國（Brahmāvarta）或雅利安國（Āryāvarta），而位於恆河中游的摩揭陀，則是佛教時代所謂的「中土」（Madhya-deśa）之中心。

最後，第三個三角形，是半島地區，此地多山岳，大部分是高原，只有兩邊海岸地帶才有平地。從而就人文開發而言，可說是惡劣的，雖然如此，於其間仍產生具有特色的文化，此乃吾人所不能予以忽視的。此因生活於山岳間的各種民族，由於交通不便，故開發出各自獨有的文明。尤其屬於熱帶的此一區域，若隱遁於山間，僅以採擷自然生長的果實，即能維持生命，全無衣食之煩，因此是沉靜思惟之最佳場所。如是，此地區雖最遲開發，卻是產生具有特色的文化與偉大思想之舞台，此乃印度文明史明示予世人之事實。

其次就立於如此的舞台而產生文明的民族述之，依據種種形跡看來，可知從太古時期，曾有數種民族屢次入侵印度。例如達羅毘荼（Draviḍa）人種、可拉利亞（Kolaria）人種即是。彼等雖是劣等人種，仍有其本具之文明，故在受到雅利安文化影響之後，即誕生相當高且具特色的文化。南印度的文明可說是由彼等所開創。雖然如此，總的說來，開發印度大文明的，應是雅利安人種，甚至可以說印度文明初期，完全是由雅利安（Ārya）民族一手開拓而成。故在此稍就其人種述之——依據學者所推測，此民族原先是在中亞的某一地區過其團體生活。西元前三、四千年以前，此民族分成二路遷徙。西向的，進入歐州，成為現今大部分歐州人的祖先；而東向的，則成為波斯人（伊朗人種）、印度人（雅利安人種）。東向的人往東南方前進，越過興都庫斯山，穿越喀布爾河谷，亦即開伯爾山隘（Khyber pass），來到阿富汗的哈拉夫瓦提河（Harahvati）與五河中的維達斯達河之間，曾有短暫的逗留。在此地區，族人一分為二，其中一方西向，南轉入伊朗（Iran）高原，開拓出所謂的波斯文明，成為伊朗人種；另一方則繼續朝東南前進，到達五河流域，以此地作為舞台而開拓其文明，此即印度雅利安人種。如是，印度雅利安人種在進入旁遮普之前，其歷程中，有所謂印度歐洲共住時代（略稱印歐時代）與印度伊朗共住時代（略稱印伊時代）等二個時期。此依比較言語學、比較神話學、人類學、考古學等得以證明，然此非本篇所欲論究之目的，故擬依比較言語學的角度，就其所祭祀神祇之一致而作論述。

歐州諸神之中，與印度諸神最為類似的，是天父之名。印度的特猶希比達（Dyauṣpitar，天父）、希臘的宙斯（Zeuspater）、羅馬的邱比特（Jūpiter），此三者同一，完全無可懷疑。又，印度的提婆（Deva）、羅馬的提維斯（Deus）、立陶宛語（Lithuanian）的提瓦斯（Devas），也有驚人的一致。此外，例如印度的瓦魯納（Varuṇa，天之監視神）、希臘的烏拉那斯（Ūranos）、印度的蘇利亞（Sūrya，太陽）、希臘的黑里歐斯（Hēlios），印度的烏夏斯（Uṣas，曉之女神）、羅馬的阿烏羅納（Aurāra）、希臘的黑歐斯（Hēos）等，在在都暗示往古時期彼此本為一致。此實是藉由近世學術之發展而獲得的驚人成果。馬克斯穆勒（Max Müller）所以將 Dyauṣpitar=Zeuspatēr=Jūpiter=Tīr（阿魯美尼雅語的「神」）之發現，視為十九世紀人文學上最大發現，是因於據此印度與歐洲之間的聯絡得以完全串聯，種種問題亦得以解決。

進而就印伊時代而言，其分住年代較接近，故類似點亦多。亦即波斯的「阿維斯達」（Avesta）與印度的吠陀神話之中，無論神的名稱、性質與儀式等，彼此一致之處非常顯著。當然也有名稱雖是共通，但性質並不相同的。例如與阿維斯達（Avesta）最高神的阿夫拉瑪斯達（Ahurah mazdāh）相當的阿修羅（Asura）已變成惡魔；阿維斯達的惡神達婆（Daēva），在吠陀中，成為善神之總稱的提婆（Deva，天）；阿維斯達的惡神印多拉（Indra），在吠陀中，是最受人喜愛的守護神。其名稱或性質共通的，略記如次：就神而言，吠陀的日神米特拉（Mitra）與阿維斯達的彌斯拉（Mithra）；吠陀的亡界統治者維瓦斯瓦特（Vivasvat，遍照者）之子耶摩（Yama）與阿維斯達的天界之主維瓦恩夫瓦特（Vīvaṅhvat）之子伊摩（Yima）；吠陀的日神博伽（Bhaga）與阿維斯達的巴迦（Bāga）；吠陀的風神瓦優（Vāyu）與阿維斯達的哇優（Vayu）；吠陀的戰神因陀羅（Indra）之尊稱烏利多拉罕（Vṛtrahan）與阿維斯達的勇神瓦拉斯拉多納（Vərəthragna）；吠陀的水神阿帕斯（Āpas）與阿維斯達的阿波（Āpō）；吠陀的水之子阿帕納帕多（Apām napāt）與阿維斯達的阿帕納帕多；吠陀的乾闥婆（Gandharva）、庫利夏笯（Kṛśānu）與阿維斯達的乾達羅瓦（Gandarəwa）、庫利夏尼（Kərəsāni）；吠陀神話人物特利達阿埔提亞（Trita āptya）與阿維斯達的特利（Thrita）阿斯提亞（Āthwya）等頗為類似。此外，祭儀上的用語共通的也不少。例如吠陀的亞修尼亞（Yajña，祭）與阿維斯達的亞斯納（Yasna）；吠陀的神酒蘇摩（Soma）與阿維斯達的哈歐摩（Haoma）；吠陀的勸請者厚達（Hotar）與阿維斯達的薩歐達（Zaotar）；吠陀的事火僧阿達旺（Atharvan）與阿維斯達的阿達魯旺（Āthravan）等也都頗為類似。吠陀的安其拉斯（Aṅgiras），就古代波斯而言，是希臘語的安嘉雷斯（Angarēs ho poiētēs），而有吠陀讚歌之意的偈答（gāthā），就是阿維斯達的迦薩。此外，若應用音韻規則，阿維斯達中的文句可直翻成吠陀文句的，其數相當多。

如是，印度人經過印歐時代、印伊時代等二個時期而定住於印度時，必已累積相當長的文明。但此一時代的消息不容易取得，就印度文明史之見地而言，此乃屬於有史以前之事蹟，故嚴格說來，印度史之初葉是從雅利安民族定居於五河流域以後才開始的。

第二節　印度文明發展之概況

依據前節所述，印度文明之發展可分成三期。第一期是五河流域的殖民時代，第二期是移住恆河流域的時代，第三期是開拓南隅的時代，或可稱為全印度時代。以下依此順序述其概況。

第一期　此一時期與波斯人分開未久，亦即是彼此猶有幾分關係到各自產生獨特文明之時期。其年代雖未能確定，但通常將西元前一千年視為其終期，亦即由此終期往前推進的五、六百年之間。得以研究此一時代的唯一史料，是此時期所出的十卷《梨俱吠陀》。據此等所載，在此時期初始，雅利安民族最為著力的是，征服先住民族（達羅毘荼，可拉利亞以及其他先住民）以開拓其進路。梨俱吠陀神話所揭的達撒（Dāsa）或達斯尤（Dasyu）等黑色無鼻之半惡魔，即暗指此等先住民族。為征服彼等，整備軍容並祈求戰神因陀羅（Indra）加護的讚歌散見於《梨俱吠陀》。又對於雅利安（ārya）的語源，學者之間雖意見不一，但通常視為「高貴」或「信順」之意，彼等於印伊時代自稱雅利安人（Ārya）之所以，完全因於意欲藉以顯示先住民族的「下劣」或「不信順神」。從而到了後世，屢屢將先住民族稱為非雅利安（anārya）。又，後世具有階級意味的"varṇa"（種姓），其原意為

「色」，亦即白色膚的雅利安民族接觸黑色膚的先住民族之後，見其膚色異於自己，故以「色」作為區別，到了後世，此語被用於指稱階級。與原始民族的生存競爭是此一時期之要務，在種種方面，都留下此一方面的痕跡。到了此時期末尾，被驍勇的雅利安人逐一征服的先住民族終於成為奴隸族，亦即首陀羅（Śūdra）。Śūdra 或 Dāsa 同是種族名稱，由於彼等是被征服者，故用於指稱奴隸族。

進而就其社會組織見之，彼等語言、習慣、信仰等相同，職業上雖有若干區分，然猶未如後世所見——在同樣是雅利安民族中，分成僧侶（婆羅門）、士族（剎帝利）、庶民（吠舍）等世襲性的階級。亦即同一人有時執刀，有時祭神，有時則手執鋤頭，或是父子職業各異。又，同是雅利安民族，由於移住有先後，住處亦無聯絡，政治上無法統一，故初始就有種族（Jana）之區分。《梨俱吠陀》中的五種族（pañca janās）即此，恐是普魯（Pūru）、土瓦夏（Turvaśa）、雅都（Yadu）、阿笯（Anu）與杜魯夫優（Druhyu）等五族。縱使此五族之說稍嫌過分，但有各種種族的區分，當是無可懷疑。種族之中，更有部屬（viś）之區分，部屬之中又分為聚落（grāma），但有時村落與種族也被當作同義語使用。村落中，有木造房子，單婚制的家族住於其中，以家長為中心，經營職業或舉行祭祀。此一時期尚未有如後世所見的都城制度，但在一家或一村落之周圍，都有簡陋的，用以抵禦外敵的土塀或石垣等設備。此名之為普爾（pur，後世的都城）。統領此等種族或部屬之「王」（rāj），有時是世襲，有時是依選舉，但無論經由世襲或選舉，皆無專政之權，重要事件皆由會議（samiti, sabhā）決定，作為戰爭之統率者是其任務之一，至於其威嚴之維持，或依人民隨意上納，或仰賴自己本有的財產，因此不另訂租稅徵收。如是，雖血族相同，由於有種族以及國王之區分，故與先住民族爭鬥之外，也有同族相爭的情形。例如十王聯合，奉以維修瓦米特拉（Viśvāmitra）

為帝師（purohita）的巴拉達（Bharata）王為盟主，共同攻打以瓦希希達（Vasiṣṭha）為帝師的特利斯（Tṛtsu）族蘇達斯（Sudās）王，是最為顯著之事蹟（參閱梨俱吠陀三，五三。七，三三。七，八三）。兵士的種類有步兵、車兵，各以金屬所製之甲護其頭首，以楯（varman）蔽其肩，以弓、槍、刀、斧等攻伐，彼等相信為同族戰死者得以生天，故能驍勇奮戰。

平時的主要職業，當然仍未脫離游牧時代所行，畜牧居其第一位，畜養牛、馬、羊、野羊等。其中以牛最為重要，引起戰爭的動機主要也是為奪取其他種族之牛，因此，保護自己種族之牛，也是國王的任務之一，此依具有戰爭之義的gaviṣṭi，其語源為「求牛」，而意為國王的gopā是「守牛」，得以知之。亦即對於彼等，牛是財產的主要部分，如同現今的金銀。因此在吠陀的讚歌中，常將牛視為聖獸，將牛比擬為神事。例如將眾流注入印度河形容成犢子追從母牛，將天之降雨比喻為牝牛出乳，或直接將雲比喻為牝牛（pṛśni, gṛṣṭi）。《阿闥婆吠陀》所以將牡牛（anaḍvān）與牝牛（vaśā）視為宇宙大原理，無非是此一傾向的極端發展。基於畜牧之次的，是農業，且是印歐時代之職業，故鋤鍬等機械類亦見完備。但所種植的，主要是大麥（yava），猶未有以水田收穫稻米之知識。此外，工業也相當發達，已有木匠、陶器師、鍛冶師、織物師等分類，商業方面，已脫離物物交換的程度，但尚未有金銀貨幣，交易時，主要是以牝牛作為標準。

宗教方面，如後文所述，主要是天然崇拜，下流社會亦交雜庶物崇拜（fetishism）與幽鬼崇拜。初始確然的階級的僧侶並不存在，任何人皆得以祭神讚美神，向神祈願。雖是如此，但就此時代而言，有訓練的信仰及優美的讚歌仍非一般人民所能，而是需要透過宗教專門的「聖人」（ṛṣi）之口。《梨俱吠陀》將如此的聖人稱為七聖（sapta ṛṣayas），彼等作為神與人之媒介而備受崇敬，《梨俱吠陀》

主要是此七聖及其同族所作讚歌所成之集錄。從而雖然未如後代的婆羅門族之專擅，但已產生凡有特例的祭祀，必須仰賴承傳家風而成為宗教專門者的風習。國王必置如同帝師（purohita）之僧官，由此僧官代替自己向神祈禱。在軍陣中，彼等於祈禱降伏怨敵之外，亦作為參謀，參預帷幄。如此的風習長久持續下來，宗教儀式日趨複雜，終於產生婆羅門此一階級。在此時代終期，僧侶別出之鋩鋒已現。

第二期　此一時期，先住民族完全被印度雅利安人種征服，歸順者被當作奴隸，不順從者被驅往南方，而雅利安人從初始定居的閻牟那河上游之俱盧，亦即所謂的中土（Madhya-deśa），漸次南下而及於恆河下游流域乃至第二個三角形的全部。年代上，大致是西元前一千年至西元前五百年。大抵而言，第一期時，彼等眼界僅侷於五河流域，既未觸及雪山，亦不知海，對於恆河也僅依傳聞而得知。然而在親眼觸及較印度河雄大之恆河，且進入土地如此豐沃的大平原，彼等眼界逐漸寬廣，生活狀態自然也產生變化，其文明遂有顯著進步。相較於第一期，此一時代的特色在於事物之整頓，尤其在社會制度上，世襲的四姓制度趨於固定最為顯著。亦即在專司宗教的婆羅門（Brāhmaṇa）；獨占政事軍事的王族（Rājanya），一名剎帝利（Kṣatriya）；專營農工商的吠舍（Vaiśya）；專務勞作侍奉的首陀羅（Śūdra）等人之間，訂出先天不可違犯的制度。之所以如此，其因大抵是相對於第一期的游牧風習未脫，在此恆河平原已以農業為主，由此遂產生定住的傾向並形成分業的社會組織。若進而一一予以探究，在此時期，其語言亦異於梨俱吠陀時代，其宗教儀式益趨複雜，最後形成若非自幼即特別接受宗教教育，則不得進行祈禱或祭祀，不能成為神與人之媒介，因此，宗教之特權自然轉移到古聖的子孫身上，此即婆羅門此一階級產生之原因。在第一期時，其地位猶如酋長的小王，此時因逐漸併吞其他小部落而成為大王（samrāj），為拓展其權威或基於自衛，各族之王需要有訓練的常備兵，因此，武士也成為世襲，此即刹帝利階級產生的原因。除此之外的人民則專門從事生產，且是子孫相續其業務，吠舍，亦即庶民階級遂由此產生。前揭三姓同是雅利安民族，都享有唱誦吠陀及祭拜神祇的權利，若到達相當年齡，可依宗教生活而獲得新生命，故稱為再生族（dvija）。反之，第四種階級的首陀羅是被征服的歸化蠻民，無法獲得前三階級所享權利，故被稱為一生族（ekajāti）。社會制度所以如此分化，是此一時期之文明已趨向複雜所致，但也因於分化，其文化在種種方面趨於完備。尤其就其宗教而言，婆羅門教之確定是在此時，儀式制度乃至與此有關聯的神學哲學也是在此時期完成。換言之，此一時期的精神文明完全是以婆羅門教為中心而發展的，故又可稱為婆羅門文明。

就政治的方面而言，異於第一期的國王是依選舉方式產生，此時期的國王是由世襲或兵力而得其地位，故其住所皆築以堅固城壁，並向人民徵稅（通常是六比一），藉以豢養臣下與兵士，故有威容堂堂之景象。如是，強大的種族分別散居於恆河兩岸，彼此對峙，動輒國王親自率軍進行種族間之大戰。敘事詩《摩訶婆羅多》（*Mahābhārata*）中，庫魯（Kuru）族因親族不和而導致當時全部種族參戰之記載，固非全然歷史事實，但視為傳述大戰之史料，應無可懷疑。

當時所發生的戰爭，雖說是種族之間的戰爭，但實際擔當其任的，只是士族，庶民並沒有參預。從而此一時期，由庶民所經營的農工商業等都有順利的發展。此時已有水田之開闢，耕稼之道也大為進步，幾乎已將米當作常食，木工、土工、石工、金工等種種工藝上的設備也頗為進步，此外，已採用水利的運輸而商業交易日漸頻繁，相較於前期，各方面都有顯著發展。此一時代，尤應注意的是，學問的分科也非常發達。《夜柔吠陀》與梵書、奧義書是其特產，無庸贅言，現今形態的《梨俱吠陀》之整理，是在此時期。對於當時主要的學業，《普利哈多阿拉笯亞卡》（*Bṛhadāraṇyaka up.* 二，四，一〇）揭出《梨俱吠陀》（*R□c*）、《夜柔吠陀》（*Yajus*）、《沙摩吠陀》（*Sāman*）、《阿闥婆安其拉斯》（*Atharvāṅgiras*）、史傳（Itihāsa purāṇa）、學藝（Vidyā）、哲學（奧義書）、韻文（Śloka）、略詮經（Sūtra）、字書（Anuvyākhyāna）、釋論（Vyākhyāna）等名。《姜多其亞奧義書》（*Chāndogya up.* 七，一，二）揭出《梨俱吠陀》、《夜柔吠陀》、《沙摩吠陀》、《阿闥婆吠陀》（以上四吠陀）、史傳、吠陀中的吠陀（文法）、祖先祭法（Pitrya）、數學（Rāśi）、占學（Daiva）、曆學（Nidhi）、辯證法（Vākovākya）、政治倫理學（Ekāyana）、神學（Devavidyā）、祈禱學（Brahmavidyā）、妖怪學（Bhūtavidyā）、軍學（Kṣatravidyā）、星學（Nakṣatravidyā）、蛇學（Sarpavidyā）、魔學（Devajanavidyā）等名。從中可以窺見當時的學問研究已遍及各方面。要言之，第二期是婆羅門文明時代，印度特有的制度、儀式與思想等，大抵是於此時期發生或成立。

第三期 此一時期的雅利安人種不只居止於恆河一帶，更進而推向僻陬之地的高原濱海地區。此乃雅利安民族文明遍及於全印的時期，年代上，是西元前五、六世紀及至現今。詩篇《羅摩衍那》（*Rāmāyaṇa*）所述若是史實，則其所暗示的，正是其南進初期之狀態。該詩篇載有「阿優提耶（Ayodhyā; Oudh）之皇子羅摩被貶居於溫提耶山之仙窟時，楞迦島（Laṅkā, Ceylon）之巨人拉瓦納（Rāvaṇa）攫奪其妃希妲（Sītā），羅摩遂結盟南濱山地蠻民，攻入楞迦島而恢復其名譽」的故事。固然僅只是詩話（Kāvya），但從「中土地區的皇子被放逐至溫提耶山，爾後結合南濱蠻族，渡海攻入楞迦島」等等的傳述，大致可以推想出雅利安人種開拓南方的順序及其方法的歷史背景。總之，直至雅利安民族以種種努力將其文明移植至楞迦島，印度全體的文明史才能說是開啟其幕。尤其佛教之興起是在此時期之初期，藉由佛教所傳，暗黑的印度歷史略得瞭解，故嚴格說來，印度直至此時才步入歷史時代。

雖然如此，今無法就其全體大約二千五百年的文明發展狀況予以簡單概述，因此，在此主要是就其初期的特色述之。

首先就政治方面觀之，此一時代的特色是王者的權力大為增長，種種文明之施設皆出於其方針。若依據奧義書所述，在前期之終期雖能見此傾向，但精神界方面，王者的權力猶未及於婆羅門，然而在此時期，隨著王族統治權擴大，其意志已能左右一代之風潮，甚至在教學上，其地位也在婆羅門之上。就此而言，前期文明若稱為婆羅門文明，則此時期之文明可稱為剎帝利文明。從而在理解其文明之發展上，有必要就起伏於此一時期的王朝系統加以論述，故略述其主要者如次。依據佛教方面的紀錄，佛陀住世時（西元前五、六世紀）的印度，以摩揭陀的醯須那伽王朝（Śiśunāga）為中心，有十六大國以及無數小國林立，彼此經常戰爭攻伐，各國都想要掌握霸權。對於轉輪聖王（Cakra-vartin）出世之想望，即是於此形勢下產生，亦即以武力與正義統一四海，是當時王者最大的理想。如此的理想雖說不可思議，但在亞歷山大王入侵印度（西元前三二七年）之後，西元前三世紀的阿育王（Aśoka，西元前二六四—二二六年）曾一度實現。阿育王是摩揭陀孔雀王朝（Maurya）的開創者旃陀羅笈多（Candragupta）之孫，亞歷山大王過世後，奪取希臘所占領的五河流域的旃陀羅笈多，繼續展現其攻略四方之餘威，從南方的迦陵伽（Kaliṅga）、錫蘭島，直至北方的阿富汗、巴基斯坦都成為其版圖，握有所謂全閻浮提（Sakala Jambudvīpa）之統治權。不只如此，阿育王更是有名的佛教信奉者，彼篤信三寶，施行慈悲寬容之德政，更派遣佛教傳道師四處弘揚其德化，足跡幾乎遍及全印度。亦即彼以武力與正義號令四海，完全是轉輪聖王的表現，故此一時代實是印度文明史上、政治史上，空前絕後之盛世。然此盛世在阿育王晚年略見衰退，及其死後，大印度又再度分裂，處處可見小國對立。其中最為強大的是，由案達羅（Andhra）族而崛起的案達羅王朝，彼於西元前一世紀左右取得勢力，在征服摩揭陀之後，繼續於南邊擴張其勢力，其勢力持續至西元後五世紀左右。至於北方，西元前一世紀左右，希臘人的彌蘭多羅斯（Menandros），亦即佛教所說的彌蘭陀王（Milinda），脫離當時殖民地政府的大夏（Bactria）之統治，自稱旁遮普（五河）皇帝，武威振於四方。其次是有名的大月氏族的迦膩色迦王（Kaniṣka），彼以犍陀羅（Gandhāra）為首都，其威勢風靡至中亞及印度內地。關於迦膩色迦王的年代，雖有異論，但大致可視為西元後二世紀。彌蘭陀與迦膩色迦王都是外國人，但彼等進入印度後，都信奉佛教，尤其迦膩色迦王實堪與阿育王匹敵，在興隆佛教上不遺餘力。其次在此地稱雄的，是由波斯入侵的薩王朝（Shah），彼等以庫夏拉特為都，屢屢與印度內地諸王交戰，大致在西元五世紀，彼此的爭戰都還持續著。又，純粹是雅利安人種，統領中天竺的是，笈多（Gupta）王朝（西元三〇〇—四五〇）的超日王（Vikramāditya c.，西元四〇〇年）、戒日王（Śilāditya Harśavardhanac，西元六二〇—六四五年）等。彼等都獎勵文學技藝，護持佛教與婆羅門教，對於精神文明之推進大有助益。法顯三藏旅居印度時，正是笈多王朝時代；玄奘渡天則是戒日王治世時期。其後的二、三世紀，欠缺有力的王統，但到了第十世紀，拉吉普達（Rājpūt）族擁有勢力，統治中北印度，強盛一時。但此一時期，信奉伊斯蘭教的蒙古人正欲入侵印度，故拉吉普達族人合力聯手壓抑佛教，企圖藉由全民一致的婆羅門教信仰，得以對抗伊斯蘭教徒入侵。雖然如此，從十世紀至十一世紀，阿富汗王默罕穆德（Mahmud）仍有十七次攻略，自此以來，伊斯蘭教徒的勢力逐漸盛大，到了十六世紀，阿克巴大帝建立蒙兀兒帝國（Mogul Empire），拉吉普達的諸王國幾乎都在其統治之下。但阿克巴大帝的勢力並沒有長久持續，自十五世紀以降，以印度為其殖民地的歐洲人，諸如葡萄牙人、荷蘭人、法國人、英國人等相續而至，各自以其本國力量次第發展，到了十八世紀初，蒙兀兒帝國瓦解。國土大部分歸於英國人之手，直至今日。今後的印度政治上如何變化將是各國政治家、文明史家等最為注意與觀察的問題。

更就此期間的文明大勢見之，首先就其教學而言，總的說來，其一般的學問已脫離教權束縛，得以自由探究，此一時期之初期，已具有能將先前亂雜處理的種種問題予以分科與組織的特色。於其前期當然也有若干學問性的分科，例如奧義書中也可見自由地探究，但終究仍處於婆羅門主義的束縛之下，其處理方式未能脫離混沌之域，但到了此時期，無論宗教，或哲學，或科學，都被當作是獨立的問題而論究。之所以如此，其因在於前期的婆羅門教已不能滿足人心，傳承束縛較少的剎帝利已取得勢力，進而察覺到學問之範圍既廣且深，若無專門研究則不能究其蘊奧等等。尤其在宗教、哲學方面，產生主義與信仰不同的無數流派，其中由王族出身的佛陀所開創的佛教，不僅千數百年來照亮印度思想界，更給予全世界莫大的光明，此乃此一時期最應予以注意的現象。就此而言，在哲學、宗教史方面，相對於稱前二期為無學派時代，此時期可名之為學派時代或佛教時代。又，此一時期，在科學上也有顯著的進步，先前業已存在的天文學其後受希臘影響，更見精緻；醫學非常發達，有種種醫典（Āyur-veda）之撰述；亦盛行音樂的研究，因而有《乾闥婆吠陀》（*Gandharva-veda*）之編輯；軍學逐漸精巧，故有《軍典》（*Dhanur-veda*）之撰述；對於數學，也施以精密之研究，此依《數量經》（*Śulva-sūtra*）之撰述，即可知之；其他諸如工學、辯論學等等科學性的分科，在西元前也早已發達。雖然如此，總的說來，印度是熱帶國家，生活上無需太大費力，因此直至後世，基於生活必要而發展的形而下的學問較無進步，可以說是最為遺憾的。

其次在文學史上，應予以注意的是，自此時代初期，文字的使用已趨明顯，而且華文體，亦即梵文（Saṃskṛta）文體已被制定。文字的使用，其實於其前期業已存在，但未能獲得明確跡證，然而在此時期，最遲西元前三世紀，從阿育王（Aśoka）的刻文明顯可見其跡。此阿育王刻文是阿育王布告於其領土之內，故其刻文必是當時一般人士所能了解。但字體未必一樣，是因地而異。印度所流傳的字體有二類。有左行與右行等二種。前者稱為驢唇字（Kharoṣṭhī），後者稱為梵字（Brāhmī），二者起初都是閃族所輸入的文字，但經過年代推移而有所改變。言語方面，初始雅利安人還滯居五河流域時，相同種族之間所用語言相同，但隨著時空不同而有相當變化，到了此一時期，各種方言流行，且互不相通。此即所謂的自然語（Prākṛta），亦即俗語。因此，在種種俗語之外，有必要製作一種標準語，此即華文體制定之動機。雅利安人遠從吠陀，近取梵書、奧義書之語法，予以整理而訂定出一種文體。研究吠陀語法的人，西元前五世紀，有亞斯卡（Yāska）其人；西元前四世紀，由波你尼（Pāṇini）完成梵文文法。相對於俗語，此種文體被稱為華文，亦即「完成語」（Saṃskṛta），是全印度都公認的文體。此梵文之制定，在文學史上是非常顯著之事件，通常印度文學史家將前二期稱為吠陀文學時代，第三期以後稱為華文時代，是文學史上的一大分界線。

文體既定，且有文字之使用，故於此時期自然產生諸多重要的著述。婆羅門主義的聖典固然無庸贅言，佛教中，以梵語書寫的經論數量相當多。純文學方面，以《摩訶婆羅多》、《羅摩衍那》

等大敘事詩為先驅，或成為古傳文學（Purāṇa），或成為種種戲曲，對印度文學界大有貢獻。尤其印度文學界之先覺馬鳴菩薩（Aśvaghoṣa）所撰大作，以及命世詞宗迦里陀莎（Kālidāsa）所撰名劇，千年以來，仍令世人讚嘆不已。

此一時期，隨著佛教興盛而勃興的美術思想，在印度文明史上也應予以注意。印度本是思想之國，對於以文字表現聖教頗有忌諱，何況是建築殿堂或崇拜神像，凡此，皆前所未有。自佛教興起後，產生崇拜佛陀遺物之風習，處處可見卒堵婆之建立，更且採用波斯式的美術或希臘式的美術雕刻佛之本生或現生事蹟，乃至佛像、菩薩像、天像等。西元前三世紀阿育王所建，用以紀念佛的大石柱之雕刻中，可以窺見正是受到波斯影響，而犍陀羅式的美術中，顯然有希臘的風貌。因此，無論是笈多王朝之美術，或是波羅王朝之美術，都是以佛教為中心，對美術之發展大有助益，且逐漸形成印度特有之法式，其方式甚至影響到中國及日本的佛教美術。建築方面，在前期，住家城廓之外，並無寺社等聖殿之建設，但在此時期，佛教之卒堵婆與僧庵之制大為發達，終致出現宏偉的大建築。此中，巍然聳入雲間的山崎大塔及菩提伽耶大塔，或阿姜達及卡利（Kārlī）大石窟寺院等等，都是佛教的藝術，其之興建，早則阿育王時代初期，遲則西元後六、七世紀。即使印度教及佛教已見衰頹，然此佛教藝術之影響仍然興盛，猶有種種宗教藝術品出現，長久維持著印度美術之命脈。遺憾的是，伊斯蘭教入侵以後，此等藝術品遭其毒手，珍貴逸品消失不少，所幸作為補償，伊斯蘭教式的大建築繼而出現，亦足堪告慰。尤其堪與日本的日光相比擬的阿庫拉的寶珠殿（Taj mahal，泰姬瑪哈陵），其美麗的建築即出自伊斯蘭教徒之手。

最後概觀此一時期的社會制度，成立於前期的四姓制度，因佛教的平等主義雖大為緩和，但事實上仍具有勢力，在種種方面，是社會慣例。尤其恐是為與佛教相抗，故相較於前期，更是嚴格主張應確守婆羅門主義的聖典等，若有違犯，即以大罪論之。依據西元前第四世紀滯留摩揭陀的希臘人梅卡斯蒂尼斯（Megasthenēs）所述，當時的社會階級，有學者、文官、武官、警官、農民、牧畜者與工術者等七種，爾後更有諸多區分，而理髮師、洗濯業者、汲水業者、廚師等是父子世襲之職業，且也形成社會上的一種階級。如此的風習至今猶存，各各業者恪守己業，不能逾越其他領域。十世紀以後，伊斯蘭教、基督教等侵入，基於其宗教信仰，在某種意義上，也產生出社會性的區分，伊斯蘭教信者（Mohammedan）、基督教信者以及信奉印度教的興度（Hindū）等等，彼此之間存在著幾乎不可侵犯之區隔。印度人在政治上無法一致團結的理由，多半肇因於其繁瑣的階級制度，以及因宗教信仰所產生的社會性區分。此從印度國勢達到最為隆盛的時期，是在以平等主義的佛教為國教的阿育王時代與迦膩色迦王時代，得以證明。

第三節　哲學與宗教的關係及其發展

印度是世界獨一無二的宗教國，同時又是罕見的哲學國。發生於印度的宗教及哲學其種類之豐富與雜多，實是驚人。從其全部歷史中，可以窺見全世界所有宗教之模型，同時也能窺見希臘以來直至近世的西洋哲學之重要思想。但最讓印度人誇口的是，其宗教與哲學自始都保持一體不離之關係。亦即印度的宗教本身即要求應有合理的基礎，故哲學應之而生；而哲學是信仰之指南，指引宗教發展的方向，宗教因而有種種發展，故兩者的關係恰如撚繩之密不可分。此與發生於希臘的哲學與發生於猶太的基督教在古代發生衝突，中世調和，近世再分離的情形，可謂大異其趣。當然或因時代或因學派，而有某者較受重視之情形，但可以斷言，脫離哲學要素的宗教，在印度並不存在，亦不存在脫離宗教要素的哲學。此畢竟是印度民族的特性使然，彼等一方面具有猶太人的信仰，另一方面，又具有希臘人的哲學性質，並且具有巧妙統合兩種性質的能力。就筆者所見，此乃印度思想最具妙味之特色，至少形式上，是一切宗教或哲學的理想典型。此因人類既以統合知識與情意的全人格作為理想，則朝此理想前進的哲學與宗教，在根底上必須一致。

從而在探究印度思想時，終究不能將宗教與哲學嚴格區別。不偏重兩方面之任一方，且密切的關聯而探討，才能與思想之發展契合。固然有時必須作某種程度的區分，分成以哲學史、宗教史等二部門予以論究，然而此僅只是便宜行事而已，歸根究柢，二者還是無法作明確區分的。

若是如此，具有如此特質的印度思想其發展年代又是如何？剋實而言，予以明白確定非常困難。此因印度是世界上罕見的「無歷史之國」，足以決定及證明其年代的紀錄全然不得見之。前節所揭大致輪廓只是大致的推測，並不是嚴密的年代史考證。若欲施以更為精密規定，至少在現今猶不可能。但若不先訂下大致目標，研究則無法進行，故暫且作籠統的區分如次：

一、**天然神話時代**（西元前一五〇〇—一〇〇〇年）　是將天然的種種現象神格化，以此作為信仰對象，同時，以此為依據而解釋萬有的時代。是所謂的宗教或哲學未脫神話外衣之時期。雖然如此，於其終期，意欲以統一的見地解釋宇宙人生起源的風潮湧起，宗教制度亦稍見確定，作為印度宗教哲學史之出發點，是最為重要的時代。《梨俱吠陀》為其代表性聖典。

二、**婆羅門教成立時代**（西元前一〇〇〇—五〇〇年）　繼承前期思想，無論形式的或實質的，都予以整理發展，是可稱為印度國民宗教的婆羅門教完成的時代。亦即在此時代，婆羅門族一方面製作《夜柔吠陀》（*Yajur-veda*）及各種梵書（Brāhmaṇa），組織其祭祀萬能之宗教，同時，另一方面，在奧義書聖典中，作深遠的哲學思索，內外相輔，發揮所謂印度思想之特質。

三、諸教派興起之時代（西元前五〇〇—二五〇年）　前期形式的宗教與自由哲學的潮流，雖共同統合於婆羅門主義之下，然其內在實已具備分裂之要素。奧義書終期的二、三百年間，此類要素成為種種潮流，終致獨立分化。就此潮流見之，是從四方面顯示。（一）作為保守的形式的潮流，是編述有關儀式法規的經書（Sūtra），作成種種吠陀之支分（Vedāṅga）。（二）作為哲學的潮流，製作新奧義書，此等乃數論派、瑜伽派、勝論派、尼耶夜派等教派建立其教派之基礎。（三）作為神話的信仰潮流，成為以毘濕笯神與濕婆神為中心的有神派之起源。（四）作為宗教改革之潮流，而有佛教、耆那教等非婆羅門教主義之興起。

四、佛教隆盛之時代（西元前二五〇—西元五〇〇年）　前期興起的諸教派之中，唯獨佛教因其教祖偉大的人格以及統一英主阿育王之崇信而居於卓越的地位。佛教中也有種種派別，但西元前後之前，主要盛行的，是所謂的小乘佛教，西元前後以後，相對於其他教派之抬頭，橫說自在的大乘亦漸興起，彼等總覽哲學的宗教的潮流，為印度思想界添加傲人之成就。

五、婆羅門教復興之時代（西元五〇〇—一〇〇〇年）　從前期中葉徐徐恢復勢力的婆羅門教思想，終於獲得最後的勝利。一方面完成名為「古傳」（Purāṇa）的種種聖典，對於通俗的信仰奠下基礎並給予權威，另一方面，鳩摩利羅（Kumārila-bhaṭṭa）、商羯羅（Śaṅkara-ācārya）等大哲學者出世，大成婆羅門哲學，漸次排擠其他教派（尤其是佛教），力圖挽回其從來之頹勢。此時的婆羅門教其名目雖與古代相同，但在內容上，其實是採取從前諸教派（尤其是佛教）的要素，因此正確而言，應是新婆羅門教。

六、印度教全派成立，伊斯蘭教入侵時代（西元一〇〇〇—一五〇〇年）　於前期恢復的新婆羅門教作為成立之宗派而有種種分化。濕婆主義者、毘濕笯主義者、女神崇拜派、太陽崇拜派等今日印度教諸派大抵於此時成立。哲學的研究也興盛，有名的學者輩出，但大致而言，彼等欠缺新見地，僅只為各各聖典作注釋，或撰述其綱要書而已。而於此時期初期入侵的伊斯蘭教逐漸逞其破壞之毒手，到了終期，更奠立其堅定信仰之基礎。

七、現時代（西元一五〇〇年—）　外來的宗教中，又加入基督教，宗教界更見紛擾。思想上，前期已趨萎縮，此時更形褊狹固陋，毫無任何獨創之見地。新建立之宗派大多只是就前期宗派稍加變化，或吸收伊斯蘭教與基督教之思想予以調和而已。

上來籠統且簡單揭出大約三千五百年思想變遷的若干重要特徵。雖然如此，歷史實是源源不絕的潮流，終究不能作如此單純地區劃，此乃必須切記莫忘的。猶如筆者在「諸教派興起之時代」所述，其思想支流非常複雜，彼等或並行，或調和，時隱時顯的發展，因此，意欲作一般性的區劃，嚴格說來，幾乎是不可能的。

第四節　本書的組織與內容

依據前節所述，可以說印度思想發展之經過，正是印度哲學宗教史全體的問題。其年代或長遠之思潮，都極其複雜，故若欲就全體詳加論述將占極大篇幅。剋實而言，筆者對此雖已訂下大體計畫，但尚未有將全體彙整成書的準備。因此，筆者採取的是，與其拙速不如巧遲之方針，首先擬揭出其古代思想之部門。此即本書問世之所以。

此處所謂的古代，究竟何所指？基於種種關係，筆者大致訂為西元前一千五百年至西元前五百年，期間大約是一千年。亦即依據前節的年代區劃，是第一期加上第二期。如上來所述，此一期間的印度史，顯然最初的段落已告結束，即將進入中古期。首先就地理而言，此一期間的文明範圍僅在印度河與恆河兩大河之流域，尚未及於高原以南。就思想而言，是所謂的天啟時代，組織的人為的意見尚未顯現；就文學史而言，是所謂的吠陀文學時代，尚未進入華文時代。此外，在種種方面，相對於其後接續而來的時代，也有顯著的對比。又，嚴格說來，印度之有歷史是在佛教興起以後，因此，將佛教興起之前的此一時代稱為古代，應是最為妥當的稱呼。從而對於哲學、宗教史的探究，將此期間所呈現的哲學及宗教思想當作古代思想而處理，應是最契合歷史的。

若是如此，此一期間全體印度思想史上的特質，就其要點而言，第一，是代表純印度之思想。此一期間之思想於印度雅利安人種中自然發生，可說是民族思想之結晶。當然婆羅門徒於其中大量加入人為的解釋，但此亦屬社會組織自發的傾向，是自然到達的，絕非一人或一派的特定主張占有勢力所致。此乃彼等將此稱為「天啟」之所以。印度由來諸種思想輩出，但若就民族信仰的代表而言，非此期間之思想莫屬。爾後諸教派對立時，此期之思想或隱或顯，其勢力仍持續不絕，甚至得以再度支配全印度，其因即在於此民族的信仰擁有莫大權威。第二，是後來諸教派思想之培養期，此乃此期的特質之一。如屢屢所述，此期間之思想全無秩序、無組織，尚未有學派宗派之對立。雖是如此，然就其思想內容而言，其中已含爾後諸派共通的根本教理，並且含蘊不同的主義與信仰分化之要素。可以說爾後輩出的宗教諸派無非此時期種種思想之整理與分化。故無論研究任何學派，只要溯及於歷史，必然從此期間探其源泉。

更就純然學問的見地而言，此一期間是相當值得注意的時期。《梨俱吠陀》中的天然神話材料豐富，種類雜多，全世界唯獨希臘神話得以相抗衡。依據近世的學術研究，可知兩地的神話之間含蘊著本質性的關係，由此所產生的所謂比較神話學，其研究成果將為人類學帶來莫大光明。就此而言，吠陀神話之研究不只在了解印度思想上是必要的，對於一般的神話學、宗教學、人類學等研究，也是不可欠缺的前提之一。又，婆羅門的形式的祭祀的宗教，就某一方面而言，雖頗為枯燥無味，但就另一方面而言，其制度儀式之完備，以及與此相關的神學的解釋，則是他國未能得見的宗教特徵。若與猶太的律法的宗教、日本古神道的神事等合併研究，在宗教學上，相信將有極為有趣之發現。至於發生於此時期終期的奧義書哲學思想，不只是印度古代文明之精華，更是世界思想史上之偉觀。若與西洋哲學史相對照，其思想之優秀堪與柏拉圖比肩，如叔本華所言：「此乃生前之安慰，死後之安慰。」故奧義書之研究不只是印度思想史上的題目，也是世界思想史上的大問題。此外，此一期間所屬思想特質不勝枚舉，要言之，就印度思想史之見地而言，是印度思想之代表，且是諸流諸派之源泉；從學問的見地而言，其任何部分皆含有世界性的意義。

無庸贅言，本書所揭即是前述的種種思想，其所涉及的時期，上自天然神話時代，下至奧義書之哲學時期。聖典方面，是四吠陀之本集（Saṃhitā）、梵書（Brāhmaṇa）、奧義書（Upaniṣad）以及有關儀式制度的經書（Sūtra）。亦即本書的目的是在探究此等聖典其思想之發展，以及相互之間有何關聯？此等聖典，至少就已具整然形態者而言，皆為婆羅門教所屬，故本書亦可稱為古代婆羅門教史。

若是如此，本書探究彼等的順序又將如何？無庸贅言，歷史性的處理所有問題，年代的追求其發展脈絡是筆者的目的。從而將本書之組織分成前後二大時期，進而更予以適當細分而論究最為適當。亦即就前期而言，將論述《梨俱吠陀》的神話與哲學；就後期而言，則是論述梵書及奧義書的思想。然而在體裁上，如此的處理將產生《夜柔吠陀》及《阿闥婆吠陀》應攝屬於何者的問題，而且為述說各經書，必須設立第三期，因此意欲嚴格遵守如此區分，將頗為困難。更且筆者認為以發展史的方式研究種種問題之內容的同時，更有必要予以彙整，另作靜態的總合的觀察。此因若只拘泥於時代順序，則思想系統上需前後相輔才能完成的問題，將成為片段的。因此本書的組織綱目不是以年代區劃，而是以聖典的種類作為基本。例如《梨俱吠陀》與《夜柔吠陀》二者在年代上雖是不同，但同樣是吠陀，故可交補而探其思想系統；古奧義書中雖有新古，但將全體視之而探查其思想。當然，就全體而言，仍以歷史順序作為背景，在處理各種問題時，始終不超越發展史之角度，總之，以歸為一類的聖典作觀察，較容易獲得歷史的變化以及較有聯絡的思想。

如是，筆者將本書分成四篇，亦即吠陀篇、梵書篇、奧義書篇、經書篇。此中，就聖典的地位而言，奧義書應納入於梵書中，但從內容且就所居的重要性而言，予以區別論究將較為適當，故另立一篇。又，就思想系統而言，經書雖屬梵書之直系，但年代上屬於較遲完成，故置於最後。今將各篇內容簡單揭示如次。

一、吠陀本集篇（Veda-saṃhitā）

吠陀本集中，有《梨俱吠陀》、《沙摩吠陀》、《夜柔吠陀》以及《阿闥婆吠陀》等四種。此四種本集無論本來的性質或其成立年代未必相同，但爾後所以被視為「四即一」，是因為彼此之間有密切關係。從而若各別探究其思想容易重複，故四者全部攝於一篇之中。本書首先就四吠陀一一揭出其成立年代及特質，其次移至內容，在宗教部門上，以《梨俱吠陀》為中心，《夜柔吠陀》與《阿闥婆吠陀》為輔，藉以揭出吠陀全體的神話，進而述說神與人之關係，從中探究四吠陀的宗教態度；另就其哲學部門，探查《梨俱吠陀》與《阿闥婆吠陀》的哲學思想，從中追究後世所發展的哲學基礎觀念。

二、梵書篇（Brāhmaṇa）

繼夜柔吠陀之後而製作的聖典即是梵書。婆羅門據此而確立其吠陀的天啟主義、祭祀萬能主義、婆羅門族至高主義等所謂婆羅門教三綱領。梵書的種類雖有種種，但大抵大同小異。本篇之主要題目是先揭出梵書之成立與特質，進而揭出其神學觀、傳說、實際的儀禮等，探究其宗教態度，進而追究其上承梨俱吠陀下至奧義書的哲學思想之發展過程。

三、奧義書篇（Upaniṣad）

此即所謂婆羅門純然哲學思想之表現，是吠陀本集與梵書等所見的片段的哲學述說之大成，且更為高遠。奧義書有諸多種類，本篇皆予以總括，藉以探查其哲學的特質。

四、經書篇（Sūtra）

將梵書時代婆羅門徒所定的儀禮法規等，予以簡單且具組織性的述說，是此類聖典之製作目的。作為梵書之補遺，置於奧義書之後。經書中，有天啟經、家庭經、法經等三類，本篇亦分為三部門述之。

以上來所揭四篇，即可道盡依循思想史、文學史之順序的古代哲學與宗教史之內容。但作為總結，筆者在本書最後，另置一篇「奧義書終期的學派之開展」。據此可知時代思潮之所趨，同時亦得以大體了解學派時代的一般傾向。

本論

第一篇

吠陀的宗教與哲學

第一章　吠陀本集之總論

就印度最古聖典，且是哲學與宗教之源泉而言，在印度思想史研究上，最先應予以探察的是吠陀。「吠陀」（Veda）一語，為「智識」之義，婆羅門相信此乃古聖（ṛṣi）受神啟示（śruti）所誦出，是神智聖智之發現，故稱以此名。在中國，此語有毘陀、皮陀、韋陀、圍陀、違陀、鞞陀、辟陀、吠陀等音譯，意譯為「智論」或「明論」。此有四種類。亦即《梨俱吠陀》（*Ṛgveda*）、《夜柔吠陀》（*Yajurveda*）、《沙摩吠陀》（*Sāmaveda*）、《阿闥婆吠陀》（*Atharvaveda*），世人將此稱為四吠陀，視為彼此不可分離之聖典。就歷史而言，此四吠陀並非同時出現，從而其間有本末之別，更且在實質上，彼此也不相同，但總的說來，其形式是立於同一的原理，故彼此具有相補的關係。此乃基於祭儀上的關係，主要是與祭官（ṛtvij）制度有關聯而探究的。古印度的主祭官有四種。即：招請神的勸請者（hotṛ）、讚嘆神德的詠歌者（udgātṛ）、供養神的司祭供者（adhvaryu）與職司祈念的祈禱者（brahman）。勸請者是唱誦一定的「讚歌」（ṛc），勸請所祭之神降臨祭壇；詠歌者是歌頌（sāman）讚嘆；祭供者是低聲唱祭詞（yajus）且奉上供物；祈禱者（婆羅門）則統監祭祀之全體。此制度之完成是在所謂的第二期，但如此職務之劃分，在梨俱吠陀已見其跡，因此在婆羅門族階級發展之前，其職務已基於其人格或家世而略定。從而其所誦文句亦早已有所分化，因此在祭儀形式逐漸整然的第二期，因應其職務而定的聖典其存在自然有其必要。職是之故，將從來雜然相傳的種種讚歌祭詞（mantra）依其目的而作秩序的分類，或將特定家族代代相承下來的，予以輯錄，於祭壇上使用的，即是「吠陀本集」（Veda-saṃhitā）。如是，遂有勸請者所用的，是《梨俱吠陀》（*Ṛgveda*）；詠歌者所用的，是《沙摩吠陀》（*Sāmaveda*）；祭供者所用的，是《夜柔吠陀》（*Yajurveda*）等之區分。若依此順序，似乎祈禱者所用的，應是《阿闥婆吠陀》（*Atharvaveda*），但事實未必可以如此肯定。此因祈禱者作為全體之統監者，初始只需通曉三吠陀全部，無須另有特定聖典。但在阿闥婆派獲得勢力後，三吠陀成為四吠陀，阿闥婆吠陀占有如同監督僧之聖典的地位，最後終於有「不知阿闥婆吠陀者，不能擔任祈禱者或宮中僧官」之說產生。如是，整體而言，四吠陀都是以祭儀為中心而整理的，但實質上，就某一點而言，是各自獨立，更且在形式上，各自分擔同一趣意的不同方面。此乃學者最應予以注意之處，若不能了知歷史的異相及教理上的同相，終究不能獲得有關吠陀的正確見解。

第一節　梨俱吠陀本集（Ṛgveda-saṃhitā）

四吠陀中，最為原始的，是《梨俱吠陀》。其大部分是定居於東迦布爾及五河流域期間，雅利安詩人謳歌天然的詩句集錄。此最古之詩篇不只是印度的寶典，更是全人類之珍寶。尤其在宗教學、神話學之研究上，實是不可欠缺之史料，如杝暹（Deussen）所說：「不知梨俱吠陀者，無法與其談論宗教。」[1] 依據商羯羅派（Śākala）所傳本典看來，此由詩篇（sūkta）一千零十七篇所成（另有十一篇補遺），都是韻文，總計有一萬零五百八十頌。攝為十卷（daśa maṇḍala）。其中的第二卷至第七卷為家傳之卷，所收是古代著名之詩聖（ṛṣi）及其同族之作。第二卷收庫利朱瑪達（Gṛtsamada）

1. Deussen, Allgemeine Geschichte der Philosophie. I. 1. S. 83.

及其同族之作，有四十三篇；第三卷收維修瓦米特拉（Viśvāmitra）及其同族之作，有六十二篇；第四卷收喬達摩仙（Gotama）之子瓦瑪提婆（Vāmadeva）及其同族之作，有五十八篇；第五卷收阿特立（Atri）及其同族之作，有八十七篇；第六卷收巴拉多瓦傑（Bharadvāja）及其同族之作，有七十五篇；第七卷收瓦西修達（Vasiṣṭha）及其同族之作，有一百零四篇。第八卷有九十二篇（另有十一篇補遺），其中卡筱瓦（Kaṇva）家之作占大半，安其拉斯（Aṅgiras）家之作十九篇，以及他家之作。第一卷有一百九十一篇，卡筱瓦家之作亦占其大半。從詩調中都含有樂調看來，此兩卷恐是興盛時期的卡筱瓦家為收集樂詩而編集的。第九卷有一百十四篇，是有關蘇摩（Soma）祭的諸家讚歌之彙集，恐是前八卷成立之後，特別為蘇摩祭而編集的。最後的第十卷，收集各人就各種事物而抒發的讚歌，有一百九十一篇。從此中所收或是積極地思索宇宙與人生，或可推想為四姓與四吠陀之原型看來，此卷之成立應在最後時期。可能其中含有雅利安人已離開五河流域而到達閻牟那（Yamunā）河附近時之作品。

《梨俱吠陀》之詩篇具有以上所述性質，故將此視為勸請者所用聖典，只是就其大體而言，故若就實質而言，此並非部分祭官專有，而是四祭官最為根本的聖典。其他三吠陀多少都有引用，其因在此。

若依據傳說，傳承此吠陀的支派（śākhā）有二十一[2]，但若依據《派別論》（*Caraṇavyūha*）一書所述[3]，則僅只五派。此即商羯羅派（Śākala）、瓦修卡拉派（Vāṣkala）、阿修瓦拉亞那派

2. Weber, Indische Studien. III. S. 324.

3. Macdonell, History of Sanskrit Literature. p. 52.

（Āśvalāyana）、襄卡亞那派（Śāṅkhāyana）。阿修瓦拉亞那派與襄卡亞那派幾乎使用同一聖典，先前所述的商羯羅派另有十一篇補遺歌（Vālakhilya），瓦修卡拉派除另收入八篇追加讚歌之外，大多無異於商羯羅派。曼多佉耶（Māṇḍūkya）的傳本則已散佚不傳。

古時的吠陀皆以口傳，不曾以文字書寫其本典或刊行。義淨三藏在《南海寄歸傳》卷四如此記載：「咸悉口相傳授，而不書之於紙葉，每有聰明婆羅門誦斯十萬頌。」

此一風習至今猶存，因此，馬克斯穆勒（Max Müller）在出版添加薩亞那（Sāyaṇa）之註的《梨俱吠陀》時，初始遭遇到相當大的困難。所幸馬克斯穆勒排除萬難，本文加上註釋，總計六卷，終於得以出版，爾後，只收錄本典的單行本在歐州與印度亦得以見之。

參考書

Winternitz, Geschichte der Indischen Literatur. I. S. 51—103.

第二節　沙摩吠陀本集（Sāmaveda-saṃhitā）

《沙摩吠陀》原是為沙摩祭的詠歌者（udgātṛ）而編集的。全書由二卷（ārcika）一千八百一十頌（若除去重複，則是一千五百四十九）所成。七十五頌除外，其餘詩句都可見於現存的《梨俱吠陀》之中。在印度樂律發展史的研究上，是獨一無二之寶典。但就思想發展史的材料而言，實無獨立於《梨俱吠陀》之外的價值。由於與儀式有關，因此傳持此典的教派甚多，古時其數及百，但現今僅只二派猶存。此即卡烏多瑪派（Kauthuma）與拉納尼亞派（Rāṇāyanīya）。兩派所傳並無太大差異。

第三節　夜柔吠陀本集（Yajurveda-saṃhitā）

《夜柔吠陀》與《沙摩吠陀》純是祭祀時所用。但有別於《沙摩吠陀》，《夜柔吠陀》的大部分是由《梨俱吠陀》所無的獨創祭詞所成，因此在種種方面，與《梨俱吠陀》大異其趣。首先就地理方面而言，《夜柔吠陀》是雅利安人遷離五河流域，已移居至蘇多雷西河與閻牟那河之間的俱盧地區；就時代而言，此乃第二期的產物。又從語調看來，《梨俱吠陀》（沙摩吠陀也一樣）完全採用韻文，反之，《夜柔吠陀》則韻文與散文混合使用。散文是第二期的代表聖典「梵書」（Brāhmaṇa）的特質之一，故《夜柔吠陀》可視為梵書之先驅。更就內容觀之，出現於《夜柔吠陀》中的諸神，就全體而言，與見於《梨俱吠陀》的，雖無太大差異，但就個體而言，其性格已大有變化。尤其世人對於神的態度大為改變，認為祭祀（yajña）萬能，藉由祭祀可以左右諸神。要言之，夜柔吠陀時代是梨俱吠陀時代與梵書時代的架橋，大抵可以斷定其之成立是在婆羅門即將掌握宗教獨占權至已見掌握之間。其年代大約是西元前一千年至西元前八百年之間[4]。相較於《沙摩吠陀》，此《夜柔吠陀》是更為重要的儀式聖典，故其支派最多。依據《穆庫提卡奧義書》（*Muktikā-up.*）所載[5]，應有一百零九派，但現今所知的，僅只四、五派而已，雖是如此，仍相當複雜。首先可大別為二派。亦

---

4. Schroeder, Indiens Literatur und Cultur, S. 87.
5. Weber. Indische Studien. III. S. 324. Winternitz, G. d. I. L., 1. S. 147~163.

即以黑夜柔（Kṛṣṇa-yajus）為本典的，以及以白夜柔（Śukla-yajus）為本典的。黑夜柔是將吠陀的本集及其神學書的梵書統合在一起，不作區分，恐是初始附在曼多拉（Mantra，本文）之間的注釋般的說明，爾後被聖典化。由於本文與梵書的區別不分明，故名之為「黑」（kṛṣṇa）。如是，由於《黑夜柔吠陀》的本集（Saṃhitā）中已含有梵書，故有別於其他本集。反之，《白夜柔吠陀》的本集與梵書有明確區分，依據傳說，此係大神學者亞修尼亞魯其亞（Yājñavalkya）所撰。總之，是就黑夜柔予以整理所成。以黑夜柔為本典的學派有四派。

本典	派名
一、卡達卡本集（Kāṭhaka-saṃhitā）	卡達卡派
二、卡皮希達拉卡達本集（Kapiṣṭhala-kaṭha-s.）	（零本）卡皮希達拉卡達派
三、麥多拉亞那本集（Maitrāyaṇī-s.）	（四卷五十四詩）麥多拉亞那派
四、泰提利亞本集（Taittirīya-s.）	（七卷五十七詩）泰提利亞派

其次，就白派而言，只有瓦夏薩尼伊派（Vājasaneya）留存，其本典稱為「瓦夏薩尼伊本集」（Vājasaneyi-saṃhitā）。此派雖與馬提央提那派（Mādhyandina）、卡笯瓦派（Kāṇva）有別，然其本典並無特別不同。總的說來，就《夜柔吠陀》的本文而言，以《瓦夏薩尼伊本集》所載最容易了解。散文加上韻文有四十章（prapāṭhaka），其中前二十五章是原始的，其他是後來附加的，尤其第四十章，即所謂的伊夏（Īśā, Vājasaneyi-saṃhitopaniṣad）。（參閱本書第三篇）der Inder

第四節　阿闥婆吠陀本集（Atharvaveda-saṃhitā）

就本來的性質而言，《阿闥婆吠陀》大異於前三種吠陀。前三種吠陀都是被公認的儀式聖典，反之，《阿闥婆吠陀》所收，主要是與個人有關的招福攘災之咒法。此徵於名稱上，前三種吠陀的題號分別是讚歌（Ṛc）、詠歌（Sāman）、祭詞（Yajus）等，是與祭祀有關，而《阿闥婆吠陀》是以家系為名，得以知之。《阿闥婆吠陀》的古名是「阿闥婆安其拉斯」（Atharva-aṅgiras），阿闥婆與安其拉斯都是古時事火僧侶的名稱，阿闥婆派以息災開運之咒法為主，安其拉斯派以咒咀降伏之咒法為主。亦即由此兩派修法所成的本典，至少在出發點上，有別於前三種吠陀。相較於《梨俱吠陀》，《阿闥婆吠陀》所載，富含一般俗信的要素，但從另一方面看來，其思想較進步於《梨俱吠陀》，其哲學的思索堪與梵書時代並行。此因《梨俱吠陀》所代表的是古代民族上流之信仰；反之，承自梨俱詩人所不顧的下流信仰，且於《梨俱吠陀》大成之後，加入上流社會哲學思想所成的，即此《阿闥婆吠陀》。其成立年代及地點雖不清楚，但從種種徵證看來，大致與夜柔吠陀時代相同。

《阿闥婆吠陀》在成立上，與其他三吠陀並無密切關係，因此，在獲得第四吠陀的地位之前，需經過相當的歲月，而且也有相當程度的變動。《梨俱吠陀》第十卷的原人歌（Puruṣa-sūkta）中，除了揭出 ṛc, yajus, sāman 等三者之外，另外又揭出「咒」（chandas）之名，此雖可視為是此《阿闥婆吠陀》之原型，但猶未能成為第四吠陀。《泰提利亞本集》（七，五，一一，二）雖曾揭出「安其拉斯」（Aṅgiras）之名一次，然其地位依然不明。屬於《梨俱吠陀》的梵書中，一次也不得見。瓦夏薩尼伊派的《百道梵書》（*Śatapatha brāhmaṇa*）於三明（Trayīvidyā），亦即三吠陀之外，又揭出阿闥婆安其拉斯（Atharva-aṅgiras）吠陀（一一，五，六，四—七）、阿達旺吠陀、安其拉斯吠陀之名（一三，四，三，七—八）。直至奧義書，才有「四吠陀」之說，但有時也僅揭出三吠陀，略去其第四。諸法經（Dharma-sūtra）與敘事詩中，也是如此。如是，與時代並進，雖已有視《阿闥婆吠陀》為第四之傾向，但仍與前三者有所區別，通常將前三者稱為「三明」（Trayīvidyā），視三位為一體，而《阿闥婆吠陀》被視為是附加的，不附以「吠陀」之名而置於第四。佛教中，《經集》（*Suttanipāta*）的阿達卡旺迦（Aṭṭhakavagga）第十四（第九二七頌）等，有禁止使用阿達旺咒法之記載，而今日南方的婆羅門之中，仍有不承認此阿闥婆是吠陀的[6]。雖然如此，若從所屬的奧義書其數量眾多看來，《阿闥婆吠陀》確實已逐漸獲得勢力。屬於其他三吠陀的奧義書全體不過十一、二種，屬於阿闥婆吠陀的，縱使只是名目而已，也有百種以上。此因其他三吠陀之主要成分的祭祀實與《阿闥婆吠陀》主要的咒法有密切關係，婆羅門若不具有招福攘災之超自然力，將影響其所具的活靈資格，因此，阿闥婆吠陀遂逐漸受到重視。尤其帝師（purohita）用於祈求武運長久及驅除怨敵之修法，其性質完全是「阿達旺」的，因此，若不通達阿闥婆吠陀，則不具帝師資格。現今的「帕利希達」（Atharva-pariśiṣṭa）如此明白表示：「婆羅門被稱為帝師（purohita）或師（guru）。彼必須通達阿闥婆。若無熟達阿達旺修法之師，天神、祖先及行者無法享受王家之祭祀。」[7]更且相較於複雜的儀式，一般人民更重視有直接利害關係的咒法，如是，基於種種原因，《阿闥婆吠陀》逐漸擴大其勢力，終於成為第四種吠陀，進而成為位居第一的「梵書吠陀」（Brahmaveda），亦即成為四祭官

6. Macdonell, H. S. L. p. 194.
7. Bloomfield, M., The Atharva-veda and the Gopatha-brāhmaṇa, p30.

的祈禱者之本典。就此而言，此《阿闥婆吠陀》所屬的《瞿帕達梵書》（*Gopātha-brāhmaṇa*，一，二，一六）云：「阿闥婆吠陀是梵書吠陀」，又云：「牛馬車輿若不具四足，則不能前進；祭祀之完成，亦必須具備四吠陀與四祭官」（一，三，一—二），進而同屬此阿闥婆吠陀派的《瓦伊達那經》（*Vaitāna-sūtra*）明言此阿闥婆吠陀位居四吠陀之第一。此固然只是自誇之言，不清楚是否為一般所承認，但就性質而言，想必曾於一時或於某地獲得如此地位。

古時《阿闥婆吠陀》的支派有五十，今僅存二派。此即帕伊帕拉達派（Paippalāda）與夏烏那卡派（Śaunaka）。依據夏烏那卡派所傳本典所載，其二十卷七百三十詩（sūkta）六千頌之中，約六分之一是散文，其他為韻文。又，全體約六分之一採自《梨俱吠陀》，尤其是第二十卷的十分之九與現存的《梨俱吠陀》一致[8]。此乃《阿闥婆吠陀》欲取得「梵書吠陀」（Brahmaveda）之資格，於編纂之際，強行加入所致。

《阿闥婆吠陀》之原典已由 Roth-Whitney 在 Śaunaka 之傳本上，添附 Sāyaṇa 之註，於一八五六年出版。

通常在言及「吠陀」時，只是在指稱前文所述的曼多拉（Mantra，本文），但若廣義言之，包括梵書（Brāhmaṇa）、經書（Sūtra）都可稱為吠陀。梵書方面，從《黑夜柔吠陀》可以推知，是以神學的方式，解釋本典祭祀之次第與理論，而經書則是秩序性的揭示祭祀的實際行法與社會法規。二者都是制度性處理本典時，不可欠缺，因此其製作時代雖較晚於本集，但基於婆羅門教之立場，仍視為吠陀的一部分。此中，如同本集，梵書（包含奧義書）也被視為神之啟示，是神聖的，故稱

8. Macdonell, ibid. pp. 186~7. Winternitz, G. d. I. L. I. S. 103~138.

為「隨聞」，亦即「天啟」（śruti），而經書是古聖之傳承，在不違反天啟的情況下，亦具有神聖之權證，故稱為「憶念」，亦即「傳承」（smṛti）。就經書而言，關於公式的天啟經（Śrauta-sūtra）、關於家庭儀式的家庭經（Gṛhya-sūtra），以及關於種種法規的法經（Dharma-sūtra）等三種之中，其第一的隨聞經通常被納入天啟之中。廣義的吠陀文學如次表所列。

吠陀
- （一）梨俱吠陀
  - 本集（狹義吠陀）
  - 梵書（含奧義書）
  - 經書
    - 天啟經
    - 家庭經
    - 法經
  - 本集、梵書、天啟經：天啟（神傳）
  - 家庭經、法經：傳承（聖傳）
- （二）沙摩吠陀
  - 本集
  - 梵書（含奧義書）
  - 經書
    - 天啟經
    - 家庭經
    - 法經
  - 本集、梵書、天啟經：天啟（神傳）
  - 家庭經、法經：傳承（聖傳）
- （三）夜柔吠陀
  - 本集
  - 梵書（含奧義書）
  - 經書
    - 天啟經
    - 家庭經
    - 法經
  - 本集、梵書、天啟經：天啟（神傳）
  - 家庭經、法經：傳承（聖傳）

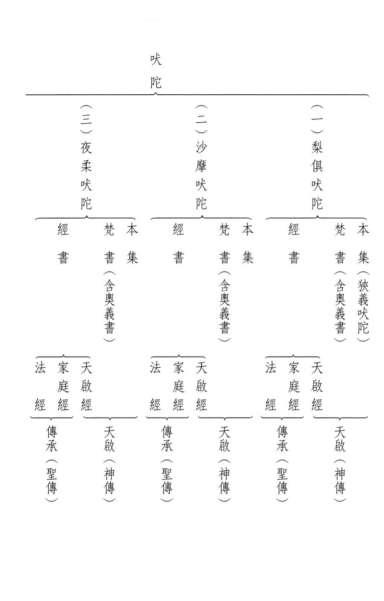

（四）阿闥婆吠陀

- 本集
- 梵書（含奧義書）
- 經書
  - 天啟經
  - 家庭經
  - 法經

天啟（神傳）：本集、梵書（含奧義書）、天啟經

傳承（聖傳）：家庭經、法經

廣義而言，各種吠陀都由本集、梵書（及奧義書）、經書等三部門所成。其傳本隨其支派（śākhā）不同，略有差異，故四吠陀一切支派所傳書類若全部揭舉，將相當龐然複雜。就實際的研究而言，完全傳承的二、三個支派之傳本，實已足夠，但為求完善，則有必要盡可能涉獵。一般所說的婆羅門教，即是以此本集、梵書與奧義書為其信仰基礎，依此而思惟而實行之宗教，其之所行，全然未受爾後興起的種種學派影響。

第二章　吠陀的神話

第一節　概觀

關於神話之起源，雖有種種異論，但大抵可以推論其起因在於未開化人種認為如同人類，宇宙萬象也具有生命與感情且其威力勝於人類。於其組成要素中，主觀方面，加入民族之渴仰、畏怖、究理等情緒；客觀方面，是加上四周的物象、氣候、風土、社會組織而形成一定之形式。因此，民族神話不只反映出該民族之風氣、嗜好、風俗、習慣等，於其神話中，亦含蘊彼等爾後將進一步發展之種子。就此而言，神話之研究是一般人文史上頗為重要的預備研究，尤其在宗教與哲學研究上，更是不可欠缺。此因未開化人種所想像的具有超人之偉力者，即是作為彼等信仰對象之神，而作為其信仰對象之神的，其作用不出於彼等對於宇宙人生之解釋。神話是人類初期之宗教，且是哲學。從而吠陀神話之研究，也是印度哲學、宗教史最初之問題，而此研究所以特為重要，其因在於有別於早已枯死的希臘或羅馬神話，吠陀神話是吠陀以後所發生的哲學、宗教最直接的基礎，在某種意義上，直至今日，其生命猶然持續著。可以說若不了解吠陀神話，終究不能完全了解印度思想。

因此，筆者在此章將作較為詳細的論述，但在述說各各神格之前，首先有必要對於一般的潮流略作論述。

首先就資料觀之，所謂的吠陀神話，主要是指見於《梨俱吠陀》的，因此《梨俱吠陀》之研究，即是印度古代神話之研究。雖然如此，作為補遺或繼承的材料，《阿闥婆吠陀》及《夜柔吠陀》中的神話性的敘述也不能輕視。此因梨俱詩人所讚美的諸神，主要是代表上流社會，而下流社會的神之觀念必須求之於《阿闥婆吠陀》，結合此二者的，則應尋自《夜柔吠陀》。總的說來，由《梨俱吠陀》向《夜柔吠陀》、《阿闥婆吠陀》推進，低級神格逐漸嶄露頭角，然此並非《梨俱吠陀》的信仰呈現墮落，而是《梨俱吠陀》所忽視的信仰終於顯現於舞台表面。《梨俱吠陀》所不得見的下級信仰在當時頗為盛行，因此若欲予以研究，則必須借助「阿達旺」與「夜柔」之力。如是，吠陀神話之研究雖以《梨俱吠陀》為中心，然若不加入其他二種吠陀，終究不能盡其全體。

其次，就吠陀神界之構成要素觀之，大體上，吠陀諸神是天然現象之神格化。尤其《梨俱吠陀》之主要神皆是如此。無論瓦魯納（Varuṇa，司法神），或因陀羅（Indra，雷神），或阿耆尼（Agni，火神），都是天然現象的某一部分。對於梨俱吠陀詩人而言，無論東天呈紅，或雲去風嘯，或火燃水流，無非都是神，不具意識的，完全不存在。尤其與生活有直接關係的自然現象，對於彼等，正是真正活生生的神，故皆以提婆（deva，天神）稱之。Deva 的語根為 div，亦即「輝曜」之義，據此觀之，最早被神格化的，應是光明，其次漸及於其他現象。雖然如此，但不能認為吠陀諸神都是天然現象之神格化。除此之外，還有依種種要素而成立的。其形跡於《梨俱吠陀》已顯現，到了《阿闥婆》及《夜柔》漸趨於明朗的幽鬼、惡魔、庶物等低級神；又有呈現於梨俱吠陀終期而逐漸受重視的哲學的抽象神；進而也有由歷史事變及英雄、詩人事蹟而被神格化的所謂人文神話，甚至某些特殊的言語也被神格化。亦即其基礎是在天然現象，與此相應而獲得勢力的神相當多。有別於《梨俱吠陀》的主要神，此等並不是祭祀之對象，但在一般信仰上，仍有很大關係，在種種方面，影響著印度的思想。因此，吠陀神界之要素是萬有之全體，就天而言，是日月星辰；就空而言，是風雨電雷；就地而言，是山河草木乃至人間萬般事象，是與人類或友或敵的活生生的生命[1]。

若是如此，由此所構成的神界其順序與統制又是如何？剋實而言，諸神相互之間，完全沒有聯絡或統一，此乃吠陀神界之特質。希臘與日本的諸神雖非完整，但諸神之系譜與職掌非常確定，而吠陀中，雖也有諸如父母神、子神等的論述，但幾乎只是偶然的，並無任何神統說。不只如此，諸神相互之間，彼此的神格或是融合或是交換，因此個性不明瞭的神，非常多。任何神都能以光明、智慧、威力、慈悲等表示，又，諸如最大、最上等形容詞也都適用於諸神，甚至連世界創造、支配作用也是諸神所具有。之所以如此，在於當時的印度是諸多小部屬所組成，其社會組織並不統一，作為主要諸神之基礎的天然現象又交互錯雜，難以區別。加之，印度人對於任何事都有趨於極端之習性，此一習性在梨俱吠陀時代已可窺見，梨俱詩人在讚美某一神時，無不傾其全力，施以最上最美之言詞，其之表現幾近於不知另有他神存在，對於他神，亦持同樣態度，此一傾向遂越發增長。故吠陀宗教，客觀上，雖是多神教，但就信者主觀的狀態而言，顯然具有一神教的氛圍。難以命名的此一宗教意識，自馬克斯穆勒名之為「單一神教」（Henotheism，只崇拜多神中的某一神之宗教）、「交換神教」（Kathenotheism，主神主體交換之宗教）以來，遂成學者通常依用之術語[2]。

最後，對於吠陀諸神應以何等分類法最為恰當？此非皮相的單純的問題而已。通常是以西元前五世紀亞斯卡（Yāska）的《尼魯庫達》（*Nirukta*）一書所載，作為分類軌範，在此書（七，五）

---

1. Barth, Religions of India, p. 7. Oldenberg, Religion des Veda. S. 39.
2. Max Müller, History of Ancient Sanskrit Literature. p. 526. 532.

中，諸神依其性質而被分配於天空地三界，並以天位（dyusthāna）、空位（antarikṣasthāna）、地位（pṛthivīsthāna）等三位作說明。雖然如此，嚴格言之，僅只如此，並不完全。此因若依據如此分類，《梨俱吠陀》之主要神雖得以包容，然猶有若干神格難以歸類為天空地之任一。馬克多尼爾在《吠陀神話》[3]中，揭出作為決定主要神位次的方法，亦即依據《梨俱吠陀》對於神的讚歌多寡而決定此神當時的人氣。其結果如次所列。

第一位　因陀羅（雷神）、阿耆尼（火神）、蘇摩（酒神）

第二位　阿修溫（耦生神）、瑪魯茲（風神）、瓦魯納（司法神）

第三位　烏夏斯（曉神）、薩維多利（陽神）、普利哈斯帕第（祈禱主）、蘇利亞（太陽神）、普項（營養者）

第四位　瓦優（風神）、多亞瓦普利提維（天地）、毘濕笯（日神）、魯多拉（荒神）

第五位　耶摩（焰摩，死王）、帕笯夏笯亞（雨神）

大致是因應當時人氣多寡而作區分，從而雖是分類的一種標準，但實際並非如此，此乃馬克多尼爾也承認的。例如對於瓦魯納（Varuṇa）的讚歌有三十首，引用其名的，多達二百五十餘處，是列於第二位之末；對於阿修溫（Aśvin）之讚歌有五十餘首，有四百餘次出現其名，故位列第二位之初，但就實際的勢力而言，阿修溫的地位遠不及於瓦魯納。故此一方法仍不能作為吠陀讚歌諸神的分類標準。若改從歷史而作觀察，作印歐時代之神、印伊時代之神、印度特產之神而作分類，此亦難以成功。此因印伊時代之神較為明顯，依據馬庫多尼爾所述，就其主要神而言，印度特產之神只有毘

3. Macdonell, Vedic Mythology. p. 20.

濕笯（Viṣṇu）、魯多拉（Rudra）與普利哈斯帕第（Bṛhaspati）等三神[4]，但在印歐時代，神格共通的相當多，且其性質大多曖昧不清，故仍然不能以此作為分類標準。

如是，吠陀諸神完全的分類法無法確立，故只能依據各自目的選擇較為適合的方法，此外別無他途。大體上，筆者分為二類。亦即梨俱吠陀之主要神為第一類，其餘諸神為第二類。對於第一類，更依亞斯卡以來之通規，分成天、空、地等三位；對於第二類，則因應諸神性質，設若干項目予以分攝。

第二節 第一類：梨俱吠陀之主要神

如前文所述，《梨俱吠陀》中之主要神，大抵是天空地的現象之神格化。對此，學者或謂天體現象神格化的，最為原始，其次，隨著民族南下，因於空中現象而有空界諸神，最後祭祀主義形成，遂有地上祭壇之神的阿耆尼（Agni）、蘇摩（Soma）等。亦即天空地之分類契合歷史發展順序。如此的推定或許某種程度能與事實相符，但也不能全盤接受。此因若依此推定，阿耆尼、蘇摩的崇拜最早應產生於梨俱吠陀終期，但事實不然，此徵於印伊時代的「阿維斯達」（Avesta），因「哈歐瑪」（Haoma=Soma）之崇拜而被稱為「拜火教」等，火（Ātar）之受重視，據此可知。而似乎是基於熱帶地區之氣象而產生的「因陀羅」之名，也見於阿維斯達，因此，同樣是印伊時代業已存在的神。

---

4. Macdonell, ibid.

故大體上，吠陀信仰是由天神漸次而至地神，但嚴格而言，必須切記此乃歷史的發展所致。

諸神之中，因陀羅完全是人格之神，而阿耆尼、蘇摩則是非人格的。若就歷史發展的關係而言，總的說來，相較於非人格寫象的神，人格寫象的神具有較長的歷史。但被如此神格化的對象其所具性質亦必須考慮。因陀羅雖是風雨雷霆之神，但並不是雷霆本身，雷霆不是日日發生的現象，故容易被寫象成「有一具有人格的勇猛之神乘時發起雷霆等等」。反之，阿耆尼與蘇摩隨處可見，可以人為的產生，故難以作如此想像[5]。就此而言，以人格非人格之理由而決定神之新古，是必須考慮的。

其次是將吠陀之主要神對配三界，其數將有多少的問題。《梨俱吠陀》與《阿闥婆吠陀》屢見三十三天或三重十一天之說，乍見之下，似有三十三位神格。然其三十三之數，猶如日本人所說的八百萬神，只是籠統數目，並非定數。故若依據三界對配的分類法，其數及其攝屬等則依各人所見而定，只要不損及吠陀真意倒也無妨。又，在各別述說諸神之前，首先探究其住處之三界，在順序上應是恰當的，故在此首先擬一窺《梨俱吠陀》所載的宇宙形體論。

宇宙是諸神活動之舞台，分為三界。即：天界（div）、空界（antarikṣa）與地界（pṛthivī）（梨俱吠陀八，一〇，六）。天界是光明之世界，亦即天國，位於肉眼不能見的蒼穹上方。天界以降，是吾人眼界所及的空界，位於天界與地界之中間，故又名中間界（antarikṣa）。在天界與空界之境，有一天井，即所謂的穹窿（nāka），此乃上下界之分界。「三界說」是梨俱吠陀詩人之構想，而阿闥婆吠陀詩人於三界之上更加一光界，成立所謂的「四界說」（阿闥婆吠陀四，一四，三）。或立

---

5. Oldenberg, Religion des Veda. S. 40~42. Macdonell, Vedic Mythology. p.15.

「六界說」，即三界各有二部；或立天三界、空三界、地三界的「九界」。要言之，其之所據仍是天空地的三界，故三界說可說是吠陀全體的標準世界觀。進而略就其特質觀之。天界（div）又有大虛（vyoman）、光明（rocana）等名稱，若依據穹窿之見地，則有頂上（sānu）、高處（viṣṭap）、背部（pṛṣṭha）等名稱。將此分為三部時，名為三光明界（trīṇirocanā），有上中下等三分，其最上部稱為上部（uttara, pārya）。天與地呈相對峙狀態，其狀態或比擬以兩大鉢（camvā）相向之形，或以軸之兩邊的車輪作比擬（梨俱吠陀三，五五，二〇等）。對於天界與地界之距離，梨俱吠陀詩人沒有明言，僅言及毗濕笯之天宮乃飛鳥所不能及（梨俱吠陀一，一五五，五），但阿闥婆吠陀詩人想像金鳥（日）振其兩翼而高飛沖天時，其程為千日之遠（阿闥婆吠陀一〇，八，一八）。因此，《愛達雷亞梵書》（*Aitareya-brāhmaṇa* 二，一七，八）斷言：天地之間有千日之距離。所有屬於太陽的現象，都起於穹窿上部，從而與此有關之神格都在天之上界。其次的空界，是雲霧集散之場所，從而其別名亦皆肇因於此。就其朦朧或模糊的方面，稱之為冥暗（rajas）；就其含有水氣而稱之為含潤（aptya）；就其為陰雲所掩，而稱暗黑（kṛṣṇa）。都是與天候變化現象有關而立名。通常將空界分成二部分，靠近天的，稱為天分（divya）；接近地的部分，稱為地分（pārthiva）。又稱空界為海（samudra），以峯（parvata）或岩石（adri）比喻雲，是吠陀最為普通的譬喻；以牝牛出乳比喻陰雲含水氣而降下甘雨，也是神話中頗為常見。對於神話中的「牝牛」一語，若將之解釋為雲，大抵就能獲得恰當的解釋。最後，地界有普米（bhūmi）、庫夏姆（kṣam）、庫夏（kṣā）、勾瑪（gmā）等名稱。或依其巨大之方面而稱洪大（mahī）；依其廣大之方面，稱為廣濶（urvī）；依其無邊之方面，稱無邊際（apārā），或相對於他界而稱現世或此土（idam）。地之形狀是圓體，如輪（梨俱吠陀一〇，八九，四），此時尚未有後世所說「大海圍其四周」的海洲說。其方位之稱呼中，應予以注意的是，以前方（purastāt）表示東方，後方（paścāt）表示西方，上方（udaktāt, uttarāt）表示北方，下方（adharāt）表示南方。將東西方稱為前後，是就日輪而說的，此乃通例，但將南方說成下方，將北方說為上方，印度的地形除外，想必出自雅利安人南下移住的歷史回顧。四方稱之為「極」（pradiś），從而將大地稱為四極界（caturbhṛṣṭi），此外，說為五方位時，是以自己所立之處為中心，視為一方位，若再添加上方，則形成所謂的四方上下的六方位。

一、天界之神格

（一）多亞烏斯（Dyaus）　吠陀諸神中，最具原始形跡的，就是多亞烏斯。如前文所述，此與希臘的宙斯（Zeus）、羅馬的邱比特（Jupiter）同語。其神名之語根為 div（輝曜之義），初始是光明之神格化，但在《梨俱吠陀》中，大多用於指稱「天」，亦即天空之意。從而在性質上，經常是加上地（Pṛthivī），以「天地」（Dyāvāpṛthivī）此一合成語而讚美之，有時相對於地母（Pṛthivī mātar），而有「天父」（Dyauṣ pitar）之稱（梨俱吠陀六，五一，五）。常有烏夏斯（Uṣas）、阿修溫（Aśvin）、蘇利亞（Sūrya）、阿提提亞（Āditya）、瑪笯茲（Maruts）等為其子女之說，即因於其所具的「父」之義。或稱此神為牡牛（梨俱吠陀一，一六〇，三），或以犂牛之咆哮比喻（梨俱吠陀五，五八，六。三六，五），或想像其形體如牛，但不能確定一般是否都持此看法。要言之，在《梨俱吠陀》中，對於此神之熱切信仰已消退，僅存形式上的讚美。

（二）瓦魯納（Varuṇa）　吠陀神界中，最具神力之神，是天界的瓦魯納、空界的因陀羅與地界的阿耆尼。其中時間較早於因陀羅，被視為司法神而頗受畏信的，是瓦魯納。此神之起源與古希臘的烏拉諾斯（Ouranos）不甚相同，但就其與阿維斯達的阿夫拉瑪斯達（Ahurah-mazdāh）性質酷似而言，最遲應是印伊時代之產物。就其名稱觀之，是來自 vṛ（包容之義），是蒼空之神格化。此神以天為其座所（梨俱吠陀五，六七，二），著金色衣（同．一，二五，一三），以阿耆尼為顏面（同．七，八八，二），蘇利亞為眼（同．一，五〇，六），瓦優為呼吸（同．七，八七，二），明星為其使者（阿闥婆吠陀四，一六，四），駕乘馬車驅迴天空（梨俱吠陀五，六三，一）。雖然如此，相較於形相，此神之性格是朝向偉大且支配性的運作發揮。詩人對此讚曰：「彼偉力之範圍乃空飛之鳥或流竄之河流所不能及」（梨俱吠陀一，二四，六），所謂空飛之鳥恐是指太陽，流竄之河流是指含擁天地的天河（Rasā）。其全知之力能知海行之船道、空翔之鳥道與天上拂風之道（同．一，二五，七），熟諳各人之瞬數及洞見隱微之內心（阿闥婆吠陀四，一六，二─五），以及立者、行者、彷徨者、歸者、突進者、兩人相座而語等，大王瓦魯納無所不知（同．四，一六，二）。具有如是智慧與神力而成為宇宙大王（samrāj），成為規律之保護者（ṛtasya gopā），在自然界方面，能支撐天空地，司掌四時與晝夜之運行；在人事界方面，以裁奪祭事與維持道德為其主要作用。從而其命令（vratāni）極其峻嚴，膽敢違背其命令，破壞其規律，將以恐怖的繩索（pāśa）縛之（同．一，二四，一五。二五，二一。六，七四，四），以病（主要是水腫病）以死處罰之，毫無寬待。但對於行為真實而能悔罪而歸崇者，縱使其罪乃祖先所犯，亦能予以赦免（同．七，八六，五），賜予長壽與福德（同．一，二四，一一），亦即能給予莫大之恩惠。剋實而言，此神乃是古代印度民族道德最高理想之表現，是遍於天地的道德律，遵奉之，得幸福；背戾之，則獲災禍。到了佛教時代，之所以出現印度人之理想的轉輪聖王（Cakravartin），正是此神之性質被移轉至武神因陀羅，進而冀望於人間實現所致。此神在道德上，與耶和華（Yahve）頗為相似。此神若能獲取更多勢力，吠陀宗教或許早已成為耶和華流的一神教，然而由於此神過於嚴肅與崇高，難以親近，不能讓一般人獲得滿足，更由於因陀羅與普拉夏帕第（Prajāpati，生主）取得勢力，遂漸被忽視，終致地位下降。首先是其同伴者米特拉（Mitra）成為晝神，彼成為夜神（阿闥婆吠陀一三，三，一三。九，三，一八），其次在《梨俱吠陀》中，彼屢與降雨、水流有關，在《阿闥婆吠陀》中，僅只被視為水神，到了梵書等，竟然出現利己的行為。進而在《摩訶婆羅多》中，純然是水界的大王，進入佛教的密教之後，傳到日本，即成為水天宮。

（三）**米特拉**（Mitra）　此神與阿維斯達的 Mithra 相當，Mitra 此一稱號為「朋友」之義。此稱號被用以表顯太陽恩惠的方面，因此是專門司掌白晝之神。其偉力與智慧幾乎與瓦魯納相同，故又有宇宙之統王（samrāj）、規律之主（ṛtasya gopā）等尊號。雖然如此，在梨俱吠陀時代，彼已失其獨立性，完全被瓦魯納吸收，常被視為是其同伴，故或以米特拉瓦魯納（Mitrā-varuṇa）稱之。在《梨俱吠陀》中，用以讚嘆此神之讚歌只有一首，見於第三卷第五十九篇。

瓦魯納、米特拉、因陀羅、阿耆尼等神常被稱為是規律之保護者、有規律者（ṛtāvan）、欣悅規律者（ṛtāvṛdh），故稍就「規律」（ṛta）之意義述之。“ṛta” 一語，原是意指物體依序進行，故轉而具有「真理」、「正義」、「相應」等義。若依據吠陀中的用例，此語使用的範圍極廣，例如奔馳不絕的河流，晨朝的曉光微現，黑牛之乳常白，人類有秩序的行動等等，都以 “ṛta” 一語表現。簡言之，自然界之秩序或人事界之秩序是同一的 ṛta 的不同作用，可以說自然律等於道德律。若破壞其秩序，即相當於破壞自然之秩序，故嚴重警戒不可造作與 ṛta 相反的 “anṛta”（不秩序，不真理，不相應）。在執行祭儀時，此一觀念更是顯著表現，如法舉行祭儀，即是 **ṛta**，規律保護者（**ṛtasya gopā**）的神意若能契合，則天地運行順調，反之，若惹神怒，必有不祥。進而到了梵書時代，則將正確舉行祭儀視為即是維持大宇宙之秩序，將祭壇視為大宇宙之代表。

（四）蘇利亞（Sūrya）　其名與希臘的黑里歐斯（Helios）相當，是太陽具體方面的神格化。就其作用特質見之，作為天之眼（或米特拉，瓦魯納之眼），彼常監視下界眾生的行動，以其光明拂去黑夜之暗黑。對於其之東出西沒，詩人稱為空飛之鳥（梨俱吠陀一〇，一七七，一—二），或謂彼駕乘七馬所拉之車（同・五，四五，九）；就其於晨曉現於東方，或謂彼乃曉之女神烏夏斯（Uṣas）之子，或謂彼乃在女神身後追趕的女神之夫。應予以注意的是，《梨俱吠陀》曾以種種比喻讚嘆此神，又屢屢謂彼乃是製造者。此外，從米特拉瓦魯納舉此神至天（同・四，一三，二），因陀羅所作（同・二，一二，七），創造神（Dhātṛ）創作蘇利亞與月（同・一〇，一九〇，三）等表現看來，顯然是將天體現象（太陽之具體表現）視為蘇利亞。

（五）薩維多利（Savitṛ）　抽象太陽的活動而予以神格化。其名有「鼓舞者」、「衝動者」之義，恐是印度的特產。此神所現形相中，較具特色的是，全身都是金色，被金色髮，有金色之舌與腕，金色眼與手，其所乘金色之車，是由二匹輝曜之馬拖曳（同・一〇，一三九，一。六，七一，一—五。一，三五，二—一〇），常奔馳於上下界。其主要作用是舉其金色腕，令我人從眠中覺醒，起身活動，夜晚時至，再度入眠（同・四，五三，三—四）。彼之恩惠與偉力亦頗為廣大，能給予神與人不死（同・四，五四，二），拂除惡鬼與魔物（同・一，三五，一〇）以及我人之惡夢（同・五，八二，四），引導亡靈上天（同・一〇，一七，四），具有因陀羅、瓦魯納等強神所不能抵抗之力（同・

二，三八，九）。《梨俱吠陀》第三卷第六十二篇中的一首是在讚嘆一切神，然其第十頌具有代表《梨俱吠陀》所有讚歌之價值，初學者應先由此頌開始研究，直至今日，正統派的婆羅門每天晨朝必誦此讚歌 6。此名「薩維多利（若依詩形，即名卡瑪多利）讚歌」。是頗為有名之讚歌，茲揭之於次。

tat Savitur vareṇyaṃ hhargo devasya dhīmahi; dhiyo yo naḥ pracodayāt.（Gāyatrī; Ṛg. III. 62. 10）

（我等欲得薩維多利神最尊貴之榮光。願激發我等之思想）

（六）**普項**（Pūṣan）　Pūṣan 為「營養者」之義，是太陽生長萬物之神格化。就其作用而言，作為嚮導神、牧畜保護神為其特色。關於其形相，不見詳細說明，大抵是頭被辮髮（同・六，五五，二），攜金槍（同・一，四二，六）與刺針（同・六，五三，九），駕乘山羊所曳之車（同・一，三八，四。六，五五，三）。此神常遨遊於天地間，詳知其道程（同・六，一七，六），故有「道主」之名，亦即道祖神（同・六，五三，一），能為旅人除猛獸或盜賊之害（同・一，四二，一－三），又能引導亡靈上天國（阿闥婆吠陀一六，九，二）。舉行火葬或馬祠（Aśvamedha）之際，之所以與山羊共焚，恐是因於山羊拖拉此神之車而趨向目的地所致。牧場的畜類所以不迷路，不掉落深坑，能得安全繁榮，皆因於此神保護，故有 Paśupā（獸畜保護者）之尊號。

（七）**毗濕笯**（Viṣṇu）　在後世的印度教中，毗濕笯與濕婆神（Śiva）都是主要的神格，但在《梨俱吠陀》中，其地位頗為卑微。就彼以三步即能跨越全世界的特質見之，恐是用以表示太陽

6. Macdonell, H. S. L, p. 79. Hopkins, Religions of India. p. 46.

東出，抵達中天，進而西沒之天象（也有學者認為是指天空地等三界）。位居最高處的中天，是諸神及祖先所住而行歡樂之所，死後到達此處是梨俱吠陀時代的人最大理想。《梨俱吠陀》第一卷第一百五十四篇第五頌有如次敘述：

> 歸依神者（祖靈）享受福樂，我欲到達安樂之天上。濶步神之親族（祖靈）住於彼處。毗濕笯最高步行處有甘露之泉。

此即後世視為樂土的「瓦依坤達」（Vaikuṇṭha），毗濕笯所以能得偉大勢力，此為其因之一。在《阿闥婆吠陀》與《夜柔吠陀》中，其地位已顯著提高，到了梵書則更為明顯。

（八）阿提提、阿提亞（Aditi, Āditya）　Aditi 為無限無縛之義，此神雖是天空的神格化，但也可視為哲學產物。予人無縛的自由之外，並無其他人格的特質。《梨俱吠陀》中，其名出現八十四次，但沒有特別的讚歌，單獨的記載也少見。

阿提亞是「阿提提所屬」之義，亦即此神乃阿提提女神之子。就歷史而言，其存在是在母神之前，但阿提提思想大為發展之後，反被攝取於阿提提之內。故其名稱與數量初始未必一定。《梨俱吠陀》第二卷二十七篇揭出米特拉（Mitra）、阿利亞曼（Aryaman）、博伽（Bhaga）、瓦魯納、達庫夏（Dakṣa）與安夏（Aṃśa）等六神，第九卷一百一十四篇之三揭出七神，第十卷七十二篇之八於先前所揭六神之外，再加上阿提提與馬魯當答（Mārtāṇḍa）而成八神，《阿闥婆吠陀》第八卷九篇之二十一揭出八神。之所以產生阿提提與阿提亞之思想，是為了對於亂雜的吠陀神界給予統制，故及至後世仍受尊重，在《摩訶婆羅多》可以見及，在提婆菩薩《外道小乘涅槃論》中，以「女人眷屬論師」之名，所揭與此思想稍見變化的論述，可視為是獨立的一派。

阿提亞神屬中的米特拉與瓦魯納，前文已有述及，而因陀羅將於後文論述，此處僅就其他六神略作說明。阿利亞曼（Aryaman）為「朋友」之義，故其性格中有米特拉之蹤影。其獨立神格已失。博伽（Bhaga）是「分與者」之義，此為富神；安夏是「部分」之義，也是富神。達庫夏（Dakṣa）是「勢力」之義，其性格不明。可視為具有根本的能力。《泰提利亞梵書》（一，一，九，一）揭出阿提亞等八神，亦即米特拉、瓦魯納、阿利亞曼、安夏、博伽、達多利、因陀羅、維瓦斯瓦特。此中，達多利（Dhātṛ）是「施設者」之義，初始為其他神之稱號，但漸次獨立而成為另外一神。是能給予子孫及司掌世界施設之神。爾後被視為與「生主」（Prajāpati）同格。維瓦斯瓦特（Vivasvat，遍照者）初始是旭日之神格化，或被視為阿修溫（Aśvin）之父，其作用與人類較接近。如同最初將哈歐瑪（haoma）流布於此世的阿維斯達的維瓦夫旺多（Vīvahvant），此維瓦斯瓦多最早將蘇摩流傳於此世，以便於舉行祭祀。由於是維瓦斯瓦特之子，因此人類的祖先摩筊（Manu）以及最初的死者耶摩（Yama）都被稱為「瓦依瓦斯瓦達」（Vaivasvata）。

（九）烏夏斯（Uṣas）　Uṣas 之名出自於 vas（輝曜），此乃曉相之神格化。相當於希臘的黑歐斯（Hēos）、羅馬的阿烏羅拉（Aurōra）。吠陀諸神中，被讚美為最美且富含文學意義之女神。五河流域的晨景極美，眼見此美景，詩人心中讚美之念不能禁，遂有此神產生。從而就性質而言，此神完全保持天然的基礎，沒有過分的人格化。就其身分而言，彼乃天父多亞烏斯之女（泰提利亞梵書七，七七，六），女夜神拉多利（Rātrī）之妹（同・四，五二，一），日神蘇利亞之女（同・二，二三，二），或其妻（同・七，七五，五），或其戀人（同・一，六九，一。一，九二，一一）。其所現形相如舞姬之著麗服，如牝牛之露胸（同．一，九二，四），光芒環繞，現於東方，指示道路（同．一，一二四，三），其齡雖老，但日日新生，宛如處女（同．一，九二，一〇）。其作用是開啟天之門戶（同．一，四八，一五），撤去夜之黑幕（同．一，一一三，一一二），拂除惡魔與暗黑（同．七，七五，一），令我人從睡夢中覺醒而開始作務，令鳥獸離巢而開始活動，更為五種民族顯示其所行之道（同．五，八〇。一，九二，九。四，五一，五。七，七九，一）。其所駕華車是由栗毛馬、赤色牡牛或牝牛拖曳，此中的馬或牡牛，即晨光之意，牝牛則用以表示雲。應予以注意的是，在如此美麗的烏夏斯的讚歌中，卻稍帶厭世口吻。《梨俱吠陀》（一，九二，一〇）言及烏夏斯消費眾生生命，或哀嘆彼之縮短人命（同．一，一二四，二）。據此可見後世印度思想的特質之一，於此業已萌芽。

（十）**阿修溫**（Aśvin）　此神為雙神，擁有諸多讚歌，然其天然的基礎不甚清楚。就其字義而言，是「有馬者」之義，相當於希臘神話的騎士提歐斯庫羅依（Dioskouroi）兄弟，但在《梨俱吠陀》中，毫無彼騎乘馬匹之記事。唯只言及彼所乘之車是由快速如思想之馬拖曳。其形相是具有光輝（同．七，六八，一），如太陽之輝曜（同．八，八，二），美麗（同．六，六二，五），頭戴蓮花冠（同．一〇，一八四，二），具有諸多形相（同．一，一一七，九）等，但具體形相不明。其之出現，是暗黑猶在赤牝牛（雲）中（同．一〇，六一，四），乘車追逐烏夏斯女神（八，五，二），顯然是晨光現象之神格化，對於「雙生」所具之義，頗有異論。亞斯卡（Yāska）在《尼魯庫達》（一二，一）中，揭出諸家所見，或視為天地，或視為晝夜，或視為日月。此神所行最為顯著的，是救濟方面，能給予老男人年輕妻子（同．一，一一六，一〇），給予老女人年輕丈夫（同．一，一一七，七），給予盲目者眼目（同．一〇，三九，三），令跛者得以步行（同．一，一一二，八。一一七，一九）

等等，救拔我人的行為甚多。尤其名為夫修（Bhujyu）的男子墮海時，因祈念此神而得救（同・一，一一六，四—五）。因此，阿修溫長久以來被尊崇為海路之神。或被視為醫藥神而受崇拜。

二、空界之神格

（一）因陀羅（Indra）　吠陀神界中，最為偉大，最受歡迎，位居印度國民保護神之地位的，就是因陀羅。此神在阿維斯達中，是惡神；在佛教中，是以「釋提桓因」（Śakra Devānām Indra）之身分出現，是佛教的護持者；在印度教中，則是喜見城（Sudarśana）城主，被視為是豪奢之天部而永受崇拜。徵於《梨俱吠陀》所載，獻予此神的讚歌約有四分之一強，從中可以推測其頗受歡迎。此神原是雷霆之神格化，但經過長久歲月，其性質由自然現象發展成偉大之勇者。彼由其母牝牛（Gṛṣṭi，雲）之脇腹出生（梨俱吠陀四，一八，一—二—一〇），出生後立即成為勇者而能活動（同・三，五一，八），為此，天地怖畏而震動（同・四，一七，二）。其全身茶褐色，毛髮與髯鬚亦同此色（同・一〇，九六），憤怒時，其鬚豎立（同・一〇，二三，一），常手持金剛杵（vajra，電戟）作為武器，故一名「金剛手」（Vajrahasta）。彼駕馭由二匹茶褐色軍馬拖曳之車，風神瓦優（Vāyu）為其隨從（同・四，四六），如飛翔般，馳騁於空中而從事戰爭，故又有「車戰者」（Ratheṣṭhā）之稱號。性好飲蘇摩酒，其舉杯豪飲時，姿態猶如長鯨之汲飲百川，故又名「飲蘇摩者」（Somapā）。顯然將天候暗澹，電雷轟鳴於雲上的景象，想像成一位豪放的勇者，此外，或將彼偉大的性格具體化，認為此神具有驚人的巨大身軀。天地二界雖大，唯其一握（同・三，三〇，五），其身軀之巨大超過天地（同・三，四六，三），天地不足為其帶（同・一，一七三，六）。因陀羅之功能含括多方面，難以概括，就主要而言，是能退治惡魔，尤其能征服烏利多拉（Vṛtra，隱蔽者）。烏利多拉是恐怖的惡龍（ahi），能堰水斷流，令雲隱而雨不降。為此，因陀羅大怒，乘蘇摩酒之餘威，振其金剛杵討伐之。二者之爭戰極具激烈，最後烏利多拉如大樹之仆倒，天地因而震動（同・一，八〇，一一。二，一一，九。六，一七，九）。顯然將電光閃爍，迅雷頻仍，最後沛然雨降之景象，想像成因陀羅與烏利多拉爭戰之狀態與結果，故彼又名「烏利多拉罕」（Vṛtrahan; han＝殺）。此外，彼所征服的惡魔中，有具九十九手的怪物烏拉那（Uraṇa，同・二，一四，四）、三頭六眼的一切形（Viśvarūpa，同・一〇，八，九）、倚據山城的香帕拉（Śambara，執杵者，同・二，一二，一一）、窟居隱其蹤跡之瓦拉（Vala，窟，同・三，三四，一〇。六，一八，五。八，一四，七—八。一〇，六七，六）、吝貪者帕尼（Paṇi，同・六，四四，二二。一〇，六七，六）等等。此中的「帕尼」是守錢奴之惡魔化，彼將牝牛藏匿於世界外圍的天河（Rasā）之岩蔭中，因陀羅派遣其使者牝犬薩拉瑪（Saramā）取回（同・一〇，一〇八）。又，征服達薩（Dāsa）或達斯優（Dasyu），也是其功業之一，稱彼等為「色黑者」（同・一，一三〇，八），此顯然是指印度先住民的非雅利安人種，故此中含有歷史事實之暗示。如是，因陀羅不只是雷霆神，更是保護印度民族，尤其是武士的軍神，故先前瓦魯納所具的統領方面，都移轉至因陀羅身上，常以「因陀羅瓦魯納」的結合名詞出現，最後在《梨俱吠陀》第十卷中，瓦魯納僅存其影，反之，因陀羅漸居優勢，成為世界大王（samrāj）或諸神之第一。雖然如此，因陀羅之特色完全在於作為強力的勇者（kṣatriya），不似瓦魯納是朝道德方面發展，故或有惡行表現。例如方始初生，即殺害其父，導致其母成為寡婦（同・四，一八，一二）；又曾令其友兼隨從的瑪魯多（Marut）受苦（同・一，一七〇）；破壞曉神烏夏斯之車（同・二，一五，六。四，三〇，一〇—

一一）等等。當然此等皆與雲霧現象有關，無需作道德性的批判，然其鯨飲蘇摩酒，所表現旁若無人之痴態，則是當時武人風氣之反映，故不免遭受放縱之謗。其功能偉大，頗受歡迎，但終究不具有宗教主神之資格。若將此神與日本須佐雄命之神話作對照研究，在種種方面，想必具有值得予以注意的題目。

（二）魯多拉（Rudra）　在《梨俱吠陀》中，此神猶未有顯著地位，但經由《阿闥婆吠陀》、《夜柔吠陀》的漸次發展，終於成為後世的濕婆（Śiva）神，成為應予以注意之神。此神有時作為群神，故有十一魯多拉之說，但通常都被視為獨一之神。依據《梨俱吠陀》所述，其色褐色，著金色裝飾（梨俱吠陀二，三三，九），被辮髮（同・一，一一四，五），手持弓箭（同・二，三三，一〇）。若依其後的吠陀所述，彼具千眼（阿闥婆吠陀一一，二，七），腹黑背赤（阿闥婆吠陀一五，一，七—八），青頸，住於山中（白夜柔吠陀，瓦夏薩尼伊一六，二—七）。其作用之特質是彼於憤怒時，將以武器霹靂箭殺害人畜，損傷草木。故被視為恐怖之竈神，常以敬而遠之的方式供奉此神，祈禱彼勿近人身[7]。但此神並非全然是惡神，爾後成為大神之所以，是因為彼亦具有恩惠的方面，故亦有「治療者」（jalāṣa-bheṣaja）之尊號（梨俱吠陀一，四三，四。阿闥婆吠陀二，二七，六）；亦被尊崇為治療人畜疾病之神（梨俱吠陀一，四三，六）。就此神成為濕婆神之經過而言，作為此神之尊號，《梨俱吠陀》（一〇，九二，九）所揭的濕婆（Śiva：吉祥，恩惠），《白夜柔吠陀》的《瓦夏薩尼伊本集》（三，五八）的三母（Tryambaka）之外，獸主（Paśupati）、有（Bhava）、殺者（Śarva）、

7. Oldenberg, Religion d. Veda, S. 217.

司配者（Īśāna，伊奢那）、大天（Mahādeva，摩訶提婆，瓦夏薩尼伊本集三九，八—九），以及《泰提利亞阿拉笈亞卡》（五，四，一二）的竈神（Ugradeva）等，後世濕婆神特有之稱號皆被用於此神身上。作為此神的天然的基礎，通常被認為是山嵐，但學者之間對此見解不一，歐登柏格視為瘴癘之氣[8]，馬克多奈爾視為雷電的災害方面[9]。又，通常認為其字義出自於"rud"（叫），但庫拉斯曼認為出自於"rud"（輝曜）。

（三）**瑪魯多**（Marut）　風之神格化，尤其是暴風，通常以群體（gaṇa, śardha）表現。其數或二十一（梨俱吠陀一，一三三，六。阿闥婆吠陀一三，一，一三），或百八十（梨俱吠陀八，八五，八）。其父魯多拉，牝牛（Pṛśni，雲）為其母，故又名魯多拉屬（Rudriya）或牛母屬（Pṛśnimātṛ，以牝牛為其母者）。彼之身色赤耀如火（同．六，六六，二），肩上荷槍（電光），金色飾物蔽其胸，著鐵腳袢，戴金色甲（同．五，五四，一一），乘金色車（同．五，五七，一）。一旦揮軍進擊，狂暴如猛獸之可畏（同．二，三四，一），如獅子怒吼（同．一，六四，八），如颶風之疾走（同．一〇，七八，三），天地山岳為之震動，偶而以其車輞破壞山岩（同．一，六四，一一）等等如此恐怖行為。雖然如此，於祭儀之際，彼等則是嘻嘻遊戲（同．一，一六六，二），故仍具有平和可親之方面。因此，如同魯多拉，彼等亦被視為治病神；又如阿耆尼，被視為攘穢神（pāvaka）。瑪魯多之所行，特別顯著的，是作為因陀羅之隨從，驅除惡魔之外，亦與降雨有關。彼等所以又名「充

8. Oldenberg, ibid. S. 216~224.
9. Macdonell, Vedic Mythology, p. 77.

滿雨滴者」（purudraps, drapsina），即肇因於此。Marut 之語源，顯然出自於 mṛ（死，粉碎，輝曜），然其義不明。

（四）瓦優、瓦達（Vāyu, Vāta）　風之神格化，其名之語根為 vā（吹）。無論瓦優或瓦達，都被用於指稱物質性的風，尤以瓦達更為顯著。瓦優的速度為諸神第一，又作為因陀羅之同盟者，好飲蘇摩酒，故如同因陀羅，也被稱為「飲蘇摩者」（Somapā）。具有給予名譽、子孫、福德等功德。瓦優的聲望雖然未必顯著，但在言及天空地之代表神時，相對於天之蘇利亞（Sūrya）、地之阿耆尼（Agni），對於空，所揭的，即是因陀羅或瓦優，故就被視為吠陀三神之一而言，此神具有不可忽略的地位。瓦達較近於物質性的風，在讚歌中，都用以形容風。其作用是能治人病，能令人長生。

（五）帕筊夏筊亞（Parjanya）　雨神，即雨雲之神格化。其形相是現咆哮牝牛之姿態，以桶（kośa）或水囊（dṛti）降雨於下界（梨俱吠陀五，八三，一—九）。灌溉及育成草木，同時具有恐怖之威力，能擊退魔軍（同・五，八三，二）。其名稱與語源不明。

（六）屬於空界之小神　**略舉若干如次**(A)多利達阿普多亞（Trita āptya）有小因陀羅之稱，能祛除惡魔。彼曾破壞惡魔瓦拉所住之城（Vala；雲），捕獲其牝牛（梨俱吠陀一，五二，四—五）；又依因陀羅所言，擊退三頭六眼的一切形（Viśvarūpa，同・一〇，八，八）等。在印伊時代，此神作為武勇之神，是《梨俱吠陀》中的因陀羅之典型，爾後被因陀羅併吞，成為其伴神。此神與罪有深厚關係，《阿闥婆吠陀》（六，一一三，一）中，有「諸神令多利達背負彼等之罪，而多利達轉令人類背負」之記載。此恐是其名與祓罪之水有關（Trita āptya 有第三水層之義）所致。(B)水之子（Apāṃ napāt）。此神在印伊時代業已存在，其姿容輝曜，能燃於水中，給予甘美之水（阿闥婆吠陀一〇，三〇，四）。

（七）馬達利修旺（Mātariśvan）　如同希臘的普羅米修司（Prometheus），將火種從天上帶來人間，故有時也被當作阿耆尼之異名。應是天火下降的神格化。

三、地界之神格

（一）阿耆尼（Agni）　火之神格化，《梨俱吠陀》中，用以讚嘆此神之讚歌僅次於因陀羅。雖然通常將阿維斯達之宗教稱為拜火教，但就吠陀而言，其拜火之風習絕不劣於阿維斯達。此因火炬具有不可思議之力，且與我人日常生活關係密切，故對於火是辛苦得來的未開化人而言，將火視為神聖，並非不可思議，此外，印度人常認為火能將供物傳送予神，是神與人之媒介，因此在所有的祭祀中，火是不可欠缺，其地位相當高。在有關阿耆尼的神話中，混入了種種要素，故其神格非常複雜。雖然如此，由於此神本是火之神格化，故其形相或作用都不失去火之特質，並無人格化的傾向。但若論及其重要的特質，首先就降誕而言，相較於他神，此神較具意義。《梨俱吠陀》通常將阿耆尼視為是由天空地等三處所生。若在地上，是由二片木片（araṇī）摩擦而生，故有時稱彼為「力之子」（Sahasaḥ putra），且阿耆尼於其出生時，燒殺其雙親（梨俱吠陀一〇，七九，四）。若在空中，先前所述的水之子（Apāṁ napāt）是其親，將阿耆尼說為孕育於水（同・三，一，一二），即暗指彼乃雲中之電火。若在天上，太陽為其本處，彼生於最高天（同・一，一四三，二），潛藏於第三空間（同・一〇，四五，三）。馬達利修旺將火帶來人間的神話，不外於也與此天火有關。由此三處所生的阿耆尼其本性並無差別，只是座所不同，故並非另有其他眾多的阿耆尼。就此而言，阿耆尼又名「三座」（Triṣadhastha）。此乃《梨俱吠陀》最初表現的三位一體之思想，爾後所以於三處設祭火，以及印度教立梵天、毗濕笯、濕婆等三神，且有將三者視為一體的傾向，都是由此而發展的。對於阿耆尼之形相，亦有諸說：亦即如太陽之輝曜（同・一，一四八，一），有酪色顏面（同・三，一，一八），無足無頭（同・四，一，一一），三頭七光（同・一，一四六，一），面向所有生物（同・二，三，一），三舌（同・三，二〇，二），千眼（同・一，七九，一二）等等，要言之，恐是就火燃燒狀態，從種種方面而作的觀察。阿耆尼的性格與作用中，最為主要的，第一是破暗黑，燒除不淨，因此被視為降魔神，故有「羅剎殺害者」（**Rakṣohan**）之稱號（同・一〇，八七，一）。第二是家庭爐竈之主神，故常被稱為「家主」（**Gṛhapati**，有時也被稱為客）。第三，祭祀中，將供物傳送予神，故被稱為「運送供物之神」（**Havyavāhana**）或「使者」（**Dūta**）。此一方面類似祭官（**ṛtvij**），故或以四祭官之名稱之。此外，對於崇拜者能給予恩惠，救其危難（同・七，三，七）；如同因陀羅，是強大的王者（**samrāj**），能統治人類（同・七，六，一）；以其規律（**vrata**）規定天地（同・七，五，四）等。其所擁有之尊號，前揭之外，又有知一切者（**Viśvavedas**）、知生者（**Jātavedas**）、遍在者（**Vaiśvānara**，遍於人間的）等種種。

（二）祈禱主（Bṛhaspati）　有時又稱「布拉夫瑪那斯帕提」（**Brahmaṇaspati**），就其名稱而言，似乎是純然的抽象神，但就其神格觀之，視其乃地上之祭壇神較為適當。馬克斯穆勒[10]與馬庫多尼爾[11]將此神視為是由阿耆尼的祭官的作用而獨立出來的神格。此神頭戴銳角（同・一〇，一五五，

---

10. Max Müller, Vedic Hymns. p. 94, 246 note (S. B. E. XXXII)
11. Macdonell, Vedic Mythology. p. 103. Macdonell, History of Sanscrit Literature, p.102.

二），有七光、七口與美舌（同・四，五〇，一—四），其色清淨有光輝（同・七，九七，七），手攜工巧神多瓦修多利（Tvaṣṭṛ）所磨鐵斧（同・一〇，五三，九），或持有規律（ṛta）之弦的弓（二，二四，八），立於擊退羅剎的規律之車（同・二，二三，三）。如其名所示，此神其顯著之作用與祭祀有關，亦即彼有家僧（同・二，二四，九）、祈禱者（同・二，一，三）等名稱，若無彼，一切祭事不能成就（同・一，一八，七）。就此而言，顯然具有阿耆尼之身影。雖然如此，但此神與因陀羅的關係頗深，不只經常與因陀羅共享同一讚歌，且其作用與因陀羅共通的，實是不少。彼日日率領一隊樂手，咆號擊退瓦拉，令牝牛顯現（同・四，五〇，五），無論小戰或大戰，無有能戰勝彼者（同・一，四〇，八）。故霍普金斯推論此神是從因陀羅的祭祀獨立出來[12]。但事實上，恐是以阿耆尼為主，更添加因陀羅之要素而成。

（三）**蘇摩**（Soma）　如同阿耆尼，酒神蘇摩也是承自於印伊時代，又與阿耆尼相同，其本身既是神，又是神與人之媒介，是祭壇中的要角。據《梨俱吠陀》所載，其製法是以石（adri）壓搾蘇摩（一種灌木）之莖（aṃśu），得其黃色汁液（indu），將汁液倒入三個瓶（kalaśa）或壺（droṇa）中，用羊毛所製之篩（pavitra）過濾，以十指除去糟粕，加入牛乳（gavāśir）、酪（dadhyāśir）、麥粉（yavāśir）等使令醱酵。《梨俱吠陀》第九卷、《沙摩吠陀》第二卷所收，主要是歌頌其製作過程之讚歌。對於蘇摩之出處，如同阿耆尼，也有種種異說。此原是山中之產物，尤其北方的穆夏瓦多山（Mūjavat）為其原產地，故通常名之為「住山者」（Giriṣṭhā），或「穆夏瓦山生」（Maujavata），

12. Hopkins, Religions of India, p. 136.

但也有認為其原產地為天上。此恐是依據蘇摩乃諸神飲料，故推論諸神所住之天為其原產地。亦即有蘇摩雖是地界植物，然實屬天界（同・一〇，一一六，三）；此乃天界之植物來到地界（同・九，六一，一〇）等記載，由此產生其來自於天界之說，最後以鷹（śyena）比擬之。亦即是老鷹從最高天攜來蘇摩（四，二六，六。二七，四）。蘇摩的作用中，位居第一的是，蘇摩是諸神及祖先之飲料，無有不好此味者，不僅如此，諸神能得不死之所以，是由於飲用蘇摩。蘇摩所以一名不死，亦即甘露（amṛta），其因來自於此。其所具興奮力能給予神與人勇氣，由於蘇摩神酒，因陀羅得以征服惡龍烏利多拉（Vṛtra），故或以「烏利多拉殺害者」之稱號稱呼蘇摩（同・九，八八，四）。進而也有蘇摩以利器擊退惡魔之說（同・九，一一〇，一二）。或謂彼乃監視下界者（同・九，七一，九），是能給予光明之神（同・九，四九，五等）。詩人如此稱頌：「我等飲蘇摩，我等得不死，我等得光明，我等得見諸神」（同・八，四八，三），實將蘇摩之功能道盡無餘。

應予以注意的是，蘇摩與月的關係。《梨俱吠陀》（一〇，八五，九）言及蘇摩與太陽女神蘇利亞（Sūryā）婚配（可解為日月之配合），而《阿闥婆吠陀》之後，顯然將蘇摩與月等同視之。西雷普蘭多（Hillebrandt）將《梨俱吠陀》中與蘇摩有關的讚歌都視為與月有關，如此的論述固然過於極端，但至少到了終期，產生將兩者等同視之的傾向應是不爭之事實。其因恐可歸於如次數項。(1)蘇摩是酒，美味無比，但隨著民族南下，真實的蘇摩草難得，故由米作成的蘇羅酒（surā）取而代之，爾後僅存其名稱，故有必要讓蘇摩實質性的復活，(2)蘇摩蔓草之莖，名為「安修」（aṃśu），此與月光同名，故產生此草於盈月之間滋生枝葉，於昃月之間葉落之傳說，更因此而產生於月夜採集之習俗，又，飲蘇摩之後所呈似醉似醒之狀，恰如月之盈虧，遂將蘇摩聯想為月，(3)蘇摩之液 indu，有月之義，(4)吠陀神界尚無由月而神格化之神，故有立此神之必要，但在《梨俱吠陀》終期，諸神大致已呈固定，難以新造，亦即一方面基於實質生活之必要，另一方面，有必要給予適當名目，因此類似的兩者遂被結合。不可忽略的是，在祭祀上，直至後世，仍以「神酒」之義執行蘇摩祭。

（四）薩拉斯瓦提（Sarasvatī）　祭壇三大神之外，屬於地界而較為顯著的是河川之神，尤其是薩拉斯瓦提女神。《梨俱吠陀》中，被讚美的河川其數相當多，第十卷七十五篇揭出二十一條，但最為主要的，則是薩拉斯瓦提。雖被視為女神，人格化並不明顯，故無法確定是指河之精靈或河流本身。依據《梨俱吠陀》所載，此神能除人之穢物，給予財富，給予勇氣與子孫；到了梵書時代，作為語言（Vāc）之神，而被視為是雄辯與智慧之保護神。爾後被視為梵天之妻的吉祥天女（Lakṣmī）或辯才天，都是此神朝人格方面發展所致。此中存在一個問題，因為若依據《梨俱吠陀》所載讚歌，薩拉斯瓦提是一頗為巨大的河流，但位於俱盧的薩拉斯瓦提河與此說不符。因此，霍普金斯將《梨俱吠陀》的薩拉斯瓦提河視為印伊時代之遺物，並推定為應是阿富汗的哈拉夫瓦提（Harahvatī），亦即阿魯康達普（Arghandāb，希臘的Arakhōsia）[13]，路得威（Ludwig）、羅特（Roth）以及古拉斯曼（Grassman）等認為初始是指一般的大河，主要是當作印度河之尊號[14]。雖然如此，但或許應作如此解釋：雅利安人移住五河流域時，將印伊時代的哈拉夫瓦提河之名，移用於稱呼印度河等，進而亦以此名稱呼中土的某一小河。亦即隨著民族移動，隨時隨處都有聖河存在之必要。

---

13. Hopkins, Religions of India, p. 31.
14. Macdonell, Vedic Mythology. p. 87.

第三節　第二類：自然神以外的其他神格

前節所述都是天然現象之神格化，且是吠陀之主要神。以下所述是與天然現象無關的其他雜神，小自動植物神，大至哲學的抽象神都包括在內。又上來所述全皆依據《梨俱吠陀》所載，但以下所述，主要以《梨俱吠陀》為出發點，進而結合《阿闥婆吠陀》與《夜柔吠陀》所載。總的說來，其神力雖不如主要神，但就出自於民間信仰而言，比起主要神，彼等與世人日常生活的關係更為深厚，因此就實際的意義言之，未必能斷言彼等劣於主要神。基於方便敘述，哲學的抽象神將置於本篇第四章的「吠陀的哲學思想」，神話的人物將置於第三章的「神與人之關係」述之，此處僅就較為低級的神格論述。

一、動植物神與庶物神

在人物思想猶屬幼稚之時期，不知須將人類與動植物作區別，而是將動植物視為如同人類，具有同樣的心情與作用，甚且在某一方面，更具有超越人類的偉力，此從東西洋的神話即可窺見。吠陀神話亦不例外，此一方面之材料極其豐富。

動物之中，最受尊崇的是馬。此徵於拖曳天空地諸神之車者，大抵是馬，以馬為犧牲的馬祠（Aśvamedha）被視為重要的祭典之一，阿耆尼及烏夏斯（Uṣas）之祭以馬作為表徵，即可知之。吠陀之動物中，具有個人名詞的，馬占有相當多的數量。亦即是五族（pañca janās）全體所屬，作為滅亡達斯優（Dasyu）的勇者，與烏夏斯共被讚美的達提庫拉（Dadhikrā，梨俱吠陀四，三八）；

勸勉諸神，在戰場破壞敵車的達魯庫夏（**Tārkṣya**，梨俱吠陀一〇，一七八）；猶如因陀羅，具有殺蛇（**Ahihan**）之稱，由阿修溫賜予拔頭王（**Pedu**）的名馬帕伊多瓦（**Paidva**；梨俱吠陀，一一九，一〇。一一六，六）；拖曳太陽之車駕的艾達夏（**Etaśa**，梨俱吠陀七，六二，二。六三，二）等等，都是馬神。

牛之地位亦不劣於馬，亦被神聖視之。《梨俱吠陀》謂多亞烏斯為牡牛之形，《阿闥婆吠陀》（九，四，九）直稱牡牛為因陀羅。尤其牝牛，特受尊崇，《梨俱吠陀》的詩人在述說雲時，常以牝牛表示，以「因陀羅之母」、「瑪魯多之母」稱之，將牝牛命名為「不可殺者」（**Aghnyā**）。曾有學者認為《阿闥婆吠陀》（一二，四，五）中有牝牛之禮拜的表現[15]。後世印度教所以將牛視為毗濕笯種種化身（**avatāra**）之一而禮拜之，即淵源於此。

野羊（**aja**）在某種意義上，也是神聖的動物。吠陀中，可以見到一足之山羊（**aja ekapād**）神統領河流與大洋（梨俱吠陀一〇，六六，一一），以及彼乃兩界之支撐者（阿闥婆吠陀一三，一，六）之說。基於其名具有「不生」之義，後世的奧義書常用以作為譬喻述說哲學思想的材料。與犬的神話有關的，是二隻作為耶摩（**Yama**）使者的薩拉梅亞（**Sārameya; Sārameyau śvānau**），此二犬皆具四眼，鼻廣，斑色（**śabala**）或褐色（**udumbala**），看守黃泉路口是其任務，又常徘徊人界，引導亡者至耶摩世界（梨俱吠陀一〇，一四，一〇—一二。阿闥婆吠陀一八，二，一一—一三）。此與阿維斯達的黃色犬在津瓦多（**Cinvat**）橋上守護亡者的思想同一起源。

15. Macdonell, Vedic Mythology. p. 151.

野豬也是與神話有關的動物，《梨俱吠陀》用以作為瑪魯茲、魯多拉之比喻；在梵書中，是普拉夏帕第（生主，Prajāpati）之化身，印度教則視為毗濕笯之權化。

鳥經常被視為神或神使，又基於蘇摩是由鷹帶來人間的神話而將蘇摩直稱為鷹，或將蘇利亞（日輪、太陽神）比擬為天鳥。當然此等或許只是一種譬喻，但從中可以窺出將鳥視為神聖的意向。尤其將梟（ulūka）與鴿（kapota）視為耶摩使者，如《阿闥婆吠陀》將彼等之出現視為凶兆，即可證明已將彼等當作不可思議的證據。後世更將某種鳥類視為祖先再來，據此而產生供養之風習。

總的說來，蛇被視為是邪惡的，雖然如此，至少仍認為其可懼的威力超越人類，《梨俱吠陀》予以神格化，遂出現一種深淵之龍（Ahi budhnya）的神格（梨俱吠陀五，四一，一六等），《夜柔吠陀》中，蛇類被視為是與乾闥婆同類的半神（瓦夏薩尼伊本集一三，六），某些學者認為《阿闥婆吠陀》中有崇拜蛇神之表現（一一，九）。

相較於動物，植物之神格化種類較少，主要是蘇摩草、藥草（oṣadhi）以及巨木。前文已述及蘇摩，故此處從略。就藥草而言，主要是就其所具的治療力而予以神格化，視之為女神或母親而崇拜之，尤其在《阿闥婆吠陀》中，可以窺見基於彼等具有預防病熱、魔障、咒咀等秘力而盛加利用。巨木被視為森林之主（Vanaspati）而受崇拜，《阿闥婆吠陀》等將巨木視為乾闥婆及阿普薩拉斯棲息之所而神聖視之。此外，也有全體森林被神格化而成的「森女」（Araṇyānī）。據《梨俱吠陀》（一〇，一四六）的讚歌所述看來，顯然將山響視為本體，是猛獸之母，富含食物。

庶物方面，被神格化的，大多是祭儀用具，尤其祭柱（svaru, yūpa）、祭筵（barhis）、蘇摩石（adri）等，被視為最為神聖，其神力幾乎在神之上。又，農具中的犂頭（śuna）、犂（sirā），戰具中的甲冑弓矢等，也被神格化而祭拜。此等當然與祈求五穀成就、武運長久等禁厭有關，但究其根柢，應是認為此等器具本身具有神秘力。

始於《梨俱吠陀》，到了《阿闥婆吠陀》與《夜柔吠陀》，其傾向更為顯著的，即是不只將語言（Vāc）視為神，更將種種抽象的語言具體化，視為即是代表其內容之神。其中最為主要的，是豐滿（Purandhi）、神靈（Asunīti）、死（Mṛtyu）、信心（Aramati）、信仰（Śraddhā）、貧乏（Arāti）、愛（Kāma）、滅亡（Nirṛti）等。《阿闥婆吠陀》等一一稱之為神，亦向此等祈願。此外，又有出現於《梨俱吠陀》終期，在《阿闥婆吠陀》中，頗具重要性的無數物精（Bhūta）。此即所謂「生氣說」（animism）之信仰，其性質不明，恐是寄寓於物體，或獨立遊離，能顯現出種種作用。此等或能聽聞或能拂除人之懇願，可說是半物質半精神的存在。雖然大多數顯現出惡的作用，但其中也有善性的。據《阿闥婆吠陀》所載看來，吾人所以打噴嚏，是由於嚏之物精所致；而藥草所以能治癒噴嚏，是因為藥草中有戰勝嚏之物精。總之，所謂物精，是將一一物象所具力用予以具體化而成。到了後世，則使用「達筊」（tanū，體）一語表示，我人所以有飢渴感是由於達筊；惡女所以有害心，也是由於達筊所致等等，可說都是阿達魯旺信仰之餘緒[16]。

二、魔神

吠陀之主要神都是善神，而雜神之中，則有無數惡神魔神不斷的殘害人類。烏利多拉（Vṛtra）、

16. 參照 Oldenberg, Religon d. Veda, S. 478 以下。

帕尼（Paṇi）、維修瓦魯帕（Viśvarūpa，一切形）、達薩（Dāsa）等，都是神與人類之敵，是被因陀羅征服之惡神，此如前述。此外，始於《梨俱吠陀》，直至《阿闥婆吠陀》、《夜柔吠陀》，都載有具有種族性質的數種魔群。其中，最為主要的，是阿修羅、羅剎及畢舍遮。

（一）**阿修羅**（Asura）　阿修羅與阿維斯達之最高神阿夫拉（Ahura）同語，但在吠陀神界則是惡神，可說是相當富含變化之神格。或說如此變化之背後，含藏著印度、伊朗兩種民族分離的原因，遺憾的是，其史實經過並不清楚。就《梨俱吠陀》對「阿修羅」一語的使用看來，初始並沒有視彼為獨立之神格，大致用以作為有力諸神之稱號。例如米特拉、瓦魯納或因陀羅屢屢被稱為阿修羅。應予以注意的是，採用此稱號之際，常用以讚嘆該神具有可畏的魔力（māyā），故就此語而言，自始即具幾分魔力之義。爾後由於罪惡觀推進，認為其魔力乃魔神所特有，阿修羅遂成為獨立之神格。從《梨俱吠陀》將因陀羅與阿耆尼稱為「阿修羅之殺害者」（Asurahan）看來，顯然已將阿修羅視為惡魔，到了《阿闥婆吠陀》與《夜柔吠陀》，彼等已是性質與天部（Deva）完全相反的魔群，阿修羅軍與天軍經常發生戰爭。亦即彼等具有如同波斯的阿夫利曼（Ahriman）的地位。阿修羅之語源的「asu」，為呼吸之義，但當此信仰產生時，a 被解為否定之義，到了奧義書時代，將 sura 解為「天」，asura（阿修羅）遂成為「非天」，產生如此的俗說字語（Volksetymologie）。

（二）**羅剎**（Rakṣas）　始於《梨俱吠陀》，到了《阿闥婆吠陀》已是頗為常見的一種惡鬼。相對於與天部作對的阿修羅，羅剎是與人類作對，彼等能變種種形相而加害人類。或變化成犬形，或禿鷲，或梟，或其他種種鳥形，飛躍於夜暗中（梨俱吠陀七，一〇四）；或變化作兄弟，或現男子形狀，接近婦人害其子孫（同・一〇，一六二，五）。尤其羅剎之一的亞多達那（Yātudhāna，咒咀者），為吃食人肉、馬肉或喝牛乳而常襲擊人畜（同．一〇，八七，一六—一七）。又，彼等隨食物進入人的肚腹，在人體內，啃食人肉令人發病（阿闥婆吠陀五，二九，五—一〇），夜間徘徊於住家周圍，發出如驢般之怪聲（同．八，六，一〇—一四），此外，又作種種惡業惡戲，其數不勝枚舉。故人人懼之，或唱誦咒文，或借助阿耆尼（阿耆尼名為羅剎殺害者），或持武器阻止彼之接近。Rakṣas 的語根是 rakṣ（害）。

（三）**畢舍遮**（Piśāca）　在《梨俱吠陀》中，**Piśāca** 以 **Piśāc** 之形出現僅只一次（一，一三三，五），但在《阿闥婆吠陀》與《夜柔吠陀》，畢舍遮是屢屢被言及之幽鬼。《阿闥婆吠陀》（五，二九，九）等又稱其名為食屍者（Kravyād）。《夜柔吠陀》（泰提利亞本集二，四，一）言及阿修羅、羅剎、畢舍遮分別與天、人、祖先（Pitṛ）作對，據此看來，相對於祖先，畢舍遮是無人祭拜的幽鬼。所謂的餓鬼恐出自於此。

三、低級群神

雖不如魔神能傷害人類，但也未必如主要神之保護人類，換言之，另有位於兩者中間的群神，今暫且稱之為低級群神。其中最為主要的，是利普、乾闥婆、阿普薩拉斯等。

（一）**利普**（Ṛbhu）　通常以複數型的 Ṛbhavas 表現，但其中也有瓦夏（Vāja）、維普旺（Vibhvan）等固有名詞。此乃善於工藝之神，能製作無馬拖曳而能行於空中之車乘（梨俱吠陀四，三六，一），亦能令老朽的兩親恢復青春（同．一，二〇，四，一．一六一，三—七），與多瓦修多利（Tvaṣṭṛ 曾為因陀羅造杯）競賽時，將一個杯作成四個杯而贏得勝利（同．一，二〇，六）

等等，具有如此驚人技巧。故彼等本不具神格，蒙諸神恩寵升天而得神位（同．三，六〇，一），亦即彼等本是人類祖先摩笯（Manu）之子孫，由於努力不懈而得不死。從中可以看出因某種條件，人類得以獲得神位的信仰，故具有特加注意的價值。

（二）**乾闥婆**（Gandharva） 與阿維斯達的乾闥魯瓦（Gandarəwa）同語，起源自印伊時代。《梨俱吠陀》中，單複數都見使用，但愈至後世，其複數之義越漸明顯，《夜柔吠陀》謂其數為二十七，《阿闥婆吠陀》（一一，五，二）載為六千三百三十三，且如同阿修羅，其祖先是在天部（Deva）之外。或說乾闥婆以天為住所（同．一〇，一二三，七），或說乾闥婆與水中天女阿普薩拉斯同住於水中（梨俱吠陀一〇，一〇，四。阿闥婆吠陀二，二，三）。對於其形相，或說捲髮，持光芒閃爍之武器（梨俱吠陀三，三八，六），或說多毛的半獸半人形（阿闥婆吠陀 四，三七），《百道梵書》（一三，四，三，七）謂其風采極美。乾闥婆的作為中，最為原始的，是與蘇摩的關係。乾闥婆與帕笯夏笯亞（雨神）共同撫育蘇摩（梨俱吠陀九，一一三，三）；諸神飲蘇摩時，是經由乾闥婆之口（阿闥婆吠陀七，七三，三）。雖然如此，若依據《夜柔吠陀》所載（邁伊拉亞尼卡本集三，八，一〇），乾闥婆為諸神保管蘇摩，但盜飲之，故被處罰禁飲蘇摩。又，乾闥婆性頗好色，除了與阿普薩拉斯是戀人之外，與人類之婦女亦有關係，依據《梨俱吠陀》所載（一〇，八五），未婚之處女皆乾闥婆所屬，故新人結婚時，乾闥婆是新郎的競爭者。吠陀時代，有新婚夫婦結婚當夜不同衾，並於兩者之間置一木棍之風習，據此看來，恐是以此棍棒比擬乾闥婆，表示新婦猶其所屬，取其心悅17。乾闥婆之字義，

17. Oldenberg, Religion d. Veda, S. 253.

18. 《枳橘易土集》一五二頁。

就其全體而言，尚不明瞭，但gandha有「香」之義，吠陀中，已有與香有關之解釋。《梨俱吠陀》（一〇，一二三，七）謂彼穿著含有香氣（surabhi）之衣服，《阿闥婆吠陀》（一二，一，二三）謂乾闥婆與阿普薩拉斯皆有地母（Pṛthivī）之香。漢譯譯為尋香、嗅香、食香、香陰等[18]，食、尋等義不明。後世以乾闥婆城（Gandharva-nagara, -pur）表示蜃氣樓，或謂乾闥婆是天人之樂師，但在吠陀中，並無與此有關之記載。

（三）**阿普薩拉斯**（Apsaras）　在《梨俱吠陀》中，其形相尚不明朗，但經由《夜柔吠陀》、《阿闥婆吠陀》而至梵書時代，已成為神話界頗為重要的天女。其名有「水中浮動」之義，與水之仙女（nymph）具有相同性格。雖常住於河沼，但也曾遊於尼亞庫羅達（nyagrodha；榕樹）及阿修瓦達（aśvattha；菩提樹）等巨木之下（阿闥婆吠陀四，三七，四）。其性質頗為廣泛，曾於樹下吹笛（阿闥婆吠陀四，三七，五），或舞蹈、唱歌與遊戲（百道一一，六，一），給予好賭者好運（阿闥婆吠陀二，二，五）等，具有令人喜愛的方面，但也具有惑亂人心的惡的方面（阿闥婆吠陀六，一三〇，一），令人心生幾分恐懼。被視為乾闥婆之妻，夫妻經常相攜戲笑，其夫婦關係可說是模範的（梨俱吠陀一〇，一二三，五。阿闥婆吠陀二，二，四—五）。雖然如此，相對於乾闥婆與人類婦女有關，此則與男子有關。《梨俱吠陀》（七，三三，一二）言及詩人瓦希西達（Vasiṣṭha）是阿普薩拉斯之子，此外，又有烏魯瓦希（Urvaśī）之稱的阿普薩拉斯與人類的普魯拉瓦斯（Purūravas）同棲四年，得一子，二人分手之際所作的問答（此依瓦希西達是烏魯瓦希之子而作推定，梨俱吠陀一

19.《世界文學大系》六四，印度集，六一；《世界古典文學全集》三，吠陀・阿維斯達一三九，有辻直四郎之譯。

○，九五）。此一神話，爾後在《百道梵書》（一一，五，一）中，被組織成另一故事。其大要如次：人類普魯拉瓦斯以不露其肌膚作為條件，答應與烏魯瓦希共住。某日，乾闥婆見彼等同衾，嫉妬不堪，欲入侵盜其小羊，普魯拉瓦斯為之驚起，裸體狂奔，其身姿盡入烏魯瓦希眼中。訂定的條件既已破壞，故烏魯瓦希捨普魯拉瓦斯而去。普魯拉瓦斯為此大為悲傷，四處尋找，終於發見彼女遊於水中，二者的戀情遂得繼續[19]（參照 Śatapatha 11, 5, 1 Viṣṇupurāṇa IV. 6）。在有名的迦利陀沙的「沙昆達羅」（Śakuntalā）戲曲中，曾指出沙昆達羅是阿普薩拉斯之子，此一記載之基礎其實早已見於《百道梵書》（一三，五，四，一三）。

（四）小守護神　吠陀諸神中，帶有守護神之名稱，亦即帶有「主」（pati）之名稱的神格非常多。初始大多用於作為神之作用的尊稱，爾後逐漸成為獨立的神格。住家主（Vāstoṣpati）是能除人類疾病，給予人類幸福之神（梨俱吠陀七，五四）。依據《阿修瓦那亞那家庭經》（二，九，九）等所載，此乃新築房子入住時，首先應予以祭拜之神。地主（Kṣetrasyapati）是地神，能授家畜予人，令水與植物具有甜味（梨俱吠陀四，五七，一—三）；又是開墾地時，所祭拜之神（阿修瓦那亞那家庭經二，一○，四）。此外，不具有「主」之名的，有西達（Sītā）是畦畔之神格化，是穀物之守護神（梨俱吠陀四，五七，六）。曾有學者認為《羅摩衍那》中的希妲，即是此神之人格化。

第三章　神與人之關係

宗教之特色在於神與人交涉之意識。若無此意識，僅只述說神之事蹟，則只是故事，並不是活生生的宗教。吠陀諸神初始絕非虛構而成，而是印度人於日常經驗所感得的活生生的神，是日常與人類不斷交涉的神。本章所述即是神與人之關係，茲依先天的關係以及後天的方法論述二者之間的交涉。

第一節　地位的關係

所有宗教都是以某種形式，述說神與人之間的地位關係。在猶太教（基督教）中，神是主（Jahwe = kūrios, dominus），人類是僕從，如奴僕之服從主人，對於神亦應絕對服從，而日本古神道中的神，是半主半血族，於服從之中，交雜親愛之情。吠陀之中，神與人的關係雖未必皆同，但大體上可說是親族的關係。雖然瓦魯納、米特拉、因陀羅等被稱為統王，此似乎同於猶太教，而猶太教也有將神稱為「我父」（以賽亞書六四，八）的，但終究較為罕見。在印歐時代，雅利安人種自覺「天為其父，自己為其子」，此依「天父」（Dyauspitar=Zeuspatēr=Jūpiter=Tīr）一語，即得以知之。此一觀念，到了吠陀大體上沒有變化，對於神，常以「我父」（Pitāraḥ）一語稱之。神話中，具體顯示的是，有關摩笯（Manu）、耶摩（Yama）、閻彌（Yamī）之記載。初始摩笯雖只用以指稱「人」，但爾後其神格形成，被視為是人類之祖先（梨俱吠陀二，三三，一三），或最初之行祭者（一，一〇，六三），頗受重視。其父是阿提亞神屬之一的遍照者（Vivasvat），其母是工巧神多瓦修多利之女薩拉紐（Saraṇyū）。耶摩與閻彌是人類最初之兄妹，且是最初之死者，二者都是遍照者之子，如同摩笯，也被稱為「遍照屬」（Vaivasvata）。生界人類的祖先與死界人類的祖先若都是神子，則其子孫的人類也都是神之子孫。依據《梨俱吠陀》（一〇，九〇）的原人歌（Puruṣa-sūkta）所載，無論是天地，或諸神，或人類都是由原人（Puruṣa）所發展，此雖同樣承認神與人之間的親子關係，但將神話稍作哲學性的解釋。據此類推，眾多的吠陀諸神中，自然有人類的親戚或朋友存在。在耶摩與閻彌的對話中（梨俱吠陀一〇，一〇，四），言及乾闥婆與阿普薩拉斯是我等親戚；在毗濕笯讚歌（一，一五四，五）中，亦言及彼乃吾等親戚，又，從神之名稱中有所謂米特拉（友人之義）或阿里亞曼（有友人之義）等看來，此間消息已明顯道破。吠陀神界的特色是，對於親子與朋友等關係沒有明確予以規定，故不適合作論理性的類推，但必須承認已大略意識到如此關係。如是，在吠陀信仰中，神與人之關係非常密切，人是神之子孫，同時如同利普（Ṛbhu），人類亦可能成為神，從而吠陀神話中，載有眾多半神半人一方面與神交通，另一方面與人類交通之事蹟。彼等究竟是否具有如同伊斯蘭神話中的阿普拉哈姆或摩西的歷史的人格，或完全只是空想，固然無法確知，但作為人類曾與神直接交通之信仰的證據，在了解神與人地位的關係上，是頗為重要的材料。茲就其重要者見之，事火僧安其拉斯（Aṅgiras）或被稱為「天之子」（梨俱吠陀三，五三，七），或被稱為「諸神之子」（一〇，六二，四）；同樣的事火僧阿達魯旺（Atharvan）受因陀羅保護，作為神之伴侶而住於天上，且依其術力殺害羅剎。雖然如此，從二者之名都使用複數形看來，恐非單獨的個人而是家族名。《阿闥婆吠陀》實是此家族修法之集成。普利古（Bhṛgu）也是與阿耆尼有關係之僧侶；瑪達利修旺承接由天上帶來人間的天火（梨俱吠陀一，六〇，一）。使用複數形，因此也是家族名。古代的神人之中，經常被歸為一類，且頗受重視的，即是七聖。吠陀中，彼等的名稱猶不明確，但若依據《普利哈多阿拉笈亞卡奧義書》（二，二，四）所載，其名是：迦烏達瑪（Gautama）、帕拉多瓦夏（Bharadvāja）、維修瓦密特拉（Viśvāmitra）、闍瑪達庫尼（Jamadagni）、瓦希西達（Vasiṣṭha）、卡修亞帕（Kaśyapa）、阿特利（Atri）。都是梨俱吠陀讚歌之見證者，直接承受神之啟示。

要言之，無論是神之性質，或是人類之起源說，或是詩人僧侶之神話，吠陀宗教的神與人的關係，主要是親子，以及親戚、朋友，較少君臣之間的關係。就此而言，相較於猶太教，吠陀宗教的宗教情操大為靈妙。基於神與人相似之前提，採用饗應政略，意欲利用神，因而產生宗教思想之墮落，雖然如此，從另一方面而言，基於人人本具神性之前提，因而產生一切眾生悉有佛性的信仰。

第二節　祭祀（yajña）

地位的關係是先天性的，而人為的將神與人予以結合的主要連鎖，則是祭祀。吠陀諸神在偉力方面，雖較勝於人，但在性情上，大多與人無異，因此道德意識不高的古代印度人認為若欲得其歡心與獲其恩惠，必須祈禱以及執行奉獻供物之祭祀。甚至產生不行祭祀者不僅不能獲得神之恩惠，更因於不信，將受神罰的信仰。祭祀遂成為必然的義務。在《梨俱吠陀》（一〇，四九，一）中，因陀羅曰：「余乃供養者之扶助者，不供養余者，將擊斃於一切戰場中」；《夜柔吠陀》（泰提利亞本集一，八，四，一）則有「給予余，余亦給予汝。供奉余，余亦供奉汝。汝提供余，余亦提供汝」之記載。就此而言，吠陀中的神與人的關係可說是功利主義的，是立於利益交換之上。從《夜柔吠陀》所述的種種祭祀都是祈願祭，沒有感謝祭看來，可知也是功利的。當然如同阿修溫，以彼廣大之慈悲救人困厄；又如瓦魯納，在神之前以義行為主，以及若無信念（śraddhā），其供養無效等等，也有精神方面的，但至心的信仰、嚴正的道德，以及實際的祭祀等，都是梨俱吠陀以來已有的思想。尤其就夜柔吠陀直至梵書所載看來，相較於精神，外形的儀禮反成主要，是朝向據此儀禮即能機械的利用神的信仰推進，因此可以說吠陀宗教全然以祭祀為其主要。

首先略就梨俱吠陀時代的祭祀觀之，並無徵跡得以證明此一時代已有作為祭場的特殊殿堂，大部分的祭祀是在家庭內執行。式場中心有火爐，其側築一祭壇（vedi），以草薦（barhis）蔽之。此即所勸請之神的座所，兼作供養所，尚未有安置神像之風習。在此處讚美神，向神祈禱，將供物投入火中，而神將接受其祈請。夜柔吠陀以後，祭火分為三種（中央，南方，北方），而祭壇也有分化，但梨俱吠陀時代是否已是如此，不得而知，但若從三個火爐之中，其中央爐名為家主火（gārhapatya）看來，可以推測應已略有火爐之分化。供奉神的供物種類，大體上是與人類食物相同的牛乳、酪、餅、穀類、肉類、飲料等。尤其蘇摩酒，因陀羅、瓦優等諸神及祖先最為喜好，蘇摩祭在梨俱吠陀時代已有相當複雜的發展。動物中，作為犧牲的，通常是牛、馬、羊、野羊等，太古時代可能曾以人類作為犧牲。《梨俱吠陀》（一〇，九〇）中，有名的原人歌（Puruṣa- sūkta），述及諸神以人類為犧牲；《夜柔吠陀》言及人祠（Puruṣamedha）是祭祀的一種；爾後的經書，於前揭四種動物之外，另加上人類，名之為五種犧牲獸，據此看來，古代確實有以人類作為犧牲的情事。雖然如此，但到了梨俱吠陀的盛期，實際是否猶然如此，則相當可疑，特殊情況除外，想必業已以它物代用。就吠陀文學全體觀之，實際以人類作為犧牲之記事不僅不得見，且有避之的情形。《百道梵書》（一，二，三，六—七）曰：「初始以人類為犧牲，其精逃去而入於馬，更以馬為犧牲，精再逃去而入於牛，如是迭經羊、山羊而入於地，由地而出而得米麥。爾來，奉上米麥，用以取代人」（摘要）。此即太古蠻風漸次文明化之歷程。梨俱吠陀時代是以如此的觀點看待以人身作為犧牲的古風。

日常簡單的祭祀由家長執行，若是複雜之儀式，則作為施主（yajamāna）的家長應奉上特定的布施（dakṣiṇā，噠嚫），祭儀改由祭官（ṛtvij）負責。從阿維斯達的薩歐達（zaotar）與《梨俱吠陀》的歐達魯（hotar = hotṛ）一致看來，可以推知印伊時代已有祭官存在，到了梨俱吠陀時代，祭官之制已有相當的分化。《梨俱吠陀》（二，一，二）云：

> 阿耆尼！汝之職務為勸請者（hotṛ），是淨化者（potṛ），是引導者（neṣṭṛ），是信者之點火者（agnīdh），是指令者（praśāstṛ），汝乃行祭者（adhvaryu），是祈禱者（brahman），又是我家之家長。

將阿耆尼視為祭官，此外，又訂定祭官之職分（一〇，七一，一一）：

> 一人增讚歌（ṛc）之榮而坐……… hotṛ
> 一人歌唱夏庫瓦利（Śakvarī）調之歌……… udgātṛ
> 一祈禱者告知生得之智……… brahman
> 其他一人訂定祭祀之圖法…………… adhvaryu

據此看來，四祭官及其助手之制大致已見訂定。此中所說的勸請者，是讀誦詩句，勸請神至祭場；詠歌者是配合音樂，唱讚美歌；行祭者是司掌祭事；祈禱者是總監儀式全體，同時代理祭主祈願。此時，祭官等所誦文句，在古代，大多是臨時所作；中期以後，有時完全引用先代詩句，有時是新作。其中的優秀作品被收集在《梨俱吠陀》之本集中，到了第二期，成為各祭官專用之書。不清楚梨俱吠陀時代的祭祀種類究竟有幾種，但大抵可以認為爾後所傳中，較為主要的，都萌芽於此。但爾後被彙集成「家庭經」（Gṛhya sūtra）中的若干家庭儀禮，婚禮及葬禮除外，其他全然不得見。

其次就《夜柔吠陀》見之，有別於《梨俱吠陀》的不確定不明瞭，其祭祀種類或作用都有明確規定。祭官的一舉手一投足，都具有相當的意義，附上相當之祭詞，可以說已臻於繁瑣不堪的程度。婆羅門教之主要祭祀，至此已告完成。若一一予以述說，恐與後文所揭的「天啟經」（Śrauta-sūtra）重複，故各種祭法之述說留待後篇，此處僅依《瓦夏薩尼伊本集》四十章之小解題所揭，列其名稱如次。

一―二　新月滿月祭（darśapūrṇamāsa）。一日、十五日之例月祭，並附加祖先之供養祭（piṇḍapitṛyajña）。

三　每日之火祭（agnihotra）。一年三次的四月祭（cāturmāsya）。

四―八　蘇摩祭及種種犧牲祭。

九―十　含馬車競賽等的犧牲祭（vājapeya）。

十一―十八　火壇祭（agnicayana）。

十九―二十一　婆羅門、剎帝利、吠舍等祈求成事時，所行的薩烏多拉瑪尼祭（sautrāmaṇī）。

二十二—二十五　國王之大祭的馬祠（Aśvamedha）。

二十六—二十九　馬祠之續篇。

三十　人祠（Puruṣamedha），對種種神或假神，以各種種類的人或假人作為犧牲。對於耶摩，用石女；對於瑪魯茲，用農民；對於天，用禿頭翁；對於地，用跛者；對於死（Mṛtyu），用獵者；對於眠，用盲人；對於舞，用詩人；對於歌，用演員；對於地獄，用殺人者；對於暗黑，用盜賊。是一種秘密祭，實際上並不是用人類當作犧牲。

三十一　人祠之續篇，《梨俱吠陀》（一〇，九〇）的原人歌所載為其典據。

三十二—三十四　一切祠（Sarvamedha），將自己所有的一切都供養神與婆羅門而隱遁於山林。

三十五　取自《梨俱吠陀》，有關葬儀之詩句為主要。

三十六—三十九　普拉瓦魯奇亞（Pravargya）祭，以陶器暖牛乳，供奉阿修溫，此乃是秘傳。

四十　《伊夏奧義書》（*Īśā upaniṣad*）此與祭祀無關。

到了後世，盛行於祭祀中持誦神秘咒文，此一風習完全出自《夜柔吠陀》。例如《邁伊多拉亞尼亞本集》（四，九，二一。一三六，六）中，載有如次咒文：

Nidhāyo vā nidhāyo vā oṃ vā oṃ vā oṃ vā e ai o ṃsvarṇa-jyotiḥ

此中，僅知 svarṇa-jyotiḥ 有「金光」之意，此外，其意完全不清楚。《夜柔吠陀》所載即是如此之咒文，亦即意欲藉由形式的祭祀規定神與人之關係，進而左右世界之秩序。

第三節　咒法

所謂咒法，是指藉由咒術禁厭，以求得物事成就或破壞之秘法。如同祭祀，其力能影響神與人之關係，故自吠陀時代以來頗為盛行。祭祀與咒法之間具有密切關係，但大體上還是有不同之處。祭祀主要用於對高級神，藉以祈求恩惠；咒法則以惡神、魔神、物精（bhūta）為主要對象，利用彼等而讓自己獲得幸福，或給予他人損害。從而祭祀的行事是表面的，而咒法是內在的，尤其大多行於下層社會。就聖典而言，祭祀始於《梨俱吠陀》，至《夜柔吠陀》臻於圓熟；咒法以《阿闥婆吠陀》為中心而及於《夜柔吠陀》。今主要依據《阿闥婆吠陀》所載，述其大致的順序如次。

在《阿闥婆吠陀》中，咒法之基礎有二種前提。（一）一定的咒文其本身具有神秘力，（二）以表徵（symbol）代表實物。換言之，相信持誦固定之成句，且利用表徵物時，其力能驅動善神、惡神、惡魔、物精而達到所願求之效果。此亦見於《夜柔吠陀》，但《夜柔吠陀》僅將此當作祭祀之副式，反之，《阿闥婆吠陀》則以此為主要。此因《阿達魯瓦本集》主要是咒文之集錄，對於表徵物之利用並無明示，故關於實際行法，頗多不明之處。

咒法的種類雖多，但若依其目的而言，可分為三種。即：息災、咒咀與開運（加上幻術則是四種）。息災的目的在於防止他人咒咀，以及除去危害自己的惡神、惡魔、物精；咒咀以毀害他人為目的；開運則以增進自己或他人運勢為其目的。此三法與真言三部法的阿毘遮嚕迦（調伏）、布瑟置迦（增益）、扇底迦（息災）完全相同，若再加上伐施迦羅筮（vaśīkaraṇa，敬愛），則成真言四種法。

首先就息災法（śānti）述之，常識上，對於惡魔、惡神、惡物精，最自然的，應採取敬而遠之的態度。因此，奉上供物，述說甘言而求其歡心之咒相當多。例如對於熱病、頭痛之物精（阿闥婆吠陀一，一二），對於夏瓦魯多拉（Śarva Rudra，阿闥婆吠陀一一，二），對於貧乏神阿拉提（Arāti，同・五，七）所誦的咒文，都是懇求其威力不振。又，此際或揭出惡魔應去往之處，期望彼等離已遠去。例如對於熱病之物精達庫曼（Takman），期望彼等前往色好的首陀羅女之處（同・五，二二，七），命令彼等前往遠如摩揭陀與犍陀羅等國土（同・五，二二，一四）；有時亦以香氣布片拭擦被惡魔所附身體，捨離魔之所住的十字街頭（同・六，二六，二）。茲揭出有關咳嗽之咒文如次（同・六，一〇五，一）：

如心之隨所意願，快速飛往彼方，咳嗽！汝亦循此心所飛之處而離去。

若不能如願時，也可向人類之好友的高級神請求退治。有「羅剎殺害者」之稱的阿耆尼以及擊退惡魔的因陀羅，屢屢因於此一目的而被祈求（同・一，七。一六。五，三。二二）。又以魔力所不能及之事物作為表徵，用以防止或驅除邪魔的，也是一般所行的息災法，且是咒法主要特質之一。或置少量的水、火、石，用以作為大障壁；或以婆羅門所攜聖笏（sphya）作為金剛杵之表徵[1]；或焚香（同・一九，三八），或以大音響威嚇魔物。又，某些草木被視為能防禦邪魔，如阿帕瑪魯卡草（apāmārga）、薩達姆花草（sadampuṣpā）、西拉吉草（silācī）、香祈達樹（jaṅgiḍa）等，都被視為

1. Oldenberg, Religion d. Veda. S. 492.

是拂除疾病、羅剎及咒咀者的重要護符。又，就所使用的植物而言，可分為阿達魯旺的與安其拉斯等二類（阿闥婆吠陀一一，四，一六），植物的使用法是咒法重要的要素，阿達魯旺派與安其拉斯派二者分立時，其所使用的草木自然也有區別，前者主要用於與開運息災有關，後者與幻術咒咀之魔力有關。此猶如中國的道教徒，初始將草木視為仙藥，認為彼等具有神秘力，進而由於名稱與性質之關聯，其運用遂被擴大。

有別於息災法之除魔法，咒咀（abhicāra, yātu）是利用邪魔而危害他人之法。其方法大體上與息災法相反。亦即在求願時，是祈願惱害自己之所憎（梨俱吠陀一〇，一〇三，一二已有遣令魔神阿普瓦（Apvā）加害敵人之記載）；使用能與魔接觸的，令彼與所憎恨者接觸（阿闥婆吠陀一九，四五，五）；使用咒文之際，是持誦具有能損害他人之義的文句；利用表徵時，是使用不吉祥之物；使用藥草時，是使用所謂安其拉斯所用之藥草。其次所揭的是，以菩提樹（aśvattha）咒咀敵人之文句（同．三，六一）：

> 男子依男子而出生，菩提（aśvattha）樹依卡提拉（khadira）樹而生，樹！祈願因憎恨我，而為我所憎之敵人仆倒不起。

又，某婦因妒忌他婦，其於施行咒咀時，先是製作敵婦肖像，埋之於人不知之處，並持誦適宜咒文（阿闥婆吠陀一，一四。四，一八）之記載也可見及。依據後世的《卡烏西達經》（*Kauśika-sūtra* 三六，一五）所載，將所憎婦女的頭髮、櫛、楊枝等以及不吉的胎盤等埋於一處，可以奏效。

以福壽綿長、家內平安及其他一切事物等成就為目的的咒法，即是所謂的「開運」（Pauṣṭika）。

此與惡神、惡物精雖無直接關係，但就方法之原理而言，仍與前揭二種咒法相同，亦即同樣是誦相當之咒文，用相當之表徵，利用善神與善物精，完成其心願。如飲蘇摩酒，若依據《阿闥婆吠陀》中的咒法之意義，是利用蘇摩藥草所具神秘力，尤其是藉其所具「不死」（amṛta，甘露）之名作為表徵。開運之咒法中，可以見到祈求賭博勝利的咒文（同．七，五〇，一）：

> 如同雷電之容易傾倒大樹，今日之我，以此骰子亦容易贏得賭博。

祈求夫婦和合之咒文亦可見之（同．七，三六）：

> 吾等二人眼中閃爍如螢之光輝。吾等之額光耀如膏油。你心中有我。祈願兩體一心。

此外，占相術也是咒法的一種，同樣是《阿闥婆吠陀》所載。對於某種鳥或某種夢表示何種前兆，都予以詳細訂定。前兆若屬不吉，則以咒文或表徵消除，故無異於前揭之咒法。

要言之，《阿闥婆吠陀》所收，主要是占吉凶，行咒術，和合仙藥等秘法，可以說幾近於只要依據咒法一切無不成就的程度。茲依普魯姆夫魯特所作的分類，揭出咒文的種類如次[2]：

一、治療疾病之咒文（bhaiṣajyāni）

熱病、頭痛、咳嗽、便秘、水腫病、心臟病、疝痛、遺傳病、癩病、瘰癧、腸瘍、挫折負傷、迴蟲毒、蛇毒、眼病、精神病等之療法及其咒文。

---

2. Bloomfield, Hymns of the Atharva-veda (S. B. E. XLII) p. vii ff.

二、長生健康法（āyuṣyāṇi）

三、對惡魔、怨敵及其他咒術者之咒法（ābhicārikāṇi kṛtyāpratiharaṇāni）

四、與婦人有關之咒法（strīkarmāṇi）

婦人得愛之法、夫婦和合法、生子法。

五、與國王有關之咒法（rājakarmāṇi）

權力增進法、復位之咒法、戰勝法。

六、平安法（sāṃmanasyāni）

七、財產增加、賭博勝利等咒文。

八、除罪與去穢之咒文。

含消除凶兆之咒、除去惡夢之咒文、除去罪垢（enas）之咒文等。

九、增進婆羅門利益之咒文。

第四節　死後命運觀

上來所述的神與人之關係，主要是就在世時，其次擬就有關死後略加述說。大體而言，吠陀時代的雅利安民族是現世主義、樂天主義，對於未來並沒有太多考慮。《梨俱吠陀》的詩人在論及死亡時，大多用以咒咀仇敵，對於未來的生活，主要行於葬儀中。然而在死骸之前所唱的祈願亡者幸福的讚歌，僅只述及好的運命方面，對於惡的方面，不大觸及，因此就理論的觀察而言，免不了猶不完全。到了阿闥婆吠陀時代，雖稍見緻密，仍未朝印度特有的未來思想的業說或輪迴說推進。

順序上，首先就人類之主體予以論述，如同世界通途的原始信仰，吠陀認為身體內部有一獨立的心靈的實體，生死是依其之去住而決定。對於此一實體，是以呼吸（prāṇa）、自我（ātman，呼吸）、生氣（asu）、靈魂（manas）等稱之，尤以阿斯（asu，生氣）、瑪那斯（manas，靈魂）為一般用語。阿斯代表無意識的生活力，是其他動物也有的主體；而瑪那斯是思慮、感情、意志的心理性的主體，唯人類有之。《梨俱吠陀》謂瑪那斯住於心臟（hṛd）內，氣搏微少，但移動迅速（梨俱吠陀八，一○○，五）。吠陀的慣用語是「速如靈魂」（思想），尤其《阿闥婆吠陀》將瑪那斯稱為「羽」（六，一八，三）。睡眠與悶絕是瑪那斯暫時遊涉於心臟外部的現象，死是阿斯與瑪那斯永久脫離身體。阿斯與瑪那斯之間的關係不明，《阿闥婆吠陀》在言及死時，有時只言及瑪那斯脫離，有時只是阿斯脫離，有時是兩者皆脫離（八，一，七。五，三○，一）。雖然如此，但都相信人死後，猶有另一種人格存在，此恰如今日一般的幽靈說。作為死後，亦即未來生活之主體的，實是此亡靈，名之為「逝者」（preta），在祭祀時，通常稱為「父祖」（pitṛ）。在未來的生活中，肉體並非不必要，因此死骸的保全，極受重視。此與埃及古代之風習大為類似。《梨俱吠陀》的埋葬讚歌中，可以窺見祈願大地親切死骸（一○，一八，一○—一三）；火葬的讚歌是祈求勿將身體全部燒盡，四肢皮膚得以保全（一○，一六，一）；《阿闥婆吠陀》則云：「汝之靈魂（manas），汝之生氣（asu），汝之四肢，汝之血，汝之肢體，皆應留存」（一八，二，二四）；梵書亦有死者屍骨少許亦不可失卻之記載（參照百道梵書一一，六，三，一一）[3]。此中潛藏著爾後所說的「細身」（sūkṣma-śarīra）

3. Eggling, The Śatapatha-brāhmaṇa (SBE XLIV) p. 117, n. 3.

之說，亦即亡靈未來落著之處，是以前世身體為其麤身（sthūla-śarīra）的信仰。

亡靈如何到達未來世？依據吠陀的信仰，現世與未來世的路程相當遼遠，因此亡者有必要被引導。火葬時，之所以將山羊（aja）與屍體共焚（梨俱吠陀一〇，一六，四），即因於道祖神（Pūṣan）之車是由山羊拖曳（梨俱吠陀一，一三八，四等），亦即基於山羊是帶路者之義。依據《阿闥婆吠陀》所載，此山羊經過若干暗黑之谷而到達天國（九，五，一—三）。或於亡者身旁置一束小枝（阿闥婆吠陀五，一九，一二），以此拂除其死後所經旅路痕跡，令亡者不再歸來。諸神之中，普項與薩維多利（Savitṛ）職司保護與引導亡者（梨俱吠陀一〇，一七，一—三），尤其是阿耆尼。亦即阿耆尼負有將死者運往天神與父祖所住之他界（梨俱吠陀一〇，一六，一）；導引亡者至正義之世界（阿闥婆吠陀六，一二〇，一）；亡者屍體焚燒後，將亡者安置在正義世界（阿闥婆吠陀一八，三，七一）等任務。關於吠陀時代的葬法，若依據《梨俱吠陀》所載，火葬（dagdha）之外，也有埋葬（nikhāta）；《阿闥婆吠陀》（一八，二，三四）於其上更加投棄（paropta）、曝棄（uddhita），故總計為四種，但最主要的還是火葬。（關於葬法，請參見本書第四篇第三章第一節）

關於亡靈落著之處，頗有異論。《梨俱吠陀》（一〇，五八）載有呼喚亡者其靈魂回到原本身體的讚歌，以「遙向耶摩天而去的汝靈復歸於此。汝猶得住此且生存於此」之句為首，全篇同調，其十二頌如次所列：（一）耶摩天（Yamaṃ vaivasvatam），（二）天、地（divaṃ, pṛthivīm），（三）四方界（bhūmiṁ caturbhṛṣṭim），（四）四極（catasraḥ pradiśaḥ），（五）大海（smudram arṇavam），（六）高光明（marīcīḥ pravataḥ，光明之流），（七）水與植物界（āpas, oṣadhīḥ），（八）太陽（Sūryaṃ）、曉光（Uṣasam），（九）大山（parvatān bṛhataḥ），（一〇）現生界

（viśvaṃ idaṃ jagat），（十一）遙遠的遠方（parāḥ parāvataḥ），（十二）過去界與未來界（bhūtaṃ, bhavyaṃ）。就對於已到達落著之處的亡者（祖先）的讚歌看來，《梨俱吠陀》（一〇，一五）所揭的住所是空、地、優美村落、毗濕笯之最高處、日天之中央等，大體上，可分為遠（parāsaḥ）、中（madhyamāḥ）、近（avare）等三部分；就時間而言，可分為先（pūrvāsaḥ）、後（uparāsaḥ）二期；《阿闥婆吠陀》（一八，二，四八—四九。又參照七）則明白指出天空地等三界。據此看來，輪迴說雖未見，但已萌芽，相信亡靈所趣場所有種種。雖然如此，吠陀對此並沒有一一予以理論探求，而是認為此最高最善，以此為其理想而已。只有此一方面有明白表示，其他方面不甚明瞭。其所憧憬而視為理想的，實是死國之王的耶摩天國，可能與吠陀一般所說的天國（svarga，梨俱吠陀一〇，九五，一八。大部分的阿闥婆吠陀），亦即與被稱為毗濕笯之最高處同一處所。《梨俱吠陀》揭出對於神，能行苦行（tapas）之聖者；於戰場身故之勇士（同·一〇，一五四，二—五）；不吝財富而能行祭祀與供養者（同·一，一二五，五）所至之處。對於契合此等條件的亡者到達此處所之歷程，《梨俱吠陀》謂亡靈追循父祖所經之路（同·一〇，一四，七），到達充滿不滅光明之天國，亦即到達不死不壞之世界（同·九，一一三，七）；《阿闥婆吠陀》謂亡者乘天車，生出羽翼（阿闥婆吠陀四，三四，四），又受瑪魯茲（風神）的微風所煽，驟雨所潤，遂至天國，恢復舊體（同·一八，二，二一—二六）。如先前所述，《阿闥婆吠陀》指出在道途中，是以細身之形，其抵達天國時，是假借前世屍骸而成為另一有情。故又有「於天上俱會的父祖能令遺棄於遠處的汝之肢體，歸於氣界的汝之氣息，順次復歸於汝」之記載（同·一八，二，二六）。如是，得完全之體，與安住於耶摩天國之祖先相會之狀態，名為「歸鄉」（punar astam ehi，梨俱吠陀一〇，一四，八）；獲得耶摩認可，給予「樂所」（**avasānam**，梨俱吠陀一〇，一四，九）時，就成為完全的未來生活的人。此天國之所在，是在最高之天（**parame vyoman**，梨俱吠陀一〇，一四，八），有無限光明，有急流之水（梨俱吠陀九，一一三，七），是被稱為最高光明界（阿闥婆吠陀一一，四，一一）之處。一般的亡者一旦進入此處，則如同其祖先，一切願望滿足（**iṣṭāpūrtena**，梨俱吠陀一〇，一四，八。**anukāmaṃ caranam**，梨俱吠陀九，一一三，九。**pratikāmam attu**，梨俱吠陀一〇，一五，八），捨棄老衰之苦（梨俱吠陀一〇，二七，二一），疾病與不具都只留於現世，重新獲得完整無缺之身體（阿闥婆吠陀三，二八，五），無貴賤貧富之差別，享受同樣的安樂（阿闥婆吠陀三，二九，三）。在述說天國之樂時，《梨俱吠陀》主要是作物質性的描繪，尤以《阿闥婆吠陀》最為明顯。天國中，有音樂歌唱（梨俱吠陀一〇，一三五，七）；有父母親子團聚之樂（阿闥婆吠陀六，一二〇，三）；食物豐富（梨俱吠陀一〇，一五四）；有能滿足一切欲求的如意牛（**Kāmadughāḥ**，阿闥婆吠陀四，三四，八）；以諸神為中心，常在葉茂之樹蔭下，舉辦大宴會（梨俱吠陀一〇，一三五，一）等，宛然是大宴樂之場所。佛教極樂世界（**Sukhāvatī**）的思想或許受其影響。

對於死界之王耶摩，前文雖已屢屢述及，但在此仍有再予以詳述之必要。在《梨俱吠陀》中，相當於阿維斯達的伊瑪（**Yima**，**Vīvahvant** 之子）的耶摩神，其獲得勢力的時間較遲，主要見於第一卷與第十卷。其讚歌只有四首（梨俱吠陀一〇，一四。一三五。一五四與一〇），且其中一首（同・一〇，一〇）是與其妹閻彌（**Yamī**）之對話篇，與死者並無直接關係。**Yama**，一方面有雙生俱生（**yamá**）之義，另一方面則是韁繩、嚮導（**yáma**）之義。到了後世，由後者之義發展成制御惡人之神，但其名初始實來自於俱生之義。在阿維斯達的神話中，伊瑪（**Yima**）與其妹都是人類的祖先，若從吠陀所載耶摩與閻彌的對話看來，兄妹雙生之義應是原始的。從而四篇讚歌中的對話篇（同・一〇，一〇）[4]，所表現的是最古的思想。在此對話篇中，閻彌要求與其兄婚配，對此，耶摩曰：我等既已談論規律（ṛta），何以又破之？瓦魯納、米特拉之威力甚為可懼！」斷然予以拒絕。其堅持正義之表現，已含有閻魔王（Yamarāja）所具的前提，不只如此，閻彌更指著耶摩，說道：「唯一之應死者（人類）」（ekasya.....citmartyasya），此即暗示其所具最初死者之身分。其他三篇是用以稱嘆死界之王耶摩的讚歌，到了《阿闥婆吠陀》與《夜柔吠陀》，其特色越發顯現。亦即從身分而言，耶摩欲死而捨棄其身（梨俱吠陀一〇，一三，四）；是為了眾生而趣往他界，探尋冥土之道（同・一〇，一四，一）；是人類的第一位死者（阿闥婆吠陀一八，三，一三），就此而言，耶摩位於祖先中之第一，故或以「我父」（Pitā naḥ）之稱號稱之。之所以被視為統治亡者之王，其因已存在於此中。從其住所是最高天看來，耶摩初始與毗濕笯等同樣是太陽神話之一，但在《梨俱吠陀》中，其形跡已失。與耶摩有關係的諸神，有祈禱主（Bṛhaspati）、薩維多利（Savitṛ）等，但關係最密切的，應是阿耆尼與瓦魯納。與阿耆尼之關係，恐是來自於火祭與祖先祭之祭火；與瓦魯納之關係，恐是相對於瓦魯納是現世之司法神，而耶摩在性質上是未來的司法神。

亡者來到天界，首先面謁的是耶摩與帕拉那（梨俱吠陀一〇，一四，七），耶摩之足枷（paḍbīśa）以及瓦魯納之咒咀（śapathya）與羂索（pāśa）相同（同・一〇，九七，一六。參照六，七四，四與七，八八，七）。吠陀時代的耶摩尚未表現出其所具的裁判之角色，但可以看出此一思想的種子業已

4. 辻直四郎譯（世界文學大系四，頁二一五。世界古典文學大系三，八〇）。

潛伏。相較於《梨俱吠陀》的表現，《阿闥婆吠陀》所表現的耶摩之可怖，是彼司掌死亡，同時具有死後之裁判權。耶摩的使者是二隻狗以及梟、鴿等，此如先前所述，依據《阿闥婆吠陀》（五，三〇，一二。一九，五六，一）所載，死（mṛtyu）與睡眠都是耶摩的使者。到了佛教時代，耶摩被區分成焰摩天與地獄主之閻魔，但在吠陀時代，彼只是天上樂土之主，與阿維斯達的地上樂土之主的思想相對。

最後，對於梨俱吠陀時代是否存在地獄思想的問題，學者之間也有異論。此因既以天國酬報善人，對於惡人必然亦應予以處罰，但相較於天國思想，此一方面之論述並不清楚。羅特認為吠陀詩人相信惡人一死就趨向滅亡，故無地獄之說[5]；霍伊多尼認為奧義書以前，印度無地獄之思想[6]，金梅魯與協也曼則持「對於善人以善酬報，對於惡人必然以惡酬報」之論，對於此等所說，霍普金斯認為都是偏頗之論[7]。若就筆者所見，總的說來，《梨俱吠陀》的讚歌相較於惡，較著重善；相較於暗黑，較注意光明的方面，因此表面上看不到地獄的論述，但不能因此而判定無此思想。不只如此，雖不完全，仍可見其萌芽。《梨俱吠陀》（四，五，五）曰：「此深處（padam......gambhīram）是為最惡虛偽的不信人所造」，又有「因陀羅、蘇摩！將此惡人推落於黑暗無底之深淵（vavre），永不能出」（同‧七，一〇四，三）、「如梟，徘徊於暗黑之魔女應沉入無限之深淵」（同‧一七）、「怨敵與盜賊應沉入三大地之下底」（一一）等等。當然此等沒有明言是亡者所趣，也無後世所見苦患之狀的描述，但惡人所趣以及無限深淵等等之說，顯然已是地獄思想之前提。到了《阿闥婆吠陀》，

5. Macdonell, Vedic Mythology. p. 169.
6. Whitny, Kāṭhaka upaniṣad 序文。
7. Hopkins, Religions of India p. 147.

此一方面更為明顯。妖魔巫女所住地下之家（adharād gṛhaḥ，阿闥婆吠陀二，一四，三）；與婆羅門爭鬥者所趣的血池（同．五，一九，三）；相對於耶摩之天界，地下世界被稱為「那落」（Nārakaṃ lokaṃ，同．一二，四，三六）；又稱此為「暗黑」之例甚多，例如最低之暗黑（adhamaṃ tamas，同．八，二，二四等）、盲暗黑（andhā tamāṃsi，同．九，二，一〇。二〇，七七，四）等等。如此發自於《梨俱吠陀》而漸次明瞭之次第，絕非如霍伊多尼所說「奧義書以前無地獄之思想」。雖然如此，但詳述地獄之苦，罪人上天秤（tulā），問其罪輕重的思想其產生是在梵書時代（百道梵書一一，六，一。一一，二，七，三三）。尤其將耶摩視為閻魔大王，是地獄之主的思想，應起於敘事詩時代。

第四章　吠陀的哲學思想

第一節　梨俱吠陀的哲學思想之興起

梨俱吠陀末葉可說是古代思想界的一大轉換期。自然神之信仰雖依然興盛，但一方面逐漸傾向於形式主義，而另一方面則對於從來的諸神所具神力產生懷疑，因而出現訂定新抽象神之傾向，總的說來，是思想動搖之時期。此一時期，正是雅利安民族的文明從五河流域移向中土的時期，其舞台稍異其趣，自然崇拜的信仰過於固定而稍見停滯，故或予以外形的整調，或作內在的整理，藉以開創新思想之進路。《梨俱吠陀》之哲學思想實乘此氣運而發生，是由少數詩人嘗試從內在予以整調所致。第十卷所收，通常被稱為「創造讚歌」的部類，即其代表。梨俱吠陀末葉所發生的哲學探究於其中了無遺憾地發揮。就其數量而言，雖只有五、六首，但就對於爾後思想界所產生的效果而言，實具有相當大的價值。大體上，其特質之一，是捨棄從來的自然神，於其上另立最上的唯一原理，並予以抽象的命名。諸如生主（Prajāpati）、造一切主（Viśva karman）、原人（Puruṣa）等，都是從來不曾獨立使用之神名。又，從來在述說宇宙之創造時，說為諸神無造作的創造各各部分，相對於此，此時將此等抽象神（或原理）視為有情非情之本體，對於宇宙之發生作統一性的觀察，此乃其第二種特質。略言之，對於宇宙之解釋，已由從來的多神教或交換神教轉成一神教或萬有神教的見地，此為其最大特質，是被稱為哲學之所以。雖然如此，若更進一步探察，此等思想並非在梨俱吠陀終期才突然勃發，其片段的，作為準備的傾向其實早已萌芽，而於此時期大成。因此在述說創造讚歌時，順序上，有必要先稽查其前程之思想。

《梨俱吠陀》的自然神觀中，含有終將產生破綻的若干要素，尤以多神而無統一的中心，最為主要。瓦魯納曾暫居中樞地位，但終究不能成為最高之創造神；因陀羅雖頗受歡迎，但欠缺普遍常在之性，亦不能獲得統一的最高神之資格。此外，自然神之中，亦無具有作為一神而得以成為宇宙最高原理之資格的。但隨著思想進步，人類至奧之要求必然要求有最後之統一。因此，一方面，產生不信與懷疑此等自然神之態度，另一方面，企圖將多神歸於一元，藉以彌補其缺點。懷疑的思想與歸一的思想實是《梨俱吠陀》哲學思想興起之出發點。就被懷疑的對象而言，最被懷疑的是因陀羅。直至後世，因陀羅雖是神界頗為重要的角色，然其出現並無一定。《梨俱吠陀》（二，一二，五）曰：「對於如此的可怖者，人人皆發出疑問：彼存在於何處？或謂彼並不存在」，又曰：「因陀羅並不存在，何人曾經見彼，所讚嘆者是誰」（同・八，一〇〇，三）。此等固然是梨俱吠陀詩人為用於辯駁所引用之語，但對於保護神出此言論，終究令人驚訝。據此可知有別於一般詩人的一一謳歌自然神，另有對此抒發其不滿之聲。另一方面，專司宗教之僧侶早已喪失生氣，對於彼等，古詩之唱誦僅只是為了獲得利養，並無求其實義之心力，遂更助長不信之念。《梨俱吠陀》（七，一〇三）曾以得雨之蛙的喧噪比喻僧侶為得齋食而饒舌，創造讚歌中的造一切歌（同・一〇，八二，七）明言如次：

> 汝等未能見出生此等（萬有）者。
> 汝等與彼之間，有他者出生。
> 霧與囈言所圍繞，

（祭官空）奪（犧牲獸之）生命，讚歌之吟唱者遍歷各處。

諷刺為了生計，僧侶只知株守諸神，渾然不知其上另有唯一之神（對於此句之解釋另有異說，但在此暫且採取以上的解釋），大致而言，人一旦生起懷疑不信之念，將有二種傾向。一種是自暴自棄，另一種是努力尋求解決。自暴自棄的方法當然不得見於《梨俱吠陀》，而解決的方針其實早已萌芽。《梨俱吠陀》的神界特質中所見的所謂單一神教的思想，即可解為統一思想之種子，進而到了二神合一觀，則是更進一步的邁進。例如米特拉瓦魯納（Mitrā-Varuṇa）、因陀羅瓦魯納（Indrā-Varuṇa）、因陀羅阿耆尼（Indrā-Agni）等，屢見於《梨俱吠陀》之讚歌，顯然詩人是有意識地將二神結為一體。趨勢所趣是，一神之思想逐漸興起，雖立諸神，然於其上另置統轄神，或主張諸神本性同一。有關阿提提以及阿提亞之論述，即是企圖將諸神統轄於一神，《梨俱吠陀》（五，三，一）所述即是將阿耆尼視為本體，而其他諸神是垂跡。其文曰：「阿耆尼生而成為瓦魯納；燃燒時，則成為米特拉，萬神集於其一身，對於信者，汝即是因陀羅。」又，《梨俱吠陀》第三卷五十五篇其全篇二十二頌，都以「諸神威力大而唯一」（mahad devānām asuratvam ekam）之結句，顯示神性之同一。尤以第一卷一六四篇第四十六頌之句最為明顯：

美翼之天鳥名為因陀羅、米特拉、瓦魯納、阿耆尼。

對於唯一之有，詩聖予以阿耆尼、耶摩、馬達利修旺等種種名稱。

柁暹稱嘆此「對於唯一之有，詩聖予以種種名稱」（ekam sad viprā bahudhā vadanti）之說，乃是《姜多其亞奧義書》的「汝即是彼」（tat tvam asi）之前，吠陀哲學劃時代的表現[1]。更進一步的是，不單是神，亦將萬有全體歸於一神，亦即鼓吹萬有神教（pantheism）之思想。《梨俱吠陀》第一卷八十九篇是對於萬神（Viśvedevāḥ）之讚歌，其第十頌曰：

> 阿提提是天，阿提提是空界。阿提提是母，是父，是子。阿提提是萬神，是五種民族，阿提提是既生者，阿提提是未生者。

此阿提提（Aditi，無限）之名，實已具有萬有神教的意涵，但直至此時，印度哲學之特質的萬有神教開發之原理才被明白提出。

如是，雖只是片段的，但《梨俱吠陀》思想早已或消極，或積極，漸次傾向於哲學的，最後，予以統合性論述的，即是所謂的創造讚歌。

以上主要是就神觀方面而見的哲學思想興起之次第，進而就創造觀方面觀之，此一方面，總的說來，其思想頗為幼稚，並無較值得注意的解釋。但在了解所謂創造讚歌的造化思想時，仍須了解古說，故有簡單予以論述之必要。

關於世界之起源，《梨俱吠陀》之古說相當多歧，但就予以解決的態度而言，可分成兩部分。亦即以物器世間為主而論述時，主要是作工巧的解釋；以有情世間為主時，是作生殖性的解釋。首先就工巧的起源說見之，將此比擬為土木之作業的相當多。例如因陀羅測量六方而造地之廣與天之高（梨俱吠陀六，四七，三—四）；毗濕笯測定地界，固定天之住所（同・一，一五四，一）；瓦

1. Deussen. Allgemeine Geschichte der Philosophie. I. 1. S. 106.

魯納以蘇利亞（太陽）為尺度，測量地界（同・五，八五，五）等等。如是，因陀羅撐天柱地，然空界無樑棟（同・二，一五，二），薩維多利神以鐍子（yantra）固定地界（同・一〇，一四九，一），毗濕笯以橛（mayūkha）安定地界（同・七，九九，三），普利哈斯帕第（祈禱主）擴展大地之各各角落（同・四，五〇，一）。木材被想像為製作大寰宇之材料，第十卷三十一篇第七頌即是詢問建構天地之材料是何等木材？此恐是從當時的房子而作此推定。要言之，從工巧的見地而言，作為木工（動力因）的諸神以神以外的材料構築天地。參預如此造化的自然神很多，但都只分擔其中一部分，而非製作全體，直至多瓦修多利（Tvaṣṭṛ）獲得勢力，才稍補其缺。Tvaṣṭṛ為「工手」之義，初始是抽象的工巧作用之神，然而到了梨俱吠陀終期，則認為天地與萬物之形體是此神所給予（同・一〇，一一〇，九），彼造作萬物形體，完成畜類（同・一，八八，九。一〇，一八四，一），《瓦夏薩尼伊》（二九，九）明白指出此神創造全宇宙。可惜其神格太小，在與利普（Ṛbhu）競賽為諸神作杯時，慘遭敗北（同・一，一六一，四—五），在《梨俱吠陀》中，彼猶未能成為真正的創造神。

再就生殖性的論述觀之，此是將神視為親格，由其身內（質料因）出生諸有情，古說中的論述，同樣是片段的，而且神之起源與人之起源被各別論述。就人類的起源而言，如前文所述，由維瓦斯瓦特（Vivasvat，遍照者）與薩拉紐（Saraṇyū）所生的摩笯，是人類之起源。關於諸神之起源，其說雖有變化，但一般而言，是由天地（Dyāvāpṛthivī）出生諸神。以天為父，以地為母的生殖性的思想隨處可見，而《梨俱吠陀》指出阿耆尼、蘇利亞、阿提亞神屬、瑪魯多、帕魯夏尼、阿修溫等男神與維夏斯女神都是天地所生。因此，遂以諸神之親（Devaputre）、父（Pitarā）、母（Mātarā）、能生者（Janitrī）等稱號稱呼雙生神之天地。此外，將阿提亞神屬之教神，視為阿提提母神之子的，同樣也是基於生殖性的論述。《梨俱吠陀》（一〇，六三，二）恐是結合此兩種論述，將諸神之起源歸於阿提提、水與地。此中的水，即是所謂原水說之先驅思想，依據種種證據所顯示，應是基於精液而作論述。此外，瑪魯多之親是魯多拉（同．二，三四，二）等等，其例甚多，但重要性不大，在此故予以略過。要言之，相較於工巧觀，生殖性的觀察雖較不完全，但創造讚歌卻朝此方面發展，在種種形態上，成為創造觀之中心。

第二節　梨俱吠陀之統一的宇宙觀

一、概觀

作為唯一的大原理，混融工巧觀與生殖觀，以統一的見地，哲學性探究宇宙之發生的，是所謂的創造讚歌。主要的有六篇，都收在《梨俱吠陀》第十卷。

無有歌（Nāsadāsīya-sūkta）　一〇，一二九
生主歌（Prājāpatya-sūkta）　一〇，一二一
造一切歌（Viśvakarman-sūkta）　一〇，八一－八二
祈禱主歌（Brahmaṇaspati-sūkta）　一〇，七二
原人歌（Puruṣa-sūkta）　一〇，九〇

此等讚歌所說未必得以一一調和，但也未必各別獨立而成，就其根本立腳地而言，彼此仍有共通之處。主要的，有三點。第一，以宇宙之太原為唯一；第二，萬有之生起是由此唯一之太原所發展；第三，萬有發展之後，太原本身不動，依然如故。此等與後來的思想大有關係，故在此予以簡單證明如次。首先就第一點見之，如前文所述，尋求統一諸神的原理是促使《梨俱吠陀》作哲學性探究的原因之一。故因應此一要求，此等讚歌將宇宙之太原視為唯一，可以說也是自然的。無有讚歌將此稱為「彼之一」（tad ekam）；生主歌說為「萬有獨一之主」（bhūtasya.....patir ekaḥ）；造一切歌名之為「唯一神」（deva ekaḥ）；原人歌將全宇宙說為「一原人」（puruṣa）之發現。亦即對於太原之名稱與性質，各各讚歌之間雖有幾分差異，但就將此視為唯一而言，諸讚歌全然一致。此一觀念爾來長久支配印度思想界，奧義書的「唯一不二」（ekam eva advitīyam），大乘佛教所開展出的「唯有一乘法，無二亦無三」，可說遠承此一系統。

其次，就第二點見之，如前節所述，古神話的片段的宇宙觀中，含有工巧觀與生殖觀。而今此二者雖同被混融於統一的宇宙觀中，但生殖觀系的思想卻大為發展，幾乎是貫串所有讚歌。亦即唯一的太原並非居於高處，於其自身以外，創作宇宙，而是太原本身發展成現象界，如此的思想是所有讚歌都一致的。無有讚歌中，由所謂的「彼之一」（tad ekam）開展成愛（kāma），由愛開展呈現識（manas），現象界於焉成立；生主歌中，由大原理之生主出生水與胎子，萬有由此成立；祈禱主歌中，由作為原理的祈禱主開展根本的物質而生成萬有；原人歌指出由原人而進化成萬有。唯獨造一切歌重視工巧的創造觀，但也採用發展說。就此而言，在原因上，此等讚歌雖是一元論的，然作為其結果的現象界，則是萬有神教。此因實質上，萬有不外於正是太原本身。此發展說對於後來的諸世界觀大有影響，以奧義書為首，吠檀多派、數論派以及唯識系統的佛教等所謂的緣起說，都是此一思想之發展。

第三點，雖說太原自我發展而形成現象界，但並非其自體變成現象。發展出現象後，太原依然保留其作為本體之自體。換言之，現象雖由本體流出，但本體與現象之間仍有區別，此乃諸讚歌共同之觀念。因此，就某種意義而言，可以認為此中仍存在神自居高處而造作自己以外的世界的工巧觀。對此，諸讚歌採用種種譬喻予以揭示。無有讚歌提出聖人以繩尺設定本體界與現象界之間的界限；祈禱主歌借助阿提提神話，指出阿提提八子之中的瑪魯單達（Mārtaṇḍa）有生滅，其他七子則屬於不死之本體界；原人歌謂萬有是原人的四分之一，其他四分之三為不死之性，亦即本體界。生主歌與一切歌雖無明文論述，然就其趣意而言，實無異於前三種讚歌。要言之，都是將宇宙太原的唯一實在視為萬有之質料因，是有變化的，同時作為動力因，是不生不滅的永劫的計畫者。如是，一方面因應依據一元的原理解釋現象界的哲學性的要求，另一方面因應視此原理為超越的存在的宗教的要求。故此等讚歌之發展說，並不是進化論的，而是類似新柏拉圖派的「流出說」（emanationism）。既然不是將萬有視為實在的全體，而是其中的一部分，則名其萬有神教觀為「萬有在神論」（panentheism）將較為恰當。此一觀念對後世大有影響。奧義書指出實在的「梵」（Brahman）雖發展萬有，但梵依然保留其支配的地位；大乘佛教將萬有說為真如緣起，但真如之自體完全不動等等，可以說都承自此一思想系統。如是，此等讚歌作為印度哲學之出發點，具有相當重要的意義，因此雖稍嫌繁瑣，此下擬一一揭出，並附加簡單的註釋。

二、哲學的讚歌與翻譯

第一、無有讚歌（Nāsadāsīya-sūkta）……梨俱吠陀一〇，一二九

（一）其時（初始）既無「無」（asat），亦無「有」（sat）。既無空界（rajas），亦無天界（vyoman）。何者掩蔽[2]？在何處？受誰擁護？可有深不知其底之水[3]？

（二）其時既無死（mṛtyu），亦無不死（amṛta）。無（區別）夜與晝之標幟（praketa）〔＝太陽、月與星星〕。彼獨一之存在（tad ekam）無風（avāta），依自力（svadhā）而呼吸。此外[4]，無任何存在。

（三）初始暗黑（tamas）為暗黑所掩。全宇宙（sarvam idam）無標幟（apraketa）〔＝無光，不明確〕無波動（salila）。空虛（tuchya）所包圍，正欲生起[5]（ābhu）的唯一存在，以（自身之）熱（tapas）力（mahina）生出。

（四）初始意欲（kāma）顯現（adhi-sam-vṛt-），亦即意（manas）乃最初之精子（retas）。（此乃）有之連鎖（bandhu）[6]，詩聖（kavi）以思慮（manīṣā）於心（hṛd）中探索，於無知中發現。

（五）彼等〔＝詩聖〕之繩尺[7]（raśmi）廣延。下至何處？上自何處[8]？有授精者（retodhā），

2.「掩蔽」或譯為「活動」。依其語根是 vṛ 或 vṛt，而有此二說。
3. 或譯為「水何在？可有不知其底之深淵？」，或「有水否？〔否，唯〕有深淵」。
4. 或譯為「此之彼岸〔＝此前〕」。
5. 或譯為「發現」「有生命力」「遍滿」「空虛」等。
6. 或譯為「係累」「親緣」。
7. 或譯為「彼等之（道上）」。
8. 或譯為「有下方否？有上方否？」

有種種活力（mahiman）〔＝女性的勢力〕。自發力（svadhā）〔＝女性〕在下，衝擊力（prayati）〔＝男性〕在上[9]。

（六）實則誰能知之？誰能宣說？此創造（visṛṣṭi）從何處出生？來自何處？諸神（此世界之）創造活動（visarjana）在此之後[10]（arvāk）。若是如此，知彼由何者現出（ābabhūva）者是誰？

（七）此創造由某者而現出？而被造作？抑或不然。唯有居最高天界（vyoman）監視（adhyakṣa）此（世界）者知之。或者（彼亦）不知？

第二、普拉夏帕第（生主）讚歌（Prājāpatya-sūkta）……梨俱吠陀一〇，一二一

或名為金胎讚歌，或稱卡斯瑪伊（Kasmai）讚歌。見於《阿闥婆吠陀》（四，二）、《泰提利亞本集》（四，一，八），此外也有大同小異之詩句。從思想而言，第十頌之旨趣異於前九頌。

（一）太初（agre）時，金胎（hiraṇyagarbha）顯現（sam-vṛt-）[11]。方其出生，即成萬有（bhūta）獨存（eka）之主宰者（pati）。彼安立（dhṛ-）天與地。誰是吾等應奉予供物（havis）與祭拜之神？

（二）給予呼吸（ātma-dā）[12]，給予力（bala-dā）（者是神），則萬物皆可稱為神而遵奉其命令（praśiṣa）。其影不死且又是死。誰是吾等應奉予供物與祭拜之神？

（三）彼依其威神力（mahitva）而成為有呼吸與睡眠的生物界（jagat）[13]獨存之王者。彼支配

---

9. 或譯為「有授精者否？有受胎否？有自我力（男性）在後，受容（女性）在前否？」
10. 或譯為「諸神若被創造，亦在此之後」。
11. 或譯為「彼（最高神）成為金胎」。
12. 或譯為「生命」。
13. 或譯為「瞬」。都是動物之特徵。

兩足者與四足者。誰是吾等應奉予供物與祭拜之神？

（四）人云：依其威神力，雪山（Himavantas）得以存在，海及拉薩河（Rasā）[14]亦其所屬，此等方位（pradiś）乃彼之雙臂[15]。誰是吾等應奉予供物與祭拜之神？

（五）偉大之天[16]或地依彼而安住。太陽（Svar）依於彼，蒼天（Nāka）依於彼而得支撐。彼於空界（antarikṣa）測量虛空（rajas）。誰是吾等應奉予供物與祭拜之神？

（六）兩大陣營（天界與地界）依彼之援助而得支撐[17]，以戰慄之心仰望彼。昇起之太陽因彼而放光[18]。誰是吾等應奉予供物與祭拜之神？

（七）孕育萬有（viśva）為胎兒（garbha），出生火，出現大水，故[19]諸神獨存之生命力[20]（asu）顯現。誰是吾等應奉予供物與祭拜之神？

（八）孕育靈力（dakṣa），出生祭祀（yajña）之水，依威神力而得以普遍瞭望者，實是彼。彼乃位於諸神之上的獨存之神。誰是吾等應奉予供物與祭拜之神？

（九）願勿害我等。產地（之神）。產天而有真實法則（satya-dharman）（之神）。出生晃耀

---

14. 環流於世界周邊的神話中的河名。
15. 或譯為「此等方位屬於彼。彼有雙臂」。所謂「彼之雙臂」，或說是包容生類，或說是左右之意。
16. 或譯為「天之所以偉大」。
17. 或譯為「對峙之兩大陣營求其援助」。
18. 或譯為「向彼」，或「而在彼等（兩大陣營）之上」。
19. 或譯為「其時」「故」。
20. 或譯為「諸神之生命力，即獨存者」。

廣大之水（之神）。誰是吾等應奉予供物與祭拜之神？

（十）普拉夏帕第（生主，Prajāpati）！唯獨汝能包容一切所造（jātāni），並無其他。如吾等之所祭拜與祈求而授予吾等！願吾等成為財富（rayi）之主（pati）。

第三、造一切讚歌（Viśvakarman-sūkta）

其一，《梨俱吠陀》第十卷八十一篇（瓦夏薩尼伊本集一七，一七—二三）

（一）詩聖（ṛṣi）奉上萬有（viśvā bhuvanāni）為犧牲，作為司祭（hotṛ）著其座。為吾等之父。彼以祈禱（āśis）求富（draviṇa），且蔽其最初期（之被造物），進入後期（之被造物）中。

（二）以何者為據點（adhiṣṭhāna），何者為支點（ārambhaṇa），究竟是如何？觀察（viśvacakṣas）萬物的毗首羯磨（造一切者）如何出生大地（bhūmi），且如何強大[21]（mahinā）開展（vi-vṛ-）天界（div）？

（三）於一切方角有眼（viśvataś-cakṣus），於一切方角有顏[22]（viśvato-mukha），於一切方角有腕（viśuvato-bāhu），又，於一切方角有足（viśvatas-pad）的獨存之神，以其兩腕創造天地，並以其眾多之翼煽之熔接（saṃ dhamati）之。

（四）（諸神）建設（nis-takṣ-）天地時，何者是其使用之木材？何種樹木？有識者（manīṣin）！作此問：（彼神）確立[23]（dhāraya-）萬有時，以何者為據（adhi-sthā-）？

21. 或譯為「依彼之偉力」。
22. 或譯為「口」譯。
23. 或譯為「支持」「保有」。

（五）毗首羯磨！於供犧（havis）中，汝以最高、最低、中位形態[24]（dhāman）教示（汝之）友人[25]！自存者（Svadhāvat）！令汝身成長，奉上汝自身作為犧牲[26]！

（六）毗首羯磨！依供犧而成長時，以汝為犧牲而供奉地與天[27]。令周邊其他諸人（吾等之競爭者）昏迷！成為（只）為吾等的慷慨之施主。

（七）言靈之主（Vācas patiṃ）如意念之快速[28]（manajū）的毗首羯磨之助，吾等請求於今日之競技（vāja）。彼嘉納吾等所有願望。萬人之救濟主[29]（Viśva-śaṃbhū），救援授予至福之神（Sādhu-karman）。

其二，《梨俱吠陀》第十卷八十二篇（瓦夏薩尼伊本集一七，二五—三二）

（一）才智卓越（manasā dhīras）的（靈）眼之父（Cakṣuṣaḥ pitā），（毗首羯磨）作為（祭祀之）酥油（ghṛta），潛身[30]創造此二者（天與地）。首先於制定東方之境界[31]時，開闢（aprathetām）天地。

（二）毗首羯磨極其聰明（vimanas），極其強壯（vihāyas），是創造者（dhātṛ），是配置者

---

24. 或譯為「位置」。
25. 或譯為「以友人身分」。
26. 或譯為「為汝自身而奉上犧牲」。
27. 或譯為「為汝自身，作為犧牲而供奉天與地」。
28. 或譯為「激發意念」。
29. 或譯為「所有方面的救濟主」。
30. 或解釋為「天地潛身於神之前」，或「天地相互屈身」。
31. 或譯為「最初之境界」。祭場之設置始於東方。

（vidhātṛ），又是最高之示現（paramā saṃdṛk）。彼等（生物）之犧牲[32]（iṣṭāni）於彼處享樂（saṃiṣā madanti）。人云：其處所位於七詩聖[33]（saptarṣi）之彼方，是獨一之存在[34]。

（三）吾等之父（pitṛ）、能生者（janitṛ）、知一初形態[35]（dhāman）與萬有之配置者，為諸神命名（nāma-dhā）的唯一者。其他被造者為問事（saṃpraśna）而造訪彼。

（四）往古詩聖（ṛṣi）如歌詠者（jaritṛ），依祭祀而多得財物[36]，供奉彼。日所不照（asūrta）之空界以及日所照（sūrta）之空間安定（niṣatta）時，彼令此萬有形成（sam-kṛ-）。

（五）在天之彼方，在此地之彼方，在諸神與阿修羅之彼方者，一切諸神共住於彼[37]，水（āpas）如何作為最初之胎兒（garbha）而孕育？

（六）水作為最初之胎兒而孕育，諸神群聚於其中。唯一之存在（如車輪之輻）置於不生者（aja）之臍上，一切萬有於此安立。

（七）汝等不見此等（萬有）之出生者。於汝等之間，他物生長。霧與囈言所包圍，（祭官）（空）奪（犧牲獸）生命，讚歌吟唱者（uktha-śás）遍歷四方。

---

32. 或譯為「願望」。
33. 北斗七星，或一般星辰。
34. 中性名詞是「獨一之存在」，可視為爾後的「梵」之先驅。若是男性，則是「獨存者」之神。
35. 或譯為「性格」，或「位置」。
36. 或譯為「如諸多歌詠者……得財物」。
37. 或譯為「會同」，或「監視」。

第四、祈禱主讚歌（Brahmaṇaspati-sūkta）……梨俱吠陀一〇，七二

（一）期待吾等（世人之）讚嘆，（在此）詠唱之讚歌（uktha），欲述說諸神之誕生（jāna）。為令爾後之世代得以見之[38]。

（二）布拉夫曼斯帕第（祈禱主）如冶工，熔接（adhamat）此等（天地，或萬有）。諸神之古世代，由無出生有。

（三）於諸神最初之世代，由無出生有。其次出生諸方位（āśā）。彼（有）由產婦[39]（uttānapad）所生。

（四）大地（bhū）由產婦而出生，諸方位依大地而出生。達庫夏（Dakṣa）依阿提提（Aditi）而出生，阿提提依達庫夏而出生。

（五）是故，達庫夏！阿提提乃汝所生之女。繼彼女之後，可喜可賀，不死之族的諸神也誕生。

（六）諸神！汝等堅固相撐而立於波動（salila）之中時，恰如舞踊者，汝身飛揚出強烈的塵埃。

（七）諸神！恰如魔術師（yati）所為，萬有（bhuvanāni）滿盈水時，汝等隱身於大海，扶持太陽（sūrya）。

（八）從阿提提之身所生之子有八，七子同赴諸神座下，唯棄彼瑪魯單達鳥[40]（Mārtāṇḍa）。

（九）阿提提攜其七子入於最初之世代。瑪魯單達鳥亦歸返，生育子孫且趨於死亡。

---

38. 或譯為「爾後之世代於黃昏時亦得見之」。
39. 直譯的話，可譯為「廣足之女」。將宇宙之創造比喻為生產。是指阿提提。或將此名詞視為「苦行者」（男性）或「無」（中性）。
40. 意指太陽。是人類始祖。

第五、原人讚歌（**puruṣa-sūkta**）……梨俱吠陀一〇，九〇

與此讚歌相近的，亦出自《阿闥婆吠陀》（一九，六）、《夜柔吠陀》、《瓦夏薩尼伊本集》（三一），以及《泰提利亞》、《阿拉笈亞卡》（三，一二）等。

（一）普魯夏（Puruṣa）有千頭、千眼、千足。彼蓋覆大地（bhūmi），猶餘十指之長。

（二）普魯夏乃是過去、未來的一切世界（sarva）。又是不死界（諸神，amṛtatva）之統理者（īśāna）。彼藉由食物（anna）而凌駕（atirohati）[41]其世界。

（三）猶如彼之偉大（mahiman）。普魯夏之力亦更為增強。萬有乃彼之四分之一（pāda），彼之四分之三（tripad）為天上（divi）之不死界（amṛta）。

（四）普魯夏以其四分之三之身上昇。彼之四分之一於此世重新生成[42]。故彼伸展於一切方所，遍於食（生物，sāśana）與不食者（無生物，anaśana）[43]。

（五）依彼（普魯夏未分化的四分之一）維拉修（Virāj）而出生，依維拉修而（開展）之普魯夏出生。其出生時，超越大地，後方與前方皆越過。

（六）諸神以普魯夏為供物（havis）而行祭祀（yajña）時，春（vasanta）為彼之酥油（ājya），夏（grīṣma）是薪火（idhma），秋是供物。

（七）以生於（世）初期的普魯夏為供物，敷草（barhis）之上，灌之以水。諸神以此行祭祀。

---

41. 或譯為「依食物而成長的世界（或不死界）之統治者」。
42. 或譯為「彼之四分之一留存於此」。
43. 或譯為「開展而形成食者與不食者」。

薩吉雅神族（Sādhya）與詩聖亦然。

（八）依其完全實行（sarva-hut）之祭祀而獲得酸酪[44]（pṛṣad-ājya）。彼[45]乃住於空中、森林、村落之畜類（paśu）。

（九）依此完全實行之祭祀，出生讚歌（ṛc）與旋律（sāman）。韻律（chandas）亦依此而生。祭詞（yajus）亦依此而生。

（十）依此（祭祀），馬等以及有（上下）二列之齒者出生。牛亦依此而生，山羊或羊亦依此而生。

（十一）彼等（諸神）及普魯夏脫離時，分成幾多部分？其口成為何者？兩腕成為何者？兩腿與兩足名為何者？

（十二）其口成為婆羅門（Brahmaṇa），兩腕是王族（Rājanya），兩腿為庶民（Vaiśya），由兩足出生奴隸（Śūdra）。

（十三）由（其）意出生月（Candra），由眼出生太陽（Sūrya）。由口出生因陀羅（Indra）與阿耆尼（Agni），由生氣（prāṇa）出生風（vāyu）。

（十四）由（其）臍出生空界，由頭顯現天界，由兩足而有大地，由耳而有方位，如是，彼等（諸神）完成諸世界。

（十五）諸神行祭祀，以普魯夏為犧牲獸而置（於祭柱）時，彼（普魯夏）（祭壇）之橛（paridhi）有七支。七橛之三倍的薪木已齊全。

---

44. 在奶油之溶液添加酸乳所成。此處是指原初之物質。
45. 意指普魯夏或諸神。或譯為「依此而有空……畜類」。

（十六）諸神依祭祀（普魯夏）而奉上祭祀。此乃最初之規範（dharman）。彼等之偉力（mahiman）可達蒼天（nāka），乃至太古諸神與薩吉雅神族所在之處。

三、哲學的讚歌之註釋

不清楚上來所揭讚歌最初是依何等順序誦出。雖然如此，若探其思想脈絡，仍得以窺出相互的聯絡關係。茲將筆者的理解揭之如次：亦即第一階段的無有讚歌中，詩人苦心探尋萬有之本源，獲得此乃「獨一存在」（tad ekam）之結論，但未能就其本相與名稱繼續推進。到了第二階段的生主歌，詩人朝唯一實在之本相進行探究，尤其是其祭拜主神之探究，從中發現此乃生主（Prajāpati）之人格神。第三階段的造一切歌，是在造一切（Viśvakarman）之名下，稍稍詳述其祭神之形相，進而意欲施以萬有神教之解釋，到了第四階段的祈禱主歌，則將原理附以祈禱主之名，企圖讓宇宙創造與祭儀之作法獲得平衡，更且綜合前揭三種讚歌之思想。最後第五階段的原人歌，是從具體的原人探求大原理，依據一神的泛神觀之立場，模仿祭儀的作法，詳細揭出萬有造化之狀況，《梨俱吠陀》的創造觀至此完成。以下依此順序一一解釋其思想。

第一，**無有歌**。其題號來自於初頌的「其時無亦無」（nāsad āsīt），《梨俱吠陀》中，唯一完全脫離神話色彩的讚歌。雖僅由七頌所成，然其詩調之優美，說相之幽玄，探究態度之深刻等等，可以說全吠陀無有出其右者。

詩人首先想像萬有生起以前之狀況，亦即初始不可名為無，或名為有，乃至名為死不死、晝夜、天空地等，若依據爾後的術語，並無一切名色（nāma-rūpa，差別相）之相，是混沌未分的暗黑狀態，換言之，是無光之波動界。此正與希臘創造神話的 Khaos 相當。雖然如此，此混沌界並不只是空，其中猶有一不知是何物卻可發展萬物的「種子」（ābhu），亦即已有太原存在。依據詩人的說法是，雖然無風（avātam），卻能自力呼吸，雖非通常的人格的存在，卻可視為具有活動力的未開展之實在。其名並無一定，以意義深厚的「獨一存在」（tad ekam）名之，雖非恰如其分，但勉強得以表現。尤其「彼」（tat）一語，在爾後的梵書與奧義書中，被用以表示「大原理」（如 tat tvam asi, etad vai tat），若與表示真理的「彼」或「彼之相」（tattvam）對照，可說是應予以注意的最早用例。若是如此，「獨一存在」是依何等原動力而發生萬有?詩人認為是依據「熱」（tapas）力。此或因於萬物之生育皆依熱氣而成，遂有此說，然就其哲學意義而言，將此解為依太原所備之力而自我發動，似較為妥當。此稍稍略似亞可普培梅所說的未生之神依自顯的 Drang 之力，一分為二而發展萬有。其結果是，最先開展的是意欲（kāma，希臘的 erōs）。此即「無」（本體）與「有」（現象）之連鎖，太原是顯現為現象的中間階級。所謂意欲，意指連綿不絕的努力尋求生存，借用叔本華所說，就是「生活意志」（Wille zum Leben），以此作為有無之連鎖，恰恰類似希臘創造神話的以愛聯絡「混沌」（Khaos）所出的 Gaia（地）與 Tartaros（下界）。意欲進而開展，即出生現識（manas）。此與叔本華所說的「表象界」（Vorstellung）相當，就客觀的立場而言，是千差萬別之現象。就實際而言，此讚歌僅就心理的發展，對於物質界等一向不予觸及，但若就原本以述說萬有生起為目的的讚歌而言，此心理的發展仍契合客觀界之發展順序。要言之，此讚歌之創造觀完全是開展說，由「獨一存在」之太原而成為意欲，由意欲而發展現識，萬有於此成立。應予以注意的是，太原雖變化為現象，然其本體之自相並未喪失。對此，詩人以譬喻表示:聖人以繩尺（raśmi）在現象界與本體界之間劃定限界。亦即原是全體的現象與本體被分成上下二部分，下部的根柢是含有精子之自性，上部的枝葉是自性發現之力用。此「限界說」與先前之「發展說」若以圖表表示，如次所列。

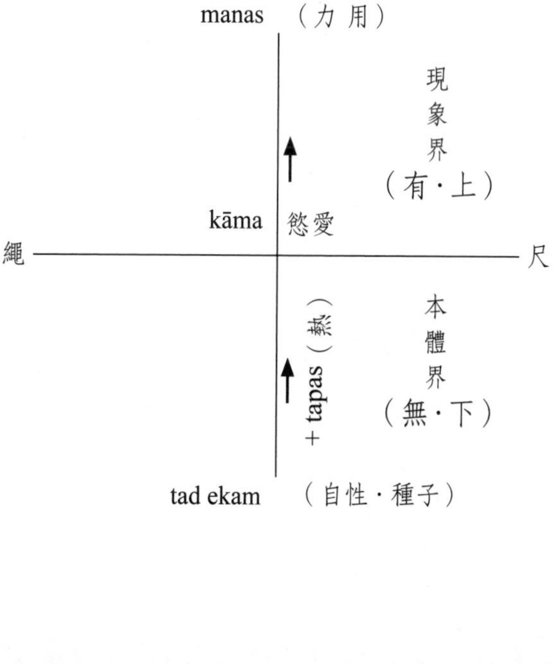

亦即其開展說並不是近代進化論的觀念，而是與新柏拉圖學派的「發生說」（Emanation theory）類似。如先前所述，一方面，是以現象界為出發點，且不將此視為「無」而探其本源，另一方面，是基於將本源視為質料因，同時也是動力因的宗教的要求而獲得的結論。加之，其生殖性的論述，猶如親之生子而親不失其體，太原出生現象而太原其自體不失。如此的觀念實是緣起論之典型，其次所說的其他讚歌之創造說都不超出此一觀念，進而梵書、奧義書的創造觀，數論派的開展說，佛教的《唯識》、《起信》等的緣起觀，都沿自此一形態。

更進一步言之，本讚歌究竟是將太原的「獨一存在」作神的寫象，或是一種勢力之寫象？就此而言，恐是作者本身亦不清楚。雖然如此，最後二頌述及太原為不可知，縱使最高之監視者（若是有最高者的話）亦不得知之，從視為位於人格神之上，以及名之為種子（ābhu）看來，與其視為是有計畫的神的實在，不如說是無意識的衝動的實在。或許有鑽牛角尖之弊，若就筆者所見，本讚歌的作者其腦中始終存在著人類是由「精液」（sperma）而發展之思想，據此而作哲學的組織與考察。亦即其所說的「獨一存在」，終究是將母胎中的精子作宇宙性的擴大，讚歌所說的「於無光的波動界中，無風而自我呼吸」之底意在此。

最後略就此讚歌對後代的影響窺之，在種種方面，都與後代思想有關，尤應注意的是，不將發展的第一原理視為人格神，故成為非吠陀主義哲學之先驅。杜遲曾指出其與數論派哲學相似之處[46]，誠然數論派所說的由非變異（avyakta）的根本自性（mūlaprakṛti）出生覺、我慢……現象界（五大十一根）等發展次第，顯然是將此讚歌的觀念以及奧義書的材料予以整理而成。但相較於數論派，筆者認為佛教的十二因緣說其根本立腳地承自此說更多。無明（avidyā）、行（saṃskāra）、識（vijñāna）、名色（nāma-rūpa）……之序列中，位列第一的無明，即含有現象界來自於一切迷妄之義，此乃基於佛教立場而作的根本性的假定，對於此「獨一存在」給予確定之意義；位列第二的行是指由此而發動的「衝動」（Trieb），所謂的「盲目意志」（Der blinde Wille）正與此意欲相當；位列第三的識，是現象（nāmarūpa）的能觀者，與此處所說的現識（manas）相當。亦即無明、行、識的順序與此讚歌之序列全然一致，不只如此，難解的十二因緣說之淵源彷彿依此得以知之。此外，《起信論》以業轉現等「三細」論述由真如而萬法隨緣之次第，縱使與此讚歌之思想並非直接，但也可說有關聯。亦即「業」相當於 tad ekam 之初動，「轉」相當於意欲，「現」相當於現識，完全合乎符節。

---

46. Deussen, Allgemeine Geschichte d. Philosophie, I. 1, S. 124.

要言之，此讚歌雖是極短篇，但就任意主義（voluntarism）之初始而言，就緣起說初期之代表而言，就含有後世種種問題的種子而言，可說是印度純正哲學之出發點。至於其措詞之巧妙，巧妙配列無有、死不死、晝夜、闇、熱、識、愛、上下、體用、造不造等對語，以及無底之深、無光之波動界、空所包含之原子、有無之連鎖、詩聖於其心探索而發現、神亦屬此世造化之後時，尤其是無風而自能呼吸之說等等，以具有詩般的美麗與哲學深遠之文字發抒其思想，如是，縱使譽之為「結合哲學與文學的雄大詩篇」，絕非過言。

第二，生主歌。普拉夏帕第為「生物之主」之義，初始是薩維多利（梨俱吠陀四，五三，二）、蘇摩（梨俱吠陀九，五，九）之尊號，但至此階段獲得獨立之神格而成為大原理之神。經由阿闥婆吠陀與夜柔吠陀，到了梵書，終於成為萬人公認之創造主。此讚歌謂此又名金胎（Hiraṇyagarbha），金胎原是太陽之人格化，從稱之為金（男），稱之為胎（女）看來，顯然是太陽生成力之具體化，總之，作為最高生殖神的生主，是將先前的「獨一存在」予以人格寫象而成。此處所述的讚歌由十頌所成，揭出作為祭主神的唯一創造神，苦心慘澹之後，終於到達生主之地位的順序。前九頌的任何一頌都以「誰是吾等應奉予供物與祭拜之神」（kasmai devāya haviṣā vidhema）作為結束，故又名「卡斯麥提瓦亞」（Kasmai devāya）歌。就此讚歌所表現的思想見之，其哲學的見地雖劣於先前的無有讚歌，然其創造支配之說則較為精細，廣涉於有情非情而作觀察。首先就作為創造神觀之，亦即造作原水（ap），胎兒（garbha）於其中出生，又出生天地以安立之，天之兩極訂定，迴流天地之天河（Rasā），海與雪山，作自己之影的不死（神）與死（人間），賦予生命、呼吸（ātman）與力等等，都是生主所為。再就作為主宰神觀之，「萬有之獨存主宰者」（bhūtasya patir ekaḥ）是生界之主，位於諸神之上位，統治二足與四足（亦即人與獸），諸神亦服從其命令，對抗之軍勢亦慴服於其恩威之下，彼能加害於人，亦能滿足信者願望，令信者成為財富主。簡言之，創作天地，出生神、人、獸類，乃至眾等之運行與運命等等，完全由生主所支配，生主是萬有之生產者，又是木工，又是主人。從中可以窺見片段表現的宇宙觀被如何統合與整理。就其創造順序見之，從第七頌的「孕育萬有為胎兒，出生火，出現大水，故諸神獨存之生命力顯現」看來，生主並不是直接生出諸神（世界或人獸都包含在內），而是初始先造作原水與胎兒，由此而出生萬有。亦即其發展順序如次。

生主 → 水／胎兒 → 神／世界／人獸

此處所說的水與胎兒，正是梵書所說「太水之中，出生金色卵子（金胎），此金胎一分為二，創造主從其中出生」的先驅思想，是無有讚歌、造一切歌、祈禱主歌都可見及的思想。可說是將生殖性的事實作宇宙性考察所產生的結果，若將水視為女胎，胎兒視為男精，則與中國的陰陽思想相似，而生主則相當於太極。

第三，造一切歌。毗首羯磨（**Vi vakarman**）是造作一切之義，如同生主，初始是因陀羅（梨俱吠陀八，八七，二）、蘇利亞（一〇，一七〇，四）之尊稱，直至第十卷才獲得獨立之神格。《梨俱吠陀》中，獻予此神之讚歌有二首，然其思想大多不出於生主歌之外。應予以注意的是，在此讚歌中，神的面貌始見清晰。第八十一篇，第三頌曰：

於一切方角有眼，於一切方角有顏，於一切方角有腕，於一切方角有足的獨存之神創造天地，以其兩腕之多翼煽之，熔接之。

此多面多臂多足之說，可說是爾後四面梵天之先驅，但此中也有將萬有全體視為大人格之傾向，由此可見萬有神的思想已趨明朗。尤其第八十一篇第六頌的「依供犧而成長時，以汝自身為犧牲，奉予地與天」之說，即明白顯示此一消息。創造的作法如先前頌文所見，大多屬於工巧性的（祭也是一種工巧觀），屢屢將神稱為創造者（Dhātṛ）或配置者（Vidhātṛ）。所謂的造一切，如其名所示，是專就工巧觀而發展之神。縱使被視為最高之神，被稱為吾父或能生者，乃至水與胎兒的問題也被探究等，但都是生殖性的。要言之，就全體而言，所有讚歌所說都是生主的。因此，到了梵書時代，造一切神所以成為生主之另一異名，並非偶然。

第四，祈禱主歌。布拉夫曼斯帕第（Brahmaṇaspati）與普利哈斯帕第（Bṛhaspati）同義，通常兩者之間並無區別，但普利哈斯帕第主要用於作具體的述說，反之，布拉夫曼斯帕第則漸次朝向抽象性的發展，到了此處所揭的讚歌中，終於成為創造神。神依祈禱而增加其神力（梨俱吠陀二，二四，一一），人依祈禱而增強其意志力（梨俱吠陀一〇，六九，九）的思想漸增，故隨同生主、造一切的思想發展，終於成為獨立的創造神。此處所揭讚歌所述極其曖昧，故真意難解，雖然如此，就得以分析者見之，顯然是將前三種讚歌之思想予以綜合。亦即生主歌之根本的水與胎兒之說、無有歌的無與有之關係、造一切歌的神舉其雙腕煽鍛天地的工巧的說明等，都雜然混入於其中。尤其作為古說泛神思想代表者的阿提提神話，更是其中樞要素。因此可以認為讚歌之作者是在充分了解先前的主要思想之下，予以大成此讚歌。依據杧暹所說，其讚歌之意義如次：

萬有之太原乃是祈禱主，彼如冶工般煽鍛宇宙。其所用材料，自己以外，並無其他，完全是由無（asat＝非變異本體）出有（sat）。此「有」為根本物質之義，此讚歌或稱此為神母（Uttānapad），或稱為天母阿提提，或名之為波（salila）。由此根本物質出生現象的地（bhūr）、空間（āśāḥ）與勢力（dakṣa），簡言之，出生天地萬有。難解的是，此讚歌指出由阿提提（根本物質）出生達庫夏（Dakṣa），同時又說由達庫夏出生阿提提。對此，柁暹予以會通，亦即從顯現方面而見，是勢力發生根本物質，若回溯其本地，不外於只是祈禱主本身之活動力，因此根本物質是由彼發生[47]。茲將本讚歌所說圖表如次。

根本原理——祈禱主＝無＝本地之達庫夏（Dakṣa）
↓
根本物質——有＝神母＝阿提提（Aditi）＝水、胎子
↓
現象界——地、空間、諸神＝現象的達庫夏（Dakṣa）

其次，此讚歌亦借用阿提提、阿提亞神屬的神話而作說明，指出阿提提捨棄其八子中之一子，亦即令其第八子 Mārtaṇḍa（太陽）留置此世界東湧西沒，阿提提自己則率其餘七子趨近於神，其精神恐與無有讚歌的繩尺說相同，亦即欲將本體與現象作區別，然八分之七為不死界之說，似較繩尺說的二分說更為進步。要言之，若將瀰漫著謎語說明的立腳地予以解剖，其實完全無異於創造觀之生主。但將先前各篇的思想披上神話性舊衣而移向祈禱主的方面，則是更為進步。後代大原理的「梵」（Brahman）不外於即是此神格之發展。

47. Deussen, ibid. I. 1. S. p143~145.

第五，原人歌。就前述諸讚歌的思想發展傾向見之，一方面是泛神的，另一方面則與祭祀有關聯，是朝向將神具體處理的方向前進。此一傾向之極致，即是原人歌。將神視為具體的，其中寓有廣大的汎神思想，為令祭祀的順序與創造的順序一致而確立其宇宙觀。普魯夏（Puruṣa）原是「人間」之義，從來不將彼視為神，但隨從小宇宙（Microcosmos）＝大宇宙（Macrocosmos）的觀念生起，亦即隨同人之本性與宇宙本性同一的觀念生起，遂將宇宙視為巨人之發現或進化，此讚歌即因此而產生。因此，在思想上，此讚歌屬於《梨俱吠陀》最終期，從其中所揭從來不得見的四吠陀之名（將chandas視為阿闥婆吠陀）以及四姓名目，後世成為婆羅門之金科玉條看來，其實際之製作顯然是在《梨俱吠陀》最終期。其大體思想如次：

太初時有原人普魯夏。彼有千頭千眼千足，其身巨大，地界於其掌握中，周邊猶餘十指。既生未生之現象界皆屬彼之一部分，其範圍僅只四分之一，其餘四分之三為不死界。亦即萬有只是實在的一部分，實在之廣大是在萬有之上，此如前所述，但直至此時，強力的泛神思想才明白顯現。將萬有視為神的思想，即是瑪魯布朗西（Malebranche）所說的「萬有在神觀」（panentheism）。此巨人並非直接顯現萬有，其之成為萬有同樣需要發展階段。亦即首先由自身出生遍照（Virāj），由遍照再生普魯夏。此處所說的遍照，恐是根本物質之義；所說的普魯夏，是意指本地的原人所垂跡之當體。此垂跡之普魯夏正是萬有發展之直接原理，諸神於祭祀儀式中，用此作為犧牲，由其燔汁而形成天地萬物。由於祭祀主義流行，因此產生將祭祀之次第比擬創造之次第的思想，從中可以窺見變形的工巧觀。此讚歌在述說祭祀之次第時，大多配合當時實際之風習，應予以注意的是，將春夏秋比擬為祭具（第六頌），此中潛藏著「時」（kāla）或「歲」（saṃvatsara）的觀念。異於先前的種種原理，此原人不是被祭拜的神，而是祭祀的材料。作為犧牲祭的結果，由原人全體所出生的，此讚歌揭出五類：（一）鳥類、家畜、野獸，（二）四吠陀，（三）人類之四姓，（四）蘇利亞（太陽）、戰陀羅（月）、阿耆尼、瓦優、因陀羅等諸神，（五）三界方位。簡言之，總括有情非情全體。由普魯夏特定部分所發展的，如次所列：

- 頭面部　由頭而出天界
  - 由耳而出方位
  - 由眼而出蘇利亞（太陽）
  - 由口而出因陀羅、阿耆尼、婆羅門族
  - 由息而出瓦優（風）
- 軀幹部　由臍而出空界
  - 由心臟而出月
  - 由雙臂而出王族
- 肢足部　由足而出地界
  - 由腿部而出庶民
  - 由兩足而出奴隸

部位對配之原則，主要是依性質之類似，但對於四姓，則以地位作為標準。

要言之，此讚歌之思想，從外形而言，只是巨人神話之類，極其幼稚，但在種種方面，則到達《梨俱吠陀》宇宙觀發展之巔峰。其一元之思想明確，泛神思想也頗為明瞭，並調和工巧的觀察與生殖的觀察（祭祀的觀察是工巧觀，而從人體發展萬有則是生殖觀之變形），將具體的原人視為太原而不懸念最上神等等，可說已將先前數段的思想完全綜合，若與無有讚歌之出發點相對照，誠然可視為此乃最後之偉觀。尤其從以人間作為立腳地而觀察宇宙看來，顯然印度思索家之眼界已逐漸由客觀界移至主觀界，此讚歌第二頌的「普魯夏依食而長養」，以及「彼乃不死性之主」，即透露出普魯夏即是靈魂的主體。以此思想作為基礎，爾後遂有由身體而心，由心而真我，由真我而大我的思想發展。

第三節　阿闥婆吠陀的哲學思想

四吠陀之中，位列《梨俱吠陀》之次，但富含哲學思想的，是《阿闥婆吠陀》。其哲學性的讚歌分量與種類之多，頗優於《梨俱吠陀》。生主（Prajāpati）之思想已臻圓熟，更有探求其上之原理的傾向，視《梨俱吠陀》所未見的中性非人格之「梵」（Brahman）為大原理的觀念也確立，總而言之，是立於較《梨俱吠陀》更為複雜的思想界之上。雖然如此，應予以注意的是，此等思想並非承自《梨俱吠陀》哲學的見地而開拓，而是採用當時的一般思想，進而加上「阿闥婆吠陀流」之色彩。從內容觀之，應與發生於梨俱吠陀末期至梵書中期的思想界相當。恐是企圖採用當時學者社會之說，用以提高自己的地位所成。故若將梨俱吠陀末期，經由夜柔吠陀而到達梵書的哲學思想當作印度哲學之本流，則《阿闥婆吠陀》之思想可說是與之並行，且常受其餘瀝而發展的傍流。從而，予以總括，在印度哲學史上給予適當地位是困難的。今基於方便，雖予以彙整而述之，然殷殷盼望勿將此視為即是全部梵書以前之思想。要言之，將《阿闥婆吠陀》的哲學思想作獨立觀察，雖具有相當價值，但對於從《梨俱吠陀》經由梵書而探索奧義書之思想者，並無太大意義。此因《梨俱吠陀》與梵書之聯絡無法掌握，以及並無其他特別不同的教義。雖然如此，以不同的術語表現相同思想，時而變化成《阿闥婆吠陀》特有的觀念，且其所說往往與佛教所傳外道之說一致等等，作為研究參考，則是應予以注意的。

無異於《梨俱吠陀》，阿闥婆吠陀哲學的出發點也是意在探索諸神之起源與世界之原因。其第十卷第七詩是在讚嘆宇宙之原理的支柱（skambha），其文曰：

彼於何者建立地界，於何者建立空界，於何者支撐天，於何者立於天之彼方（三）？

第十一卷第八詩，其文曰：

爾時（創造之前）猶無季節，無創造者（dhātṛ）與祈禱主（Bṛhaspati），無因陀羅與阿耆尼，亦無阿修溫，彼等（諸神）當以何者為最老者而禮拜之（五）。

因陀羅、蘇摩、阿耆尼由何處出生，工巧者多瓦修多利由何處出生，創造者（dhātṛ）本身由何處出生（八）。

就此等疑問見之，顯然其所探求的是萬有之原理與諸神統一的起源。不只如此，《梨俱吠陀》所未觸及的，對於人類之構造、機能、運命之疑問，在《阿闥婆吠陀》中都可見之。第十卷之第二詩是由三十三頌所成，其大部分是有關人類生理、心理、運命之疑問。茲略揭如次：

予人之兩踵者是誰？附之以肉者是誰？將兩踝、巧指、種種孔竅與中央兩烏糾拉卡[48]接合者

48. 烏糾拉卡 (ucchlaka) 無其他用例，故其意義不明。恐是指位於身體中央，左右對稱的特定部分。

是誰？作支柱者是誰（一）？

人類的諸多可愛與不可愛（priyâpriyāṇi）、睡眠、苦惱（saṃbādha）與倦怠（tandrī）、歡樂（ānanda）、喜悅（nanda），是從何處而來（九）。

對於人而言，不幸（ārti）、破滅（avati）、滅亡（nirṛti）、貧乏（amati）從何處而來？成功（rāddhi）、成就（saṃṛddhi）、不失敗（avyṛddhi）、思念（mati）、種種繁榮（uditi）從何處而來（十）。

從疑問是由外而逐漸向內看來，《阿闥婆吠陀》的疑問確實比《梨俱吠陀》更為進步。雖然如此，就解答的詳細度而言，則不如其疑問之緻密。例如對於世界之創造，其詳細度並沒有超越《梨俱吠陀》之創造讚歌多少；對於與人類有關的疑問，也只是歸於最高原理，此外並沒有其他值得注意的解答。一般而言，相較於述說，《阿闥婆吠陀》之思想不徹底，原因在於是在通俗性的本質上加入了哲理。

阿闥婆吠陀哲學之特色，並不是在於建立出最高原理，而是其命名法。亦即雖然從《梨俱吠陀》與梵書所發展的抽象的原理（或神）取得其精神，但不以此為滿足，故移向具體的物件。之所以如此，一方面因於俗人通常的抽象的觀念不能完全保持，另一方面，是《阿闥婆吠陀》特有的「小化為大」或「大化為小」的咒法精神及於此一範圍所致。如同梵書，《阿闥婆吠陀》視為標準的最高原理，也是生主與梵。更且於其述說中，雜有相當進步之思想。然而此乃採自學者社會公認之教理，並非《阿闥婆吠陀》之特性，故其說明將於後敘（本書之第二篇），此處僅就與此二原理同格或同格以上的原理予以論述。

（一）**地母**（Pṛthivī）　《梨俱吠陀》中的女神，或將地視為諸神之母，但此處之地母被視為最高神。第十二卷第一詩第一頌曰：

> 崇高（bṛhat）之真理（satya）、嚴格（ugra）之規律（ṛta）、聖式（dīkṣā）、苦行（tapas）、祈禱（brahman）、祭祀（yajña）乃地母（Pṛthivī）所支持。過去（bhūta）與未來（bhavya）之主（patnī）的地母，為吾等令吾等得廣大（uru）之境界（loka）。

空海於《秘密曼荼羅十住心論》中，揭出一類外道之說，其文曰：「或言地為萬物之因。以一切眾生萬物依地得生故……而生是見以為供養地者當得解脫」（大正藏七七，三一二中），恐是意指此說。

（二）**羅皮達**（Rohita）　Rohita 是「紅色」之義，初始意指太陽，進而意指太陽內部之神。到了梵書時代，則被視為創造神。是與金胎（Hiraṇyagarbha）異名同格之神。《阿闥婆吠陀》給予此神的讚歌有二首。即第十三卷之第一詩與第二詩。第十三卷第一詩：

> 羅皮達創造天地。爾時最上者（parameṣṭhin）張展（祭祀之）繩（tantu）。爾時一足（eka-pāda）之山羊[49]（aja）安住之。彼以其力固定天地（六）。
>
> 羅皮達固定天地。天[50]（svar）或空（nāka）因彼而得以支撐。彼測量虛空（antarikṣa）與空間（rajas）。諸神依彼而得不死（amṛta）（七）。

---

49. aja 有不生者之義。一足之山羊是指太陽。
50. 或解為「（天之）光明」。

第十三卷之第二詩指出羅皮達或是「時」（kāla），或是「生主」（三九），於一切方角有顏，一切方角有手（二六）；第十三卷之第一詩指出以地為祭壇（vedi），以天為布施（dakṣiṇā），以熱（ghraṃsa）為祭火，而創造天地有情（五二—五五）。顯然此詩之作者是知道《梨俱吠陀》的原人歌的，易以「羅皮達」之名而作更進一步的述說。

（三）**牡牛**（Anaḍvān）**與牝牛**（Vaśā）　將地或太陽視為最高原理的理由可以理解，最為奇怪且不可思議的是，以牡牛與牝牛比擬之。第四卷第十一詩是有關牡牛的讚歌，其第一頌曰：

牡牛擔天地。牡牛擔廣大虛空。牡牛擔方位與六方。牡牛瀰漫於萬有。

第十卷第十詩是有關牝牛之讚歌，其文曰：

牝牛是天，是地，是生主，一切薩提亞神族（Sādhya）或瓦司神族（Vasu）飲牝牛之乳（三〇）。若布施牝牛予婆羅門，可得全世界。此因牝牛具備規律或祈禱、苦行（三三）。

固然用以作為表徵（symbol）之牛，並非都是牛，但前揭詩文中的牛，並非只是表徵，而是與具體的牛有若干關係，此乃阿闥婆吠陀流之特色。之所以如此重視牛，完全因於自梨俱吠陀時代以來，牛是主要的財產，故被視為神聖，此乃後世「牛神聖說」之起源。

（四）**呼吸**（Prāṇa）　prāṇa（普拉那）原用以指稱人類的氣息，隨著思想進步，遂將宇宙或世界的生氣視為本源，是最高之原理。此乃自然發展而成，到了梵書已頗為進步。第十一卷第四詩（二十九頌）的「歸命普拉那，萬有受彼支配，彼為萬有之主，萬有安住於彼之中」為首，有如是的讚嘆：「普拉那是死，是熱病（takman）……」（一一）、「人云：普拉那是維拉修（Virāj）、普拉那是提修多利（Deṣṭrī）。萬有尊崇普拉那。普拉那是太陽、是月。普拉那是生主（Prajāpati）」（一二）、「於眠者之中，醒覺而不橫臥。未曾聽聞眠者之中，彼亦眠」（二五）。

（五）意欲（Kāma，卡瑪）　就《梨俱吠陀》而言，將憤怒（manyu）、信仰（śraddhā）等心理狀態視為神的情形，並不少見，尤其將意欲視為無有之連鎖，是創造之原理，但在《阿闥婆吠陀》中，則給予最高神之資格。第九卷第二詩曰：

> 意欲最早出生。諸神或祖靈，或人類，皆不及於彼。相較於彼等，意欲！汝為年長者[51]，常是偉大。吾歸命於汝（一九）

雖然如此，崇拜意欲之動機，與其說是視其為創造原理，不如說是欲藉其偉力而降伏怨敵，除去惡神與惡夢。希臘的愛羅斯（亦即邱比特）是戀愛神，而《阿闥婆吠陀》的卡瑪則是三重堅甲護身，手持武器的戰神。爾後的魔王、欲天（Kāmadeva）實由彼發展而成。

（六）時（Kāla）　對於創造之順序，《梨俱吠陀》的原人歌曾以春夏秋表現「時」的觀念，此等思想逐漸成熟後，到了《阿闥婆吠陀》，遂成為獨立之原理。此與梵書將「歲」（saṃvatsara）視為與生主同格的思想相同。第十九卷第五十三詩的七與八頌曰：

> 時之中有意（manas），時之中有呼吸（prāṇa），時之中攝名（nāman）。時若到來，此等生

---

51. 或譯為「卓越」。

類皆歡喜（七）。

時之中有熱力52（tapas），時之中有最高存在（jyeṣṭha），時之中攝梵53（brahman）。時是萬有之主，是普拉夏帕第（生主）之父（八）。

此類思想雖具有意義相當深遠之哲理，但也有不作如此抽象的論述，僅只將「時」比擬為拖曳載日之車的馬。對於將「時」視為原理之見解，後世的《修維達修瓦達拉奧義書》曾予以駁斥（十二），《邁伊拉亞尼卡》則予以採用（六，一四—一六），佛教亦屢見批評。《外道小乘涅槃論》所揭第十七時論師之說如次：

一切物時生，一切物時熟，一切物時滅，時不可過。（大正藏三十二，一五八上）

（七）殘饌（Ucchiṣṭa）　《梨俱吠陀》已有將祭拜與創造同視的傾向，到了《夜柔吠陀》與梵書則臻於頂端，《阿闥婆吠陀》承其氣運，更進一步，將祭膳的殘餘視為大原理。殘饌是祭祀終了，施主與僧侶分食之物，認為祭祀的目的因此得以成就，但最後卻被視為祭祀之究竟物。第十一卷第七詩一頌曰：

名色（nāma-rūpa）存於殘饌，世界也存於殘饌，因陀羅、阿耆尼或萬有皆殘饌所攝。

52. 創造之原動力。與「苦行」之原語相同。
53. 梵，原指祈禱時內在的神秘的偉力，但就哲學而言，是指最高之存在。

進而天地、萬有、太陽、月、風（第二頌）、三吠陀（第五頌）等，皆以殘饌為所依，因而如此讚嘆：「殘饌是父之父。生氣（asu）之孫，祖父。彼乃萬有之支配者（īśāna）。作為牡牛，在大地之頂上（atighnya）」（一六）、「諸神或祖靈，或乾闥婆（Gandharva），或阿普薩拉斯（apsaras），或一切住於天上界之神，皆依殘饌而生」（二七）。如是重視殘饌，相當不可思議，柁暹認為此乃殘饌轉至現象之餘，亦即移用於實在的喻說[54]，但若依據阿闥婆吠陀流之慣例，不作如此鑽牛角尖的解釋，其義也通。

（八）**梵行者**（Brahmacārin）　「梵行者」為吠陀學生之義，用以指稱於一定時間，在師長（guru）座下學習吠陀，修苦行的人。將「梵」（Brahman）視為最高原理之思想已奠定，將「苦行」（tapas）視為創造的原理之說確定時，《阿闥婆吠陀》的詩人遂將修苦行而臻於梵的學生視為創造神活生生的代表。一一、五曰：

> 梵行者先於梵出生，依以熱為衣服之達帕斯而生。依彼，梵之本體（brāhmaṇa）、最高梵、一切諸神、甘露（amṛta，不死）皆得以出生（五）。
>
> 梵行者是梵、水、世界以及最上者（parameṣṭhṃ），出生遍照者（virāj）之生主，作為胎兒，宿於不死之胎內，成為因陀羅，粉碎阿修羅（七）。

（九）**支柱**（Skambha，斯康帕）　《阿闥婆吠陀》從各種物體中探求最高原理，其所達最高遠

54. Deussen, Allgemeine Geschichte d. Philosophie. I. 1. pp.306~7.

之域，即是斯康帕。skambha 為「柱」之義，從能支持物而得名，詩人給予此語偉大之意義與論述。對此之讚歌有二首（一〇之七與八），總共由四十四頌所成的二首讚歌中，前者較勝。此詩之作者顯然是於支柱之名下，將《梨俱吠陀》之原理的生主、原人，以及梵書中的圓熟的梵進一步予以統合。一〇、七、一七曰：

知人類（puruṣa）中之梵者，是知最上者。知最上者，知生主，又知最上梵之本體者，皆知支柱。

亦即梵、生主等無非支柱之異名，若知一，則其他皆知。將金胎視為最上神之信仰，見於第二十八頌：

人人皆知金胎為不可說之最上者，雖是如此，（實則）太初時，支柱注其金於世界中。

顯然意欲於現象的創造神以上建立最高原理。此外，異於《阿闥婆吠陀》的屢屢批評從來的信仰，本讚歌認為被俗人信為最上的，都只是支柱之一部分。其所展現的折伏與攝取等兩方面，具有特別予以注意的價值。如是，在此原理之下，以從來的最高原理為首，於其下所發展的世界、諸神、聖人、三吠陀、苦行、信仰等都被統合於支柱之一部分，據此而建設其廣大之泛神觀。但若依吠陀之立場見之，也只是將先前的原理予以綜合推進而已[55]。

55. 以上所說明的九個項目中，(三)的牡牛除外，《世界文學全集》四、四八以下載有辻直四郎所譯的其他讚歌。

第二篇

梵書（Brāhmaṇa）

第一章　總說

一、梵書時代　印度雅利安人種所以離開五河流域而移住於中土，是民族膨脹使然，由於種種原因，其移住後的數世紀，在思想界方面，是沉滯不前的。氣候風土不同，無法一如往昔的處處感得天然諸神恩威，因此，梨俱吠陀末葉所表現的哲學傾向完全無法推進，換言之，由於彷徨於其中，導致宗教家僅專注於形式，尤其僅著重於祭儀整理，完全無法作率直清新之思索。梨俱吠陀時代雖著重於祭祀，但並非視此為宗教之第一義諦，但到了此時，可以說已將祭祀視為宗教之第一目的，不只緻密地規定其作法，對於一舉手一投足，也一一附予意義，進而認為無論神或人或世界，都是為了祭祀而運作，為了祭祀而存在。無論人生觀或世界觀，都被吸收入於祭祀中，一步亦無法脫出其圈外。之所以如此，氣候風土影響之外，如當時的敘事詩所顯示，當時有擴及全土的大內亂，強大的剎帝利族人無暇顧及思想界事象，而教學之權完全由婆羅門掌握，但原先具有保守傾向的宗教家僅以教權傳承為其宗旨，壓抑進步的思想，將之閉鎖於傳承的祭儀中，也是原因之一。此即所謂婆羅門教確立之時代，婆羅門於此時樹立可稱為三大綱領的吠陀天啟主義、祭祀萬能主義與婆羅門至上主義之教義。無庸贅論，其之所據是當時由彼等所編纂（非製作）的「梨俱吠陀本集」、「沙摩吠陀本集」（以及阿闥婆吠陀本集），進而以開啟時代思潮之序幕的《夜柔吠陀》以及令其思潮圓熟的「梵書」（Brāhmaṇa）等諸多神學書鞏固根柢。梵書將《夜柔吠陀》之特質更予以發揮，以散文方式對於有關祭祀之事項，一一附上因緣、故事、來歷而作解釋，婆羅門的理論基礎由此確立。

因此，就文學史而言，此一時代又名梵書時代。其年代包含《夜柔吠陀》在內，恐是西元前一千年前後至西元前五、六百年之間。

二、梵書的聖典地位　四吠陀之本典，若依佛教之例，換言之，如同將佛之所說視為經典，則梵書相當於以經典為根基的論部。詳言之，四吠陀之本典都是祭祀所用，但在使用各各本典之際，給予解說性說明的，就是梵書。亦即梵書是附屬各各本典的神學書。從而就整然的形態而言，各各吠陀之夏卡（枝派）以各具一梵書為通則，但就初始而言，應是從《夜柔吠陀》所發展出的。亦即從「黑夜柔吠陀本集」的組織推定，初始婆羅門於教授弟子時，與儀式有關聯的神學的意義亦一併述說，逐漸相承而被聖典化，其他三吠陀派仿傚之，各自製作獨自之梵書，最後終於成為一代風潮。就此而言，無本典與梵書區分的「黑夜柔吠陀本集」既能顯示由本典移至梵書的經過，同時也顯示出梵書的最古形式。之所以將此名為梵書，不能確定究竟是四祭官中的「祈禱者」（brahman）作為監督，需要有神學的知識？或因於「梵」具有神聖之意義，故將梵書當作是聖書或秘書？總之，到了後世，如同本典，是被當作「天啟」（śruti）而看待，是無異於神聖的權證。

三、現存梵書　吠陀各派各有各自的梵書傳持，因此，就原則而言，梵書之數量應等同於吠陀之學派，進而徵於現存梵書所引用其他諸多梵書之名，亦得以推知其數量之多。雖然如此，迭經歲月，隨著學派衰退，其派所傳梵書亦告消失，今日所留存的，僅只如次所列十七部而已。

本集	梵書名	枝派
梨俱吠陀（二）	一、愛達雷亞（Aitareya）	愛達雷因派
	二、襄卡亞那，別名卡烏西達其（Śāṅkhāyana, Kauṣītaki）	卡烏西達琴派

- 沙摩吠陀（九）
  - 一、旁遮溫夏，別名單提亞（Pañcaviṃśa, Tāṇḍya）
  - 二、夏多溫夏（Ṣaḍviṃśa）
  - 三、姜多其亞（Chāndogya）
    - （一至三）丹廷派
  - 四、夏伊彌尼亞，別名達拉瓦卡拉（Jaiminīya, Talavakāra）　夏伊彌尼亞派
  - 五、瓦夏（Vaṃśa）
  - 六、薩瑪維達那（Sāmavidhāna）
  - 七、提瓦達提亞（Devatādhyāya）
  - 八、參喜多帕尼夏多（Saṃhitopaniṣad）
  - 九、阿魯協亞（Ārṣeya）
- 夜柔吠陀（二）
  - 白夜柔吠陀（Śatapatha, 百道梵書）　瓦夏薩尼伊派
  - 黑夜柔吠陀（四）
    - 一、泰提利亞（Taittirīya）　泰提利亞派
    - 二、卡達卡（Kāṭhaka）　卡達卡派
    - 三、卡披希達拉卡達卡（Kapiṣṭhala-Kāṭhaka）　卡披希達拉卡達卡派
    - 四、邁伊多拉亞尼亞（Maitrāyaṇīya）　邁伊多拉亞尼亞派
- 阿闥婆吠陀（一）　瞿帕達（Gopatha）

此中最古老的是，被收入《黑夜柔吠陀》中，尤其不是作為梵書的獨立部分，其次是同樣附於《黑夜柔吠陀》的「泰提利亞本集錄」後半部的《泰提利亞梵書》、《沙摩吠陀》的《旁遮溫夏梵書》（*Pañcaviṃśa* ＝二十五，由二十五章所成）。相較於《梨俱吠陀》的《愛達雷亞梵書》、《卡烏西達其梵書》，以及《沙摩吠陀》的《夏伊彌尼亞梵書》，新的《白夜柔吠陀》的《百道梵書》是更為後世的產物。又，屬於《沙摩吠陀》的《夏多溫夏》（*Ṣaḍviṃśa* ＝二十六）與《姜多其亞》都可視為是《旁遮溫夏》之續篇。《瓦夏》以下的短篇雖有梵書之名，但事實上，只是空想的述說《沙摩吠陀》之詠歌法與功德，與《阿闥婆吠陀》的《瞿帕達》都是最終期之產物。尤其從《瞿帕達梵書》、《瓦伊達那經書》（*Vaitāna-sūtra*）之蹤影可以推見，因此應是經書成立以後，依其體裁而製作的。

此等梵書，無論量或質，占有最重要地位的是《百道梵書》，歐登柏格認為在吠陀文學上，彼所具意義僅次於《梨俱吠陀》。在《東方聖書》中，艾格林克（Eggeling）所以英譯其文數篇，其因在此。不清楚此等梵書之製作地，若從可了解的部分看來，未必成立於同一地方，但大體上，應是以中土，亦即以恆河之西北地區為中心。此依《百道梵書》屢以俱盧作為神之祭壇，主張此地為聖地，可以推知。

四、梵書之內容　各梵書所說未必得以調和，但大體上，彼此共通之處相當多。依同類的某一梵書觀之，即可大略得知其他梵書內容。彼此都是以祭儀為中心，附予相當之意義，述說神話，又述說故事，論述瑣細之儀禮之餘，亦觸及宇宙之太原，故內容頗為雜然。可以看出婆羅門意圖藉此結合《梨俱吠陀》末期所發生的哲學思辨與保守的民間信仰，以祭儀作為契合點，將高的思想與低的俗信予以總括。後世註釋家曾將所有梵書的內容作區分，揭出如次三種項目。（一）儀規（vidhi），

（二）釋義（arthavāda），（三）極意（vedānta）。所謂儀規，是指儀式作法之規定；所謂釋義，是指其儀規與文字意義的解釋；所謂極意，是指吠陀研究之最後目的的哲學說明。誠然是非常恰當的分類，既有實際的祭儀，又有神學的解釋，時而交雜與宇宙人生有關之論述。固然位列第三的極意（吠檀多），通常解為意指「附於梵書之末的奧義書」，但梵書本身（奧義書除外）既然含有哲學思想，則以上的三種分類，應是適合梵書全體。

因此，對於梵書之探究自然分成三個部分（儀規、釋義、哲學），但在本書，筆者稍作改變，是以第一梵書之神觀及其傳說、第二梵書的實際的方面、第三梵書的哲學等三章述其內容。

第二章 梵書之神觀及其傳說

大體上，萌芽於《梨俱吠陀》終期，至《夜柔吠陀》而圓熟的神觀，正是梵書之神觀。其特質是，居古代神界中樞部分的天然神逐漸喪失其天然色彩，改隸屬於新的抽象神（原理）之下，而神格尚不明顯的下層神其地位逐漸昇高，但同樣屬於抽象神之下。生主（Prajāpati）、祈禱主（Brahmaṇaspati）、造一切者（Viśvakarman）等受歡迎的程度，仍在第一流的地位，但魔神阿修羅、惡鬼、羅剎、幽鬼、畢舍遮等也被接受。之所以如此，如先前所述，一方面是氣候變遷，另一方面則是吸收下層信仰與下流信仰所致，尤其是信奉蛇神，祭典上所用的木石、太鼓、供物等都被神格化，又將諸多語言之內容都視為神等等，都有採用阿闥婆吠陀的信仰之傾向。總而言之，相較於梨俱吠陀的時代，梵書的諸神都帶有人格的色彩，同時其品格也相當低落。例如瓦魯納雖是司法神，但有時也接受賄賂；又如阿耆尼雖是清淨神，但有時也有非梵行的表現。先前給予光與熱的恩神太陽，今被視為死神，存在於太陽之內的「死」，令人畏懼；天國之主的耶摩也被當作是死之象徵而被厭怖。又，此時代的特徵之一是人為的廢合神之風習，甚至將《梨俱吠陀》的「卡斯邁提瓦亞」（Kasmai devāya）歌作無理的曲解，將力（Ka）或卡亞（Kāya）等當作生主之異名〔泰提利亞本集一，八，三。瓦夏薩尼伊本集二四，一五。愛達雷亞梵書三，二一，一。百道梵書四，五，六，四。六，四，三，四。一一，五，四，一。（Prajāpatir vai Kaḥ。同，六，二，二，五 Ko hi Prajāpatiḥ）〕。要言之，梵書的神觀完全是形式的人為的，其方向是徘徊於墮落與向上之間，從而對於神的敬畏態度，不如往昔，而是講究如何利用古來的或新造的神。取代梨俱吠陀詩人的嘆美畏怖，宗教家之任務是解釋其效用、由來、地位等，最為明顯的是，例如在《梨俱吠陀》中，有太陽之稱號的「金手」（Hiraṇyapāṇi），原是自然的美稱，但在梵書，卻解釋為太陽嘗喪失其手，故以黃金之手予之。

受貫串全篇的表徵主義（symbolism）之風潮所驅，將諸神作分類並與種種事象對配的態度，幾近於不知歇止。例如作為天空地之代表神，揭出蘇利亞、瓦優、阿耆尼（邁伊多拉亞尼亞本集四，二，一二謂以上三神是生主之子）；用以對配種姓時，祈禱主（Bṛhaspati, Brahmaṇaspati）是婆羅門族之保護神；因陀羅、帕拉那是剎帝利族之保護神；一切神（Viśve devāḥ）是吠舍族之保護神，而首陀羅族無保護神（旁遮溫夏六，一）；與時候對配時，春夏雨期是神期，秋冬露期是祖先（pitṛ）期；對配晝夜時，晝是神時，夜是祖先時；對配一日時，午前是神時，午後是祖先時（百道二，一，三，一。二，四，二，八）。又對配四方時，東方是神處，西方是蛇處，南方是死者處，北方是人處（同．三，一，一，六—七）。將祭儀之次第與萬有所作的對配，實不勝枚舉，甚至將祭儀之順序與宇宙創造之順序等同視之，最後遂成為哲學問題。將不同的事物視為相同之風習雖早已行於印度，但到了梵書時代，更加濫用，此一傾向亦波及於神觀。例如將阿耆尼、瓦伊修瓦那拉（Vaiśvānara，普遍的）視為地神（Pṛthivī，同．三，八，五，四。一〇，六，一，四），又是營養神之普項（Pūṣan，同．二，五，四，七），其所持理由是，如地之養物，普項亦能養物，故地神同於普項；又，地是普遍的，阿耆尼也被稱為普遍，故地神是阿耆尼。如此流義之論法亦適用於主神、生主，幾乎是欠缺常識的，將種種物視為相同，令人懷疑思辨家的頭腦是否健全。所謂的梵書的釋義（arthavāda）即是指稱此類的說明法。

乘此給予神人工解釋之風潮，為說明種種事象，故以神為根柢，構成諸多傳說，更是梵書時代的一種特色。此中的傳說本身不僅很有趣味，且與後世的古傳（Purāṇa）關係頗深，茲揭出如次數項。

（一）**悲哀與夜**　耶摩死時，既是其妹又是其妻的閻彌（Yamī）悲痛萬分。諸神雖予以慰問，然其記憶常新，常有「彼今日死」之記憶而啼泣不已。為此，諸神相謀造作「夜」。一夜既明，即成翌朝，閻彌果然忘其哀傷，不復有「彼今日死」之言。世人所說的晝夜能忘記苦痛即出自此一故事[1]（邁伊多拉亞尼亞本集一，五，一二）。

（二）**山與羽翼**　初始山有羽翼。飛迴四方，故常有地震。因陀羅憂之，斷其羽翼，至此，地才確立。彼所斷羽翼成為嵐雲，故與山永不相離[2]（同・一，一〇，一三）。

（三）**瓦魯納與祭**　人猶幼弱時，瓦魯納常出而捕食之。阿耆尼與因陀羅為救之，令避於生主座下。瓦魯納為之大苦，遂以特定之祭賄賂阿耆尼與因陀羅。二神遂將人類還予瓦魯納（同・一，一〇，一〇）。

之所以產生如此的傳說，雖說是為表現祭祀之效果，但另一方面也顯示瓦魯納神格之墮落，以及阿耆尼與因陀羅的利己之心。

（四）**阿耆尼之非行**　梵行者（brahmacārin，吠陀學生）的阿耆尼曾去拜訪瓦魯納。瓦魯納不在家中，唯其妻獨處。阿耆尼與彼女犯非梵行，待其師瓦魯納歸來，阿耆尼向其師坦承己之所行（同・一，六，一二）。

---

1. 辻直四郎譯（世界文學大系四，印度集六四頁。世界古典全集三，吠陀一四五頁）。
2. 辻直四郎譯（文學大系六四頁。古典全集一四五頁）。

此一傳說雖是有關婆羅門不可犯非梵行，尤其師之妻室更不可犯之條規，但也顯示出攘穢者阿耆尼其神格之墮落。

上來所揭主要是《黑夜柔吠陀》散文中的故事[3]，到了更純粹的梵書，諸如此類的傳說相當多。大多是為述說祭典由來與效能而產生的，雖然如此，其中所寓涵的哲學意義足堪玩味。

（五）那集克達斯之傳說　有一名為瓦夏修拉瓦薩（Vājaśravasa）者，彼執行一切祠（sarva-medha）之修行，將全部財產供養神與婆羅門。彼有一子名為那集克達斯（Naciketas），問其父曰：將我予誰？連問三次。父怒而答曰：以汝予死（Mṛtyu）。故那集克達斯趨往死神住處，死神不在居所，經三夜才歸來。死神問彼曰：已待幾夜？答曰：三夜。死神更問：其間何所食？那集克達斯答曰：第一夜食汝子孫，第二夜食汝家畜，第三夜食汝善業，此乃吾父預先所教。

死神聞其所答，大為尊崇，告曰：「若有所求，三條之內，滿汝所願。」那集克達斯遂提出如次三願：(1) 還歸父處，(2) 教示不壞之祭與善行，(3) 免於再生之法。死神允諾，令彼歸返，又教以那集克達斯火祭法（即第二第三之方法）。基於此因緣，任何人只要實行那集克達斯火祭，積累不壞之善行，皆得免於再生（泰提利亞三，一一，八，一—六）。

此一故事主要是為述說那集克達斯火祭其效能之由來，但爾後在《卡達卡奧義書》中，內容稍作變化，成為文學史上頗為有名的故事。在此故事中，暗示梵書時代已有再生思想，亦即已有輪迴思想，因此在思想上，含有應予以注意的要素。

---

3. Schroeder, Indiens Literatur und Cultur. S. 141~145.

（六）修那協帕（Śunaḥśepa）的故事　甘蔗氏（Īkṣvāku）諸王之中，有一名為哈利修姜多拉（Hariścandra）者，彼悲無世繼之子，故立下將以所生之子為犧牲之誓約，向瓦魯納乞求一子。瓦魯納允諾之，授以名為「羅皮達」（Rohita，紅）之子，且逼其履行所約。王不忍行之，請求猶豫十日；十日已過，更乞猶豫至生齒期；生齒期已過，又乞延至落齒期，如是，獲得延至及冠時期。不得已，欲將愛子羅皮達奉予瓦魯納，羅皮達懼之，攜弓與矢，逃避於山林。王因不履行誓約，遂罹患水腫病。羅皮達聞之，欲由山林返家，因陀羅顯現僧身，教彼曰：勿歸家，應遊行四方，依其功德，罪科自滅。羅皮達如其所言，巡遊四方。六年後，適逢攜三子而為飢渴所逼之婆羅門，遂以牛百匹易其次子修那協帕（Śunaḥśepa）。以彼代己奉予瓦魯納。瓦魯納曰：相較於剎帝利種，婆羅門種更勝，故可應此需。遂以維修瓦米多拉為祭官，以修那協帕為犧牲，但無人能縛之於柱上。彼貪欲婆羅門更得百牛而縛之，又予百牛，以令屠之。修那協帕將被殺時，向生主求救，生主推薦阿耆尼，阿耆尼更推薦他神，如是輾轉求遍一切諸神。依此功德，縛繩自斷，修那協帕終得全身而退，而哈利修姜多拉王之水腫病亦告痊癒。修那協帕的篤實，令維修瓦米多拉祭官大受感動，欲收養為己子，其百子之中，五十人贊成，五十人反對，反對的五十人被逐，維修瓦米多拉終於收養修那協帕為養子。當時蠻人中的案達羅人（Andhra）、噴多羅人（Pundra）、夏帕拉人（Śabara）、普林達人（Pulinda）、穆提帕人（Mūtiba）等，實是此等被放逐者之子孫[4]（愛達雷亞梵書七，一三）。

梵書中，此一故事最為有名，且篇幅最長。婆羅門視此特為神聖，在國王之即位式中，規定必

---

4. 辻直四郎譯（文學大系五四頁。古典全集一三三二頁）。

然講述此一故事。此因在此故事最後，梵書有如此的結論：「若國王僅聽聞此故事，其罪自滅。若婆羅門講述此故事，應以千牛布施之。」

（七）摩笯的洪水故事　某日摩笯（Manu）欲淨其身，水中有一小魚，入其手中，懇願曰：救我，余亦救汝。摩笯取小魚納入瓶中養之，及其長大，放入池中，更放之於海。此即是名為嘉夏（jhasa）之大魚，臨別時，語摩笯曰：「此夏有大洪水來，將滅一切有情。余將救汝。當作船，以待余至。」及夏，果有洪水來，依其所教，作船待魚至，魚果來，縛船於其角，拖船航向北方高山，最後船繫山上之樹。待大洪水減，摩笯徐徐下山，爾後稱其下山之路為「摩笯下山之道」。一切生類皆因洪水而滅，摩笯欲再得子孫，行祭祀與苦行一年，水中出生一名為伊拉（Iḷā, Iḍā）之女子。伊拉告摩笯曰：「余乃是幸福，用余以祭，能得子孫與家畜，其身亦得幸福。」摩笯如其所教，故此世多得子孫。今所以稱人類為摩笯之子，其因在此。所謂的「摩笯之女」，實是今日之伊拉祭。故若行伊拉祭，任何人皆能得子孫與幸福[5]（百道一，八，一—一〇）。

此一故事被收入於《摩訶婆羅多》中，魚是梵天所化，《薄伽梵歌古傳》（*Bhāgavatapurāṇa*）亦收有此一故事，但將魚視為毗濕笯化身，是頗為有名的故事。與伊斯拉耶魯（猶太）的諾亞洪水類似，故或說此乃從伊斯拉耶魯輸入，但無與此有關之證據。若與中國大禹的洪水說相對照，顯然是廣布於全世界的故事，然其本源地不明。

（八）語與意之爭　關於地位之優劣，心（Manas）與語（Vāc）曾起爭執。心曰：我必然勝汝。

---

5. 辻直四郎譯（文學大系五八頁。古典全集一三六頁）。

此因我若不了解者，汝亦不能知。汝僅只倣我所作，隨我足跡而已。對此，語抗辯曰：我必然勝汝。此因汝之所知，皆由余所通告宣明。二者相爭不決，遂向生主乞其判斷。生主判曰：心實勝語。語是心所行之模倣者，是接踵者。一般而言，模其行，踏其跡者，確屬於劣者。語遂恨生主曰：我因汝而墮負，爾後絕不運供物予汝。世人奉供養予生主時，之所以低聲行之，即因於語不肯運供物予生主所致（百道一，四，五，八—一二。泰提利亞本集二，五，一一，四）。

恐是祭拜生主時，低聲行之，遂產生如此牽強附會的故事，但應予以注意的是，語與意之爭中，潛藏著有關思想與言語孰先孰後的哲學問題。若思及希臘邏輯（logos）哲學所持語言有優先權的主張，此一故事之背後，實含有不能忽視的偉大的哲學意義。

第三章　梵書之實際的方面

此章所述的婆羅門之特權、修學、司祭之制、主要的祭儀等，都被認為成立於梵書時代，是屬於婆羅門教的實際方面。雖然如此，但若欲詳予研究，有必要涉及次期產物的諸般經書，因此，基於方便論述，此一方面，擬留待本書的第四篇再作論述。但為令讀者了解婆羅門教最重要的種種制度大略成立於此時代，故仍設此一章目。

第四章　梵書的哲學

第一節　概觀

梵書的哲學並非以哲理的探究為目的而發生，而是因於對於祭祀給予符徵的意義，將各異的事物等同視之，由此自然觸及至梨俱吠陀終期所發生的中心原理是為探尋此原理而生起的。從而其之所論，常不脫一流特色，亦即披上以祭祀為中心的故事或擬說之外衣，故其真意不容易掌握。其思想系統也相當雜駁，雖有高尚原理，但也交雜低下的內容，淺近事物中又含蘊卓越高尚的思想等，幾近於令人無所適從。不只如此，其相關史料雖然相當多，其實只是原理之名不同，大抵是以相同口調論述相同思想，其內容相當貧乏，甚至也有令人相當失望的。對於此一方面的材料，柁暹的「相當多又相當少」之評論[1]，誠是透徹之言。雖然如此，但若耐心整理此等材料，從中仍可發現較《梨俱吠陀》相當進步的思想。《梨俱吠陀》尚未完成的教理，此時大致已呈定形，進而也可以與奧義書相互聯絡。就此而言，梵書的哲學思想實具有重要地位，若不了解，則不能了解婆羅門教的一般特質，當然亦不能了解奧義書。總之，梵書的哲學思想史的特色在於聯絡《梨俱吠陀》與奧義書。故對於亂雜材料的處理方式，亦應以此為標準而作整理。

1. Deussen, Allgemeine Geschichte d. Philosophie, I. 1. S. 175.

梵書哲學思想之綜合的研究，柁暹的《一般哲學史》（一，一）之外，另有歐登柏格的《梵書之宇宙觀》（*Die Weltanschauung der Brāhmaṇa Texte, Göttingen*, 1919）。

作為創造神或主宰神，見於《梨俱吠陀》的原理，主要的，是生主、造一切者、祈禱主、原人等四種，在《阿闥婆吠陀》中，主神的思想雖有動搖，然其根柢是生主與梵（**Brahman**）。如後文所述，奧義書最大的目的在於主張梵與我（**Ātman**）之同一。因此生主、梵與我可以說是從《梨俱吠陀》前進至奧義書之間的大原理代表者。而梵書正顯示出此間的推移與經過，由於將異物視為相同，原理之建立法一再動搖，雖然如此，但作為原理中之大原理，起初是生主，中期是梵（**Brahman**），最後是我（**Ātman**）。亦即初始直接與《梨俱吠陀》聯絡，中期立特有的神學的原理，最後終於開啟奧義書思想之端緒。《百道梵書》以同一口調述說此三種原理：

Prajāpatir vā' idam agra' āsīt「初始唯有生主」（一一，五，八，一）。

Brahma vā' idam agra' āsīt「初始唯有梵」（一一，二，三，一）。

Ātmaivêdam agra' āsīt「初始唯有阿特曼（我）」（一四，四，二，一）。

亦即用於生主之句，改以梵、我替代。此三者原先只是同一原理之異名，名稱改變，終究表示其哲學思想轉變，因此，其變遷是應予以相當注意的。柁暹認為此即代表梵書時代原理思想變遷的三個時期[2]。即：

2. Deussen, ibid. S. 180.

第一期 承繼《梨俱吠陀》之生主而作為最高原理之時期，是梵書之初期思想。

第二期 捨棄生主之位，出自於《梨俱吠陀》的祈禱主（Brahmaṇaspati）的梵（Brahman）達到最高位，是梵書圓熟期之思想。

第三期 作為梵之異名，由《梨俱吠陀》的原人發展出的「阿特曼」（我）逐漸抬頭，「梵我同一說」萌芽，是梵書終期之思想。

就原理的性質而言，此三期又可稱為神話期（生主）、神學期（梵）、哲學期（我）。此因「生主」雖是抽象神，但神話的色彩強烈；「梵」是祈禱之抽象化，顯然是神學的產物；「我」純然出自思索的原理。此下擬就此三種原理，探察其發展順序。

第一節　初期──生主

生主首見於《梨俱吠陀》第十卷，是造作水而成為金胎，生長萬物，賦萬物以生命並統領萬物之最高神。梵書初期亦承繼此思想，且對於其之創造與統領，給予更為精細與具體說明。梵書中，言及生主創造的，數量相當多，茲揭出其中的二種作為例示。《愛達雷亞梵書》五、三二曰：

生主如是思忖：我今將繁殖，我欲數多，故自起達帕斯（tapas，熱），依此熱而作此世。由此而成天空地等三界。彼溫此世界。三光由其溫而顯。火（Agni）依地而生，風（Vāyu）依空而生，日（Āditya）依天而生。彼更溫此光，由此生三吠陀。梨俱吠陀由火所出，夜柔吠陀由風所出，沙摩吠陀由日所出。更溫此吠陀而三光明現。普魯（bhūr）由梨俱吠陀所出，普瓦魯

（bhuvar）由夜柔吠陀所出，斯瓦魯（svar）由沙摩吠陀所出。更溫此光明而三字（varṇa）顯現。此即 a、u、ṃ 等三字。彼結合此三字而得唵（oṃ）。故人皆唱唵（oṃ）唵。唵乃住於天之主。生主欲行祭而布其供物，執此供物，奉此供物。以梨俱吠陀行勸請者（Hotṛ）之事，以夜柔吠陀行行祭者（adhvaryu）之事，以沙摩吠陀行詠歌者（udgātṛ）之事，依三吠陀之智而行祈禱者（brahman）之事。

《旁遮溫夏梵書》六、一曰：

生主如是思忖：我欲數多，我今將繁殖。彼見蘇摩祭（agniṣṭoma）。取之，用以作此生類。彼口所出讚歌詩調為嘉亞多利（gāyatrī），應此之神是阿耆尼，人是婆羅門，時是春。由其胸所出讚歌詩調為多利希多普（triṣṭubh），應此之神是因陀羅，人是王族（Rājanya），時是夏。由彼股間所出詩調為夏卡提（jagatī），神是維修維提瓦哈（Viśve Devāḥ），人是吠舍，雨時與此相應。由彼之足所出詩調為阿笈西多普（anuṣṭubh），人是首陀羅，神則缺之。故首陀羅雖有家畜，然不得供犧牲，亦無護持之神。

前者所說是生主位在高位，順次發展三界等等；後者採用《梨俱吠陀》原人歌之思想，敘述現象界從生主身體之各部漸次發生。以散文方式敘述，故得以自由表述；但內容上，完全是形式的對配的，其間完全不具新的思辨力。只是假托世界創造而毫無道理地述說祭祀之用語、用僧與社會制度之起源。就哲學思想而言，並不值得談論，但從中可以窺見企圖將唯一生主視為一切萬有之太原。《百道梵書》（八，四，三，二〇。九，四，一，一二）明白指出生主作現存於世的一切，進而亦明言彼即是一切（五，一，二，一〇）。創造的順序並沒有超越《梨俱吠陀》，但由於時勢改變，因此採用若干《梨俱吠陀》所不得見的術語。《泰提利亞梵書》（二，二，七）曰：「生主作為色（rūpa）而入於彼等。故人皆稱生主為色。又，生主以名（nāman）入於彼等。故人皆稱彼為名。」此處的名色，狹義而言，是指身心，廣義的話，「名」相當於西洋哲學的形式（form），「色」相當於材料（matter），亦即名色是指現象界（phenomena）。亦即生主動其本體之相，狹則顯現為個人，廣則顯現為現象界。前揭第一例中，生主作為創造世界之動力因（efficient cause）而行達帕斯，此乃是承繼《梨俱吠陀》無有歌以來的觀念。初始雖從萬物皆由熱氣生成的經驗而作論述，但作為祭祀之加行的「達帕斯」（苦行，tapas），而在當時逐漸受重視，因此採用「梵書一流」之同視法，將個人之苦行與創造之動因等同視之。若作哲學性的解釋，則意指努力或意志，亦即所謂「生主欲自我繁殖」，即是行「達帕斯」之義，依此而成創造，大體而言，此一思想可以解為是一種任意主義（voluntarism）。

上來所述是有關視生主為創造之原理的例示，進而將生主視為支配之原理的，其例也不少。此時，其人格的方面已明顯表現，例如以「位於三十三天之上第三十四位之主」（百道梵書五，一，二，一三）、「位於三界之上第四界之主」（百道梵書四，六，一，四）等稱之，顯然被視為是最高之主權者。從而其所支配，有情世間多於物器世間，更且有司掌諸神、魔神、人獸等規律的種種故事。尤應注意的是，彼干涉有情間之爭論並裁判其之正否，例如：因陀羅與瓦優（風神）互爭蘇摩之分配（百道梵書四，一，三，一四）；阿耆尼、瓦優與阿提多亞三神互爭行祭之牛的所有權（泰提利亞梵書二，一，六）；語與意有關地位優劣之爭（百道梵書一，四，五，八—一一）等等，都是仰賴生主裁判而決定。又，阿修羅與天部發生戰爭時，彼通常是扶助天部，而不利於阿修羅。例如天帝釋（Indra）與阿修羅爭戰時，生主授予因陀羅勝利之咒文（jaya，泰提利亞本集三，四，四，一）；授王冠（sraj）予因陀羅，作為天中之主的證明（旁遮溫夏一二，一三，四。一六，四，三）；神與阿修羅互爭月之所有權時，彼給予神白分（由朔至望），給予阿修羅黑分（從既望至晦）（百道梵書一，七，二，二二）。據此看來，生主不只是天然界之支持者，更是有情道德性規律之淵源。《百道梵書》（二，四，二，一—五）指出當時的習慣信仰等完全依生主所定，並揭出如次極有意義的故事：

> 一切有情趨近生主之前，請求規定生活法。首先神著祭紐（yajñĉpavītinas），右膝著地，趨近生主。生主曰：汝應食供物，不死為汝之生命力，太陽為汝之光。其次皮多利（祖先）右肩披祭紐，左膝著地，趨近生主。生主曰：汝每月食一回，神酒（svadhā）是汝之心力，月是汝之光。其次人類著衣服，兩膝併合趨近生主。生主曰：汝朝夕食二回，汝之子孫是汝之不死，火是汝之光。其次獸類近前，生主曰：能見物時，不問時非時，汝皆得以食之。動物不問時非時，皆得進食，即基於此因緣。其次阿修羅趨近，生主給予彼暗黑（tamas）與魔力（māyā）。阿修羅有魔力即基於此因緣……

如是，無論作為創造神或支配神，無可懷疑的，在梵書時代，生主被視為中心的原理，進而也被視為是極其高尚的。《百道梵書》（一四，一，二，一八）曰：「生主有兩方面，可言詮籌量之（生主）以及無表無量（之生主）」。此即奧義書時代所說的「言詮梵」、「離言梵」之前驅思想，顯然將本體之原理與垂跡之人格神予以區別。雖然如此，其人格的神話性，無法長久適合中心原理，因此在此一方面的思想圓熟之前，其地位早已讓予梵。

生主、梵、我等三者表現出梵書主要思想推移之順序，如屢屢所述，思想系統不明是梵書的特質。從而此等之外，又有諸多中心原理出現，與生主、梵等同視之，或位於同格之上。尤其有關生主與梵的，極為繁瑣，茲將各種原理簡單略述如次。

一、**原水**（**Ap**）　《梨俱吠陀》的生主歌曰：「孕育萬有為胎兒，生火之大水來時，神獨存之生命力由此顯現」（一〇，一二一，七）。若金胎（胎兒）＝生主，則水與生主應同時存在，此即成二元論；若水先存在，然後金胎漂於水上，生主是由水所生，則產生原水說。《梨俱吠陀》中，對於生主與金胎，詩人以本地與垂跡之關係表示，避開二元說，但若拘泥於文句，則前揭二說之產生不可免。到了梵書，明顯的予以分化成兩種教理。首先就二元說觀之，《泰提利亞本集》（五，六，四，二以及七，一，五，一）曰：

> 太初時，此世為水。生主作為風，飄蕩顫抖於蓮葉上。不能得其居所故，見一水窩，令火於其上生起。其火轉成大地，以支撐其身……。

此即原水與風（生主）二元結合而出生萬物之說，生殖的觀察完全被思想化。《百道梵書》（一一，一，六，一—三）明白揭出水是第一原理，而生主出生於其後：

> 太初時，此世為水。水自忖：如何可得繁殖？知應行達帕斯（tapas）。行達帕斯時，生一金色卵。其時歲（saṃvatsara）尚未生於世。此卵於一歲終了前，於水中游泳。後於卵中出生一人（Puruṣa）。此即生主。生主於一歲之中出生，故婦女、牝馬、牝牛皆於一歲之中產子。彼破其

金卵，無可據之居所。故卵與其相伴，於一歲間遊游。一歲後，自語而唱普魯（bhūr）時，地自然出生；唱普瓦魯（bhuvar）時，空忽然生；唱斯瓦魯（svar）時，天即出生。故幼兒至一歲時，能自語如生主。

此即《梨俱吠陀》以來金胎說之大成，是極為有名的論述。將無生物之水視為第一原理，並非正統思想，從而此非一般所承認之教理，但奧義書中也有原水說，佛教以「服水論師」之名目而視為外道諸說之一，據此看來，直至後世，此說仍具有相當勢力。尤其就《外道小乘涅槃論》（大正藏三二，一五八中）作為本生安荼論師所說，其所引用的「由水而生安荼（aṇḍa；金卵），由金卵而出生一切眾生之祖公的梵天」，顯然是以前文所引作為基礎，而於《摩笯法典》大成的創造觀。

二、無（**Asat**）　《梨俱吠陀》的無有歌曰：「愛……有之連鎖……無知中所發現」（一〇，一二九，四）。祈禱主歌曰：「從無生有」（一〇，七二，二）。所謂的「無」，是未開展（avyakta）之義，立此為原理而置於生主之上的，是《泰提利亞梵書》（二，二，九）、《百道梵書》（六，一，一）。若依《泰提利亞梵書》所述，在天地之前，只有唯一之「無」，此「無」不斷的行達帕斯（tapas），順次出生煙火、光、焰、光波、霞、雲、大海，最後出生「達夏厚多利」（Daśahotṛ；第十勸請者），亦即出生「生主」而生成萬有。

三、瑪那斯（**Manas**）　瑪那斯，亦即意，《梨俱吠陀》的無有歌所說的「意」，是指由意欲（kāma）出生的現象界，其地位漸次昇高，先是與語（vāc）相爭，獲得勝利，最後遂成為與生主或梵同格，或同格以上之原理。《泰提利亞梵書》（二，二，九）曰：「瑪那斯是梵。」《襄卡亞那梵書》（二六，三）曰：「瑪那斯是生主。」此等之中，已有於心中求大原理之傾向，此必須予以注意。

四、語（**Vāc**）　《梨俱吠陀》的造一切歌（一〇，八一，七）中，造一切者被稱為言靈之主，顯然已認可「語」具有力量；在梵書中，語則成為獨立之原理。曾與意相爭，雖然敗北，但在另一方面，彼仍開拓出獨立之地位。或曰：「生主作媒介，因此，意（manas）與語婚配，出生十一魯多拉神」（百道梵書六，一，二，七）。或曰：「語乃生主之自體（sva），又是第二體」（旁遮溫夏二〇，一四，二）。進而或說語正是全宇宙（百道梵書一一，一，六，一八）。語是祈禱之大要素，且其根柢潛藏著邏輯性的思考，故得以如此卓越。文法派與彌曼差派所持的「聲常住論」，其淵源在此。

五、歲（**Saṃvatsara**）　生主依序造作歲、時候與日夜，此如前述，故遂將歲視為生主之異名。《百道梵書》（一一，一，六，一三）中，生主自語曰：「我作歲作為我之肖像，故人皆稱生主為歲。」之所以如此，是因為當時的年中行事都與祭祀有關聯，同時又將歲時之生產力視同生主之生產力所致。此與《阿闥婆吠陀》的「時」（kāla）同一思想。

六、祭（**Yajña**）　在《梨俱吠陀》中，生主原是作為祭之主神而被探求之原理。到了祭祀萬能的此一時代，兩者則被等同視之。《百道梵書》（一一，一，八，三）中，對於生主，有如次敘述：「作為影像彼造作祭。故人人皆祭拜生主。」此與《阿闥婆吠陀》的「殘饌」同一思想。

七、紅暾（**Rohita**）　此與《阿闥婆吠陀》的「羅皮達」同一思想，被推想為居於太陽之中。《泰提利亞梵書》（二，五，二）曰：「羅皮達作此地界，作天地。」

上來所揭種種原理，有一部分仍長久留存，至後世偶有抬頭機會，但就全體而言，並沒有進展至奪取生主地位之地步。又，將此視為大原理時之世界觀，也與他處之所述，沒有太大差異。倒是由於擴大其作用之一部分，故大多是不完全的。

第三節　中期——梵（Brahman）

如前文所述，種種原理競起而取代生主。此中，無論對後世之影響，或與時代思潮之相容，其正當之相續者，正是「梵」（Brahman），亦即「祈禱」。祈禱是信念之發現，是結合天意與人意之通路，因此梨俱吠陀時代已承認其偉力，將祈禱主視為大原理，到了此時代，更產生依祭祀祈禱而得以支配諸神之信仰，最後推進至將祈禱視為原理。將梵視為原理之哲學充分發展其光輝，是在奧義書，但梵書時代正是其鄉土，且是培養期。Brahman 出自於 bṛh（湧，高），亦即用以指稱基於祈念而感情高亢，進而臻於超越自己的狀態的一個抽象語。慣用上，雖有種種意義，終究不失其「祈禱」之義。依據柁暹所述[3]，《培帖布魯克梵語字典》的 brahman 所載字義，可撮要為七項。亦即：（一）祈禱，（二）咒語，（三）聖語，（四）聖知，（五）聖行，（六）原理，（七）聖位（祈禱者，婆羅門族），都出自於祈禱。雖然如此，得以取代生主地位的，是由祈禱（一）推進至聖知（四），最後成為原理（六）的中性非人格的 Bráhman（將此視為男性，而書作 Brahmán 時，是人格的梵天之義）。就歷史而言，是梨俱吠陀時代的祈禱主再現，除去其「主」（pati）字，褪脫神話色彩，此乃其被稱為神學產物之所以。

3. Deussen, Allgenmeine Geschichte d. Philosophie, I. S. 240.-Gonda, J., Notes on Brahman. Utrecht, 1950.

此「梵」與生主有關聯，乃至奪其地位之經過，雖有相當複雜歷程，但大體上，仍可逐步探索其跡。首先揭出梵猶隸屬生主時之一例：

普魯夏，亦即生主欲自我繁殖，而行達帕斯（tapas）。故彼造作梵，作為其初生之子（prathama）。梵是三智（trayī vidyā＝三吠陀）。此乃彼之根柢。故人皆稱梵是世界之根柢（百道梵書六，一，一，八）。

此處所說的「梵」，是三吠陀之義，被視為世界根柢，但尚未成為獨立之原理，可視為生主第一次發展時的思想。其次梵的地位提昇，已被視為與生主同格，《百道梵書》曰：

生主是梵。此因生主是梵（brāhma）（百道梵書一三，六，二，八）。
汝是梵天，汝為生主（泰提利亞森林書一〇，三一）。

恐是生主地位未退而「梵」未達最高獨一地位時的調和思想。更進一步，梵居最高位（parameṣṭhin），作為獨立自存（svayambhu）之原理，位居生主之上，其例相當多。

梵出生諸神，造作世界。剎帝利種亦由梵所生，尤其婆羅門種是由彼身所生（泰提利亞梵書二，八，八）。
此世界存於彼，此世界息於彼。諸有之初生（太原之義）是梵。誰能與彼對比（同上）。
三十三天亦住於彼，因陀羅、生主亦在於彼。世之生類如同搭一船，趣往梵而安住於彼（同上）。

此外，或說「梵是最高耆宿，無超越彼之耆宿，無先於彼之人，無高於彼者」（百道梵書一〇，三，五，一〇），或說「梵是全世界最高者」（百道梵書一三，六，二，七），或說「天地乃梵之所護」（百道梵書八，四，一，三）等，不勝枚舉。至此，顯然梵是作為絕對的原理，掌握從來生主所有的主權，完全繼承生主所擁有的世界之創造與支配等。

以梵為原理時，其所具的創造與支配，大體上與生主無異。雖然如此，但其中含有與奧義書相近的思想，也有生主思想中所不得見的高尚觀察。

自存梵（Brahman svayambhu）行達帕斯（tapas）。認為僅依達帕斯不能獲得無窮，故欲將我（ātman）奉予萬有，將萬有奉予我。由於將其身奉予萬有，將萬有奉予自身，故梵得最上位，超越萬有，而居於優先主宰之地位（百道梵書一三，七，一，一）。

首先應予以注意的是，對於從來的達帕斯之說不能滿足。亦即對於身體修苦行之信仰已產生動搖，相對照《旁遮溫夏梵書》（七，六）所載的「生主欲成數多，默念彼心（manas）」，梵書之思想是逐漸趨向內在。

其次，應予以注意的是「自我（Ātman）說」，此說提出本體與現象之關係而開啟「梵我論」之端緒。自身與萬有交互奉予雖是祭祀形式的說明，但就其精神而言，不外於是指萬有由梵而發展，終滅又再歸於梵。亦即無論世界或有情，都由梵所生，住於梵（Brahmaṇi śrita），最後還歸於梵，成為同一的我（sātmatā）。《百道梵書》（一一，二，三）揭出梵將其自體給予萬有而形成現象界之狀況：

太初時，唯梵獨存（中略）。彼造作諸神。其造作時，是以阿耆尼配此世界，瓦優（風）配空界，蘇利亞（日）配天界。但宇宙中，有較現象界更為高者。故對配時，是以較現神更高之神配之。恰如此世界於此顯現，故以此諸神支配之；彼世界於彼方顯現，故以彼諸神配之。而梵自身隱於彼方之半界，自忖曰：我如何能達此世界？彼乃成為兩部而入此世界。即：色（rūpa）與名（nāman）。萬物恆有名。此為其名。若無名者，人依其形而識之，指之曰：此為其形。此即彼之色。故此世界皆有名色。此二者是梵之兩大變化（abhva，怪物）。知此變化者，當為大怪物。此二者是梵之二大魔力（yakṣa）。知此魔力者，應是大魔力。

本體成為名色而顯現於現象界之思想，如前文所引，已與生主通用，然其整然不如此處所引。所說的梵隱於半界，是指作為本體的梵位於現象界之上；而依名與色而顯現之說，如同前述，狹義而言，是指身心之個體化；廣義而言，是指成為形式（名）與材料（色）而組成現象界。將名色說為怪物，說為魔力，雖是在稱嘆梵之偉力，但可以認為其中潛伏著後世所說的「世界幻影說」（māyā）之種子。其次「現象歸入梵」之說，是先前的「我論」的進一步發展，所述的梵我同一之思想，即是所謂的襄提利亞教（Śāṇḍilya-vidyā，百道梵書一〇，六，三）：

歸命實有（satya）之梵。人依意向（kratu）而具有形體。依去此世時之意向而受未來之生。歸命阿特曼（Ātman）。以靈氣為質，生命為彼身，光明為彼之形，空（無限）是彼之性，如意，自己賦形，疾如思想，思擇俱正，有一切香，遍布一切處，貫通一切世。未曾語言，未曾騷動。此人（Puruṣa）其微細如粟粒，如麥子，如黍種，如黍之核子。其金色之光如無烟之炎。其廣大猶大於天，較大於空或地，亦大於萬有。彼為生命之靈，我由此向彼，死時欲歸入此靈。有此信者，誠無所疑，故襄提利亞曰：「然則如此。」

初始的歸命梵，揭出吾人最終理想。未來之生是指吾人生前之意向依悟而定，歸命阿特曼（Ātman），是揭示悟之情狀的標準。意指在本性上，住於個人胸中，綻放金色光的「我」（有情之主體），實與包含大宇宙的「梵」無異。就個人而言，此雖是小，但就宇宙而言，此則是大，吾人之自我即是梵之自我。小宇宙之主體與大宇宙之主體同一，是光明無邊、遍一切處、平安寂靜之本體。亦即結合現象界與本體界之通路是我，個人之阿特曼歸於梵，沒於同一之我（sātmatā）。此實是代表梵書最高思想之說，可說已觸及奧義書之教理。

第四節　終期——自我（Ātman）

以「梵」為原理之教說，至今猶以支配印度人思想的程度而有偉大發展。雖然如此，此並非保留神學餘習的梵，而是發揮祈禱之精髓的觀念之意義，而與自我的本性之「阿特曼」（Ātman，真我）結合。換言之，宇宙的原理與個人的原理其本質同一的思想浮現，產生透過自己而探尋梵的風潮，「梵」才具有哲學的意義，作為大原理，獲得不動的地位。印度的思索家若非在神學的梵之上，更加入阿特曼的探討，梵的教義終究無法如奧義書與吠檀多派之所顯現，發揮燦爛光芒。剋實而言，阿特曼之探討是印度思想史一大轉變之因，若與希臘相對照，阿特曼以前之哲學相當於蘇格拉底以前；阿特曼以後的，則相當於蘇格拉底以後。從前的探討主要是在探索客觀界的宇宙原理，而人類也被當作客觀界的事象之一；到了阿特曼之探討，則是意欲經由人的主觀的原理窺見宇宙之太原。「梵我同一說」雖是奧義書所揭，但依前節末尾所引用文句所示，在梵書末期，此一思想已相當圓熟，因此作為趨進奧義書之準備，至少有必要先探討其起源。

首先就字義觀之，**ātman** 為自我之義，關於其語源，學者所見不一。霍耶多林克與羅特認為其語根為 **an**（息）；威培爾認為是 **at**（行），庫拉斯曼認為是 **av** = **vā**（吹）。雖然如此，彼等都認為氣息是其原義，由此而產生生氣、靈魂之義，最後成為自我之義。但杙暹反對如此推定[4]，杙暹指出見於《梨俱吠陀》的阿特曼，其義明顯可以解為氣息的，只有四次（第一卷有一次；第七卷有一次，第十卷二次），然而此等都是新作的部分，故將氣息視為原義並不妥當，因此，杙暹另外提出一說。據其所述，《梨俱吠陀》中，使用「特曼」（tman）一語十七次，大致是以 **tmanan, tmanā, tmane, tmani** 等形態，當作副詞與自稱代名詞使用。其用法大體上是原始的，故阿特曼（Ātman）應是出自於此，「我」的語根的 **a**（**aham** 之 **a**）與指示代名詞的 **ta** 結合，加強「此我」之意，遂形成 **ātman**。因此，就阿特曼的思想其發展順序而言，起初是廣泛的籠統的，是用於指稱相對於他物他身的本身，進而意指自身中稍具本質性的軀幹，進而又意指本質性的呼吸或心，最後遂用於指稱真性之實我。亦即其他學者所推定的是由呼吸而成自我之義，而杙暹的推定則是初始為自我之義，在發展的過程中曾經到達呼吸。茲將杙暹所述，表列如次。

---

4. Deussen, Allgemeine Geschichte d. Philosophie I, 1; S.285~288.

ā-tman（「此我」）

（一）身體全部 →（二）軀幹 →（三）魂、生氣 →（四）真性

柁暹的語源說正確與否雖猶有疑問，然其發展之歷程頗能契合自我觀的心理的探討，且符合奧義書的思想，故語源說之外，其之所論亦應予以尊重。奧義書的「我」之五藏說（pañcakośa）或四位說，正是以前揭順序而論述，另一方面也可以認為顯示出歷史的順序。要言之，由於具有真性或實我之義的 Ātman，印度思想界發現此具有無上的哲學的絕佳名詞，從來的生主或造一切者，乃至梵（祈禱）等具有神話的祭祀色彩盡褪，可說最能適當表現「物」之本質。相較於帕魯梅尼提斯之存在（to on），斯賓諾莎之本體（substantia），康德的物之自身（Ding-an- sich），史賓塞的不可知（the unknowable），柁暹推讚此語最適合用以表示「絕對」。

就阿特曼思想的發展經過觀之，基於真性實我之義，而將阿特曼視為大原理，是在梵書終期以後，但所以至此的思想源流，其大部分早已萌芽。筆者認為其流之初，可以在《梨俱吠陀》的「原人」（Puruṣa）思想以及與此有關聯的「生氣」（prāṇa）思想中窺見。首先從原人思想見之，此一思想乍見之下，實是十分幼稚，然若推究其思辨經過，其中已有從自己探求其原理，以自我為立腳地而類推宇宙太原之見地。亦即將身體全部視為自我，以此自我為基礎，將宇宙原理作人格寫象的，是原人歌。從而由小宇宙＝大宇宙之見解，進而發展成人之本性＝宇宙本性，從而成為個人的實我＝宇宙的實我（梵）。簡言之，以原人思想為出發點而作心理的探討時，自然出現達到奧義書之見地。故於梵書中得見其跡，絕非偶然。

《梨俱吠陀》以後，致力於此問題之探究的，是《白夜柔吠陀》的「後那拿亞那祭歌」（Uttaranārāyaṇa，瓦夏薩尼伊本集三一，一七—二二），以及該本集的「即是篇」（Tadeva，瓦夏薩尼伊本集三二，一—一二），都是從普魯夏推進而與阿特曼思想有關聯的代表作。彼等都是「白夜柔吠陀本集」的附加部分，是採用梵書時代的圓熟思想而被收錄於吠陀中的祭歌。前者又載於《泰提利亞森林書》第三卷十三篇，後者載於第十卷第一篇之二—四。此篇最為重要，故今主要依此而見其思想。

> 彼（Puruṣa）乃一切世界之神。於未生之前，或於母體中皆然。彼已生，又應恆生。彼現在於人間，遍在於一切處（即是篇瓦夏薩尼伊本集三二，四）。

將普魯夏（Puruṣa）視為一切世界之神，且托於母體而現於人間，顯然意欲表現原人與個人之本性同一。更進一步，普魯夏不只是萬有與人類之生理身，也是心理的原動力，其文曰：

> 彼生於一切物之前，化為萬有。生主（此處是指普魯夏）與子孫共捨身，成十六分，行遍三界之光（Agni, Vāyu, Sūrya）（瓦夏薩尼伊本集三二，五）。

所說的十六分，是指生理心理組織含括在內的五知根（眼，耳，鼻，舌，皮）、五作根（手，足，舌，生殖器，排泄器）、五風（出息，入息，上風，持風，介風）以及心（manas），略言之，是指心靈。是表示原人自我化成個人之靈，當然神之靈魂也包括在內，由先前身體的探討推進至心理的痕跡，明顯可見。同時也可窺見是在暗示萬靈同一。又云：

> 逍遙於一切生界及一切世界，遊履一切處與一切方，彼（聖者）到達規律之初生（ṛtasya

prathamaja-）。彼以自己之自我歸入於彼之自我（ātmanâtmānam abhi saṃviveśa）（瓦夏薩尼伊本集三二，一一）。

所謂規律之初生，意指作為創造神的太原之垂跡，是指太原的普魯夏本身。頌文之義是聖者巡遊四方，研磨真智而尋求太原時，發現個人靈魂之自我與宇宙的自我同一，由自己的靈魂而歸入宇宙之靈魂，因此，由普魯夏而臻於阿特曼之思想萌生。此處所說的阿特曼當然尚未及於奧義書所說的真性實我，只是五知根、五作根、五風意等十六分之總括，但至少將存在於身體內部的靈魂視為本質，故相較於以具體的身體作為立腳地的，已有相當進步，同時用阿特曼作為表示，頗有予以注意的價值。相較於此，更為進步的，是如次之敘述：

彼聖者經迴天地，逍遙於此世界，彼方處，彼光明界。彼解析世界規律之組織。彼見此，彼成此，彼及此（tad apaśyat, tad abhavat, tad āsīt）（瓦夏薩尼伊本集三二，一二）。

所說的世界規律之組織，是指萬有之原理。聖者「見此，成此，即此」之說，明白道破自己之本性與世界之原理同一。此中已潛藏奧義書所謂的 tat tvam asi（汝即是彼，汝為宇宙大原理）之前置思想，更且作為後世大問題的本性安立之解脫思想亦已萌芽。

如是，在「即是篇」中，顯現出由普魯夏趨向阿特曼之氣勢，又含有能助長見地，令阿特曼思想得以順序發展的。此即「生氣（prāṇa）說」。作為內觀之第一步，古代之思索家是以具體的人類作為觀察立腳地，但隨著思想進展，發現身體並非人之本質，因而更進一步探求其本質性的，首先當然著眼於作為生理活動必要條件的呼吸。在《梨俱吠陀》的早期，已用「普拉那」（prāṇa）指稱靈魂，此如先前所述，但隨著由普拉那出發的內觀的探討法推進，遂將此視為宇宙之大原理。視此為太原之一的《阿闥婆吠陀》所載，只是其發展過程的思想之一，《百道梵書》（一一，一，六，一七）所載的「彼（生主）即是普拉那，普拉那為萬有故」，其所顯示的，即是此一見地。尤以《泰提利亞森林書》（三，一四）所說，為其代表。略揭二頌如次：

作為運載者，彼既能運載他物，又能運載自身。彼之一神（prāṇa）遍入於萬有。彼運其重負（身體）而感勞頓時，去其重負而獨歸故鄉。

彼為生死之因，彼被稱為運載者，又被稱為守護者。若能真正認識彼為運載者，已是能運載者。能運載且又自我運載。

此即揭示唯一世界的普拉那普遍於萬有，成為有情之主體，在現象上，有情雖分成種種，然其本性同一，死則歸於同一氣（prāṇa）。此正是奧義書的「小我（jīvâtman）歸於大我（paramâtman）」之先驅，尤其「知此為運載者的，已是能運載」之說，正與「即是篇」的「見彼者，即成為彼」相同，都是 tat tvam asi（汝即是彼）。將普拉那與阿特曼串聯而論述的，《百道梵書》（四，二，三一）所載的「彼烏庫提亞（ukthya）之供養是不可說之生氣（aniruktaḥ prāṇaḥ），此乃彼之阿特曼，此因不可說之生氣是阿特曼。是彼之生命（āyus）……」，雖披上祭祀之外衣，但以阿特曼表示無法予以定義的最上之生氣，則顯示其思想已由生氣推進至實我。

如是，人格本位之觀察是以普魯夏（原人）為第一步，生氣為第二步，逐漸推進向內的實我思想，同時，又將此向外推廣，視為外在的宇宙之原理，現象界的普魯夏，實在界的普魯夏，個人的生氣，宇宙的生氣，各盡其要。若更進一步，探究令生氣或靈魂（十六分）成為可能的最終根本，即到達不可說不可見之真性實我的阿特曼，自然開發出將此視為宇宙我的奧義書的見地。襄提利亞教（參照本章第三節）所言的「阿特曼較小者更小，較大者更大」，正是立於此一見地。到了奧義書，阿特曼哲學以一瀉千里之勢推進，絕非偶然。

此處成為問題的是，阿特曼（我）之思想實是作為心理的探察之結果而產生的，如何與神學的探討之結果的「梵」結合而產生梵我同一說?就理論而言，梵的觀念的意義與自我的思想容易結合；但就文獻而言，相較於由生主移至於梵，從梵之思想產生「我」的思想之經過較不清楚。因此，歐登柏格推定梵之思想與我之思想是各自獨立發展，兩者是到達頂點才相互結合[5]。

二者未必是各自獨立之思潮，然而從梵是祭壇哲學之產物，而阿特曼是心理哲學之產物看來，兩者縱使有所交涉，多少還是由不同的途徑發展而成。一方面，梵作為宇宙之原理，是不可動搖的名稱，另一方面，當阿特曼思想獲得勢力，神學者在阿特曼之上發揮梵的觀念的意義，將兩者結合在一起，認為所謂的「梵」，就實質而言，不外於就是阿特曼。總之，到了梵書終期，梵我同一說已見萌芽，此徵於襄提利亞之教義，即可知之。——上來所述阿特曼思想發展之徑路，茲以極為簡單之圖表示之如次。

5. Oldenberg, Buddha, S. 30~31.

（個人的原理）	（宇宙的原理）
身體	原人（Puruṣa）
生氣	世界的生氣
心（十六分）	世界的靈魂
真我	我（Ātman）＝梵（Brahman）

其根柢之思想是小宇宙（microcosmos）＝大宇宙（macrocosmos），此乃不能予以忽視的。

第五節　輪迴說之起源

在即將進入奧義書時代的此時，有一問題必須予以探究。此即輪迴（saṃsāra）思想之起源。輪迴者，迴流（sam-sṛ）之義，相信人死後其靈魂相應生前所行而受生於相當之境界，果報既盡，將再次轉生他處，如是輾轉生死，永不停止。此乃奧義書以降，印度人共通的信仰，此一問題之解決是所有宗教與哲學最終目的。所謂的解脫（mokṣa）、涅槃（nirvāṇa）、不死（amṛta）、無上界（niḥśreyasa）等等，不外是指脫離此輪迴而到達永久不動之狀態。佛陀所以出家，正是為此；耆那教之興起也是為此。數論之發生，也是為由此輪迴之境而獲得解脫。到了《摩笯法典》等，則基於法律角度看待輪迴的問題。若是如此，如是既深且廣的輪迴思想究竟始於何時？學者對此的見解雖然不一，但視為起源自梵書時代應最為適當。如先前所述，《梨俱吠陀》（一〇，五八）中，載有為呼喚死去的靈魂歸返而揭出種種場所，據此看來，似乎已有輪迴思想，雖然如此，但不能將此視為是逝去的靈魂轉生他處之思想，因此，剋實言之，梨俱吠陀時代尚未有輪迴之思想。但《梨俱吠陀》（一，一六四，三八）云：

> 彼歸於自性（svadhā），前往後方或前方。不死者與可死者同一起源。此二者常向不同方向各自獨行。雖認識其一，不認識他者。

似乎就是輪迴思想之表現，霍耶多林克將此解為生與死二者相關聯而流轉之思想，是輪迴說流傳之痕跡[6]。然其適確意義不明，基於不同的解釋方法而有其他意義，故未必如其所說。因此，大體上，認為梨俱吠陀時代尚未有此思想，才是適當。縱使已有，也只是種子而已。至於奧義書時代，自始輪迴思想已相當圓熟，因此也不能認為是此一時代新生之教理。就此點觀察，概括而言，認為起源自梵書時代才是適當。所說雖未完全，但既然明言，即可如此看待。此因有關人之主體的探討，梨俱吠陀時代雖尚未充分，但到了梵書時代，如前節所述，訂定生命中樞之風漸起，由此而涉及於死後之運命，不足為奇。先前所揭那集克達斯之故事中，向死神要求的條件中有免於再生的方法，其所說的「再生」，不外於就是更生流轉。尤其《百道梵書》（一〇，四，三，一〇）載有不依正確的知識而實行神事者，死後將再生於此世，經常成為死之餌食，顯然就是生死輪轉的輪迴思想。《梨俱吠陀》雖提出神（deva）與祖父（pitṛ）之區別，但也有混淆之傾向，反之，梵書則予以區別，之

6. Böhtlingk, Geschichte d. Wiss. 23. April. 1893.

所以將天道（devayāna）與祖道（pitṛyāna）視為不同，恐是因於將祖道視為將再受生於此世之境。又，與輪迴說相關聯而不可分離的「業說」（karman），亦即生前之善惡業以某種形式糾纏作業者，直至獲得償卻，否則永不離去的思想，其作為教理而完成的時代雖在奧義書時代，但模糊的觀念應是在梵書。《百道梵書》（一〇，四，三）曰：

諸神畏懼死，意欲避之，故以祭奉予他神。然無任何靈驗。故生主以一祭教示彼等。其祭係於祭壇之石附上符徵性之種種形狀。故諸神皆得不死。死神怨曰：若是如此，一切人遂得不死，何者是我領分？諸神諒其意，對曰：爾後唯有脫離身相者得入不死，欲得不死，必須依據智與行（大意）。

此處所說的「智」與「行」，雖是與祭祀有關的智與行，但顯然已經提出業力正是人再生或解脫（不死）之因。既然有如此思想，則由於業行而獲得與業行相當的生活，也是可以想像的，《百道梵書》（一四，七，二，六＝普利哈多阿拉笈亞卡奧義書四，四，五）有如次之論述：

行善者當受善生，行惡者當受惡生，依淨行而淨，依污行而污。

進而將此與《梨俱吠陀》以來的地獄與天國之信仰相關聯而作如次論述：「死者離去此世時，須從二道火焰之間經過，惡人當下被燒毀，善人不受其害而得通過，到達祖先或日神之處」（百道梵書一，九，三，二，取意）。「善人受妙樂，惡人受諸苦患」（同・一一，六，一，取意）「死後之靈魂被懸於天秤，依其善惡之業而承受與此對應之賞罰」（同・一一，二，七，三三，取意）。嚴格說來，此中仍含有與輪迴說難以調和之處，後世所以將天國與地獄視為輪迴範圍，即是此說提供其材料。然而如屢屢所述，梵書所述並非組織性的教理，對於輪迴問題的論述只是片段的，並沒有觸及種種問題，因此對於輪迴境界之種類，以及業的賞罰期間的靈魂往返之狀況，尤其與輪迴說不可分離的解脫的問題，自然猶不明瞭。此一方面，是到了奧義書才予以補足。要言之，在梵書時代，輪迴思想大致的基礎業已奠定，奧義書時代形成其架構，到了學派時代終見完成。

上來主要是以文獻所見的材料而作說明，進而對於此信仰如何生起於印度的問題，學者之間有種種解釋。希臘的畢達柯拉斯與柏拉圖等，雖有輪迴說的主張，但不如印度堅持，從種種證跡看來，有理由可以相信畢達柯拉斯的思想受自印度影響，可以說印度是此思想之本家，因此，諸學者欲知其起源並非沒有道理。法國的歐帖爾（Voltaire）將此歸於氣候，印度地處熱帶，基於健康因素，禁食肉食，由此而產生動物崇拜，自然認為動物界與人界具有伴屬關係，進一步又將個人的生存與動物結合，終於產生轉生於其間之信仰。雖然如此，但若考慮到輪迴思想尚未產生的梨俱吠陀時代已有動物崇拜，又，印度人來到熱帶圈內，其輪迴思想圓熟之後亦未禁止肉食等等，歐帖爾所說首先就有違背類推之事實。因此，巴爾帖雷米參提雷爾（Barthelémy- Saint-Hilaire）駁斥歐帖爾所說，認為此乃數論學派特有之信仰，故此說不免有誤。此因在種種證據上，數論派出現於古奧義書之後。嘎貝（Garbe）承繼高夫（Gough）所說，認為是原始土人的信仰移入雅利安人種所致，其所揭理由如次：就野蠻人對死後問題的思想予以研究，可以發現都有移生的信仰。墨西哥的多拉斯康人相信貴族之魂死後化作美音鳥，平民之魂化作虻、蜂、吉丁蟲等下等動物；南非的祖魯（Zulu）人種相信靈魂化成蛇、鼴鼠、蜂等；婆羅洲的達雅卡人相信靈魂帶有水氣如血，安住在木幹上，波哈單人相信酋長之魂化成啄木鳥，故有禁殺之習。據此類推，印度之原始民族必然亦有此移生說影響雅利安人種，被神學者採用後，遂成為輪迴說[7]。

此當然只是假定之論，無從得以證明，但若對照業說之起源同樣出自下層的信仰，想必是可以接受的。關於業之本質，後世之學派雖有異論，但對於此乃依附於生理心理的組織（亦即生命）的潛勢，並無異論。佛教的說一切有部等謂此為無表色，是一種如同物質的力。如前所述，「業」成為哲學的教理，是在奧義書時代，雖然《普利哈多阿拉筊亞卡奧義書》猶未視彼為秘義，但筆者相信其起源的思想是在《阿闥婆吠陀》。《阿闥婆吠陀》言及有意或無意所犯的罪應受與其相當之懲罰，並揭出除罪咒文，顯然是將罪視為宛如物質般的存在，甚至連他人所犯之罪亦能承受。其例如次：

> 罪呀！汝若不捨離我，余將捨汝置於十字街上，唯願隨從他人！（六，二六，二）
>
> 若余醒時或眠時犯罪，無論已生或未生，如脫離木柱（之縛），赦免余。（六，一一五，二）

雖是頗為幼稚之思想，但得以窺見此中已具備業說的兩種條件：（一）犯罪之餘勢以某種形態殘留，（二）其罪能束縛人，且必然給予相當之處罰等。若進一步予以擴充，適用於善惡等一切業，基於自我同一之思想，為表現個人之責任而及於三世的，即是所謂的「業說」。《阿闥婆吠陀》是下層信仰之代表，但其中又混入土族信仰，因此，或許此一信仰本是土人所有。此因若將高夫與嘎貝的「輪迴思想起源說」與筆者的「業之起源說」相結合，則「輪迴轉生善惡業果說」最初縱使不是土族之

7. Garbe, Sâṃkhya-Philosophie, 1894, S. 172~180.

信仰，至少也是從下層信仰發展出的。奧義書屢屢明言輪迴說是王族所傳教理，且是婆羅門族所不知，其所傳達的，恐是此一消息。若是如此，種種蠻人都有的移生信仰，何故唯獨在印度形成卓越的「輪迴說」，其根本理由何在？筆者認為原因完全出自為了與梵書終期所出的「我」的探討相結合。對於「我」的探討，不外於就是對於生命本質的探討，經驗上而言，如同人類擁有生命，其他動物也擁有生命。若是如此，當然也容易聯想我的生命與動物的生命之間，本性上應無區別。一切生物（亦即有情）必然有肉體的死滅，若生命本質的「我」之本體常住，則必然應有其依託之肉體。如是，將移生說與業說之思想採入，當然產生隨業而移生至其他種類之肉體的結論。換言之，同一本性之「我」所以分成人或動物等種種境地，不外於是依據業之移生，諸有情既有肉體的生滅，則其我必然是循環於種種境地。就此而言，輪迴說是結合下層信仰與上流的哲學探討之產物，之所以是他國所不得見的產物，其因在於印度思想界是以梵書終期以降的「我論」為中心而發展的。

第三篇

奧義書（**Upaniṣad**）

第一章　總說

一、奧義書的地位　梵書的哲學思想完全混雜在祭祀的說明中，既不純，又是片段的。即使努力予以拾集，以及適當予以聯絡，也只能摸索出其思想發展的體系而已。隨著時勢推進，祭祀至上之說已不能讓識者獲得滿足，因此表裏顛倒，祭祀的說明下降為第二位，哲理的探究躍居於表面。之所以至此，一方面是發生於梵書時代的大戰亂業已歇止，較少教權束縛的剎帝利族已有餘裕熱衷於思想之事項，另一方面，輪迴思想興起，作為祭祀之果報的生天之樂被認為不究竟，因此意欲尋求永世之解脫。印度的思想自梨俱吠陀時代雖已有窮理的傾向，但直至此時，其特質才明顯發揮，基於哲理之探究的大悟，遂被視為是解脫的唯一手段。被稱為奧義書的文獻實是此一時勢之產物，且是顯示其發展經過的唯一材料。就其哲學的價值而言，此中可以窺見與柏拉圖、斯賓諾莎、康德相呼應之思想。若是如此，奧義書所居的聖典地位又是如何？梵書之最後，通常有稱為「阿拉簌亞卡」（Āraṇyaka，森林書）之篇章。例如《愛達雷亞梵書》中有「愛達雷亞森林書」，《卡烏西達其梵書》中有「卡烏西達其森林書」，《泰提利亞梵書》中有「泰提利亞森林書」。薩亞納（Sāyaṇa）認為「愛達雷亞森林書」之註釋中，有規定此為森林生活（vānaprastha）之章，故有「森林書」之名；歐登柏格認為其教義秘密，授予弟子時，應在遠離人里的森林中，故有此名。無論如何，相較於前一部分之梵書，此一部分網羅相當的哲學思想。奧義書實屬於此森林書之最後部分（屬於《沙摩吠陀》的奧義書並無森林書作為媒介，故直接附屬於梵書之最後）。因此，廣義而言，若作靜止的觀察，森林書固然不用說，奧義書當然也是梵書之一部分，其本身並非獨立的。註釋家將梵書的內容分成儀規（vidhi）、釋義（arthavāda）、吠檀多（vedānta = veda + anta = 終）等三部門，若就文獻的部分而言，被稱為吠檀多的，通常是指奧義書。茲表示如次。

梵書
- 一、儀規（vidhi）
- 二、釋義（arthavāda）
- 三、吠檀多＝奧義書

關於梵書何以作此編輯之理由，通常認為此係依據授課順序。亦即師長在教授弟子時，起初是以狹義的梵書教授儀式行法之意義，進而以森林書教授與儀式有關之秘義，最後作為吠陀學習之終極，亦即作為吠檀多，教授其哲學性的奧義。諸文獻完成以後之教授，即是依據此一順序，但若作歷史性的探察，其編輯方式顯示其歷史順序大體上是由狹義的梵書而發展出森林書、奧義書。亦即在狹義的梵書與奧義書之間，其製作的年代是不同的，梵書的年代若是在西元前一千年至西元前七百年之間，則奧義書的古老部分應在西元前七百年至西元前五百年之間。若將廣義的吠陀分為「知」與「行」等二部分，則狹義的梵書（略詮書亦然）是屬於實行的部分（karma- kāṇḍa），而奧義書代表其知的部分（jñāna-kāṇḍa）。因此，意為「吠檀學習之終極」的吠檀多的奧義書被當作是吠陀之極意，不足為奇。柁暹將奧義書以前之文獻比擬為舊約聖經，將奧義書比擬為新約聖經，誠然是得當之說，如同新約聖經脫化舊約聖經的律法的精神，予以倫理的淨化，奧義書將梵書的祭祀的色彩淨化為哲學性的。

二、奧義書之名義

Upaniṣad 是 upa + ni + sad（近坐）之合成語，有「近坐」或「侍坐」之義。歐州學者大致採取 sad（坐）的字源說，但印度學者甚少採用此說。商羯羅認為出自具有「亡」之義的 sad，奧義書之教義是破除我人的煩惱與盲暗，給予真知，故得此名；或說出自「近」之義的 sad，亦即藉由奧義書，梵之知識得以趨近吾等，吾等亦據此而得以接近梵。如此的語源說，即是所謂的俗說語源論（Volksetymologie），只因奧義書具有如此性質，為與此性質配合才作此說，因此，就語言學而言，不能說是真實的。但馬克斯穆勒與杙暹所說的「印度學者不曾思及其語源是具有『坐』之義的 sad」，也不妥當。那羅衍那（Nārāyaṇa）在《摩笯法典》（六，二九）之註釋中，指出 Upaniṣad 是坐讀之義。若是如此，只是「侍坐」之義的奧義書何故成為聖典名稱，對此，杙暹的推定頗得其要。杙暹認為侍坐或近坐是會坐（pariṣad）或集坐（saṃsad）之相對，此乃肝膽相照之對坐，目的是教授不令他人知曉之秘密教義。自此，手段成為目的（秘密教義）的名稱，其後又有秘語、秘義、秘書等數種階段的意義，最後成為聖典之名[1]。

文獻上，奧義書本身存在相當多作為秘教而被秘密處理的證據。茲揭舉數例如次：若無一年之共住，且其將來無成為師之意願的弟子（antevāsin）不得以此傳授（愛達雷亞森林書三，二，六，九）；僅只長男可以傳之（姜多其亞奧義書三，一一，五）；自己的戒行不完全者不可誦此（門達卡奧義書三，二，一一）；雖是己子或弟子，若非寂靜者，不可傳授（休威達修瓦達納奧義書 六，二二。邁伊多拉亞尼亞奧義書六，二九）等等，不勝枚舉。又，奧義書中，作為奧義書之異語同義，經常

1. Deussen, Allgemeine Gesch. d. Philosophie, I. 2. S. 11~16.

使用「秘密」（rahasya）一語，亦即以「rahasya 中如是說」取代「upaniṣad 中如是說」，又以秘密教義（guhyā ādeśāḥ）、最上秘密（paramaṃ guhyam）等形容語表現奧義書。剋實而言，奧義書就是秘密地授受，故稱為近侍，終致後世用於指稱教義本身，從而成為聖典之名，不足為奇。

三、正統的奧義書　奧義書之總數有多少，並不是很清楚。原則上，如同梵書，吠陀各枝派各有一本，但有些或已隱沒，或是後世擬作，故不能單純地依照原則。巴特（Barth）揭舉二百五十種，韋伯（Weber）揭舉二百三十五種，但其中所含的阿拉（Allāh）奧義書之類，所述說的是伊斯蘭教之教理。另有近年來新發現的奧義書。從而在研究奧義書時，有必要作新古、正系、傍系之區分。大抵而言，屬於三吠陀的，比較古，枝派所屬也較清楚；屬於阿闥婆吠陀的，年代較新，其所屬較多曖昧。因此，奧義書學者一般的看法是：屬於古三吠陀的是正系，屬於阿闥婆吠陀的，是傍系，換言之，在言及奧義書時，通例是指正系的。屬於古奧義書而今猶現存的，有十一種。圖表如次。

（所屬本典）	（奧義書名）	（所屬枝派）
梨俱吠陀（二）	一、愛達雷亞（Aitareya）（Ait. ār. bk. 3—4）	愛達雷亞派
	二、卡烏西達其（Kauṣītaki）（Kauś. ār. bk. 3）	卡烏西達琴派
沙摩吠陀（二）	一、姜多其亞（Chāndogya）（Chānd. br. bk. 3—10）	丹廷派
	二、克納（Kena: Talavakāra）（Tala. br. bk. 9）	夏伊彌尼亞派

夜柔吠陀

- 黑夜柔吠陀（五）
  - 一、泰提利亞(Taittirīya)(Tait. ār. bk. 7—9)
  - 二、摩訶那羅衍那(Mahānārāyaṇa)(Tait. ār. bk. 10)
    - ——泰提利亞派
  - 三、卡達卡（Kāṭhaka）——卡達卡派
  - 四、休威達修瓦達納（Śvetāśvatara）——缺
  - 五、邁伊拉亞尼卡（Maitrāyaṇīya）——邁伊拉亞尼卡派（？）
- 白夜柔吠陀（二）
  - 一、普利哈多阿拉笈亞卡（Bṛhdāraṇyaka）（Śatapatha br. bk. 14.4—9）
  - 二、伊夏（Īśā）（Vāj. s. bk. 40）
    - ——瓦夏薩尼伊派

柁暹稽查此等之內容，訂出如次的年代順序。

- 普利哈多阿拉笈亞卡奧義書
- 姜多其亞奧義書
- 泰提利亞奧義書
- 愛達雷亞奧義書
- 卡烏西達其奧義書
- 克納奧義書

——散文

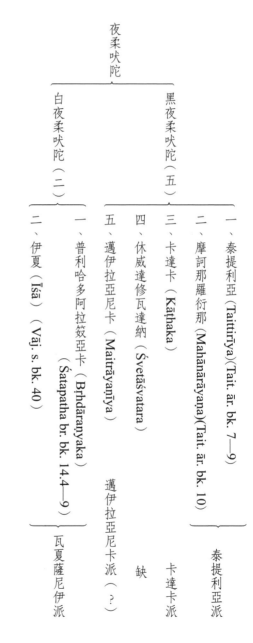

卡達卡奧義書
伊夏奧義書
休威達修瓦達納奧義書
摩訶那羅衍那奧義書
} 韻文

邁伊拉亞尼卡奧義書　散文

應予以注意的是，上來所揭只是大致順序，實際上，即使同一奧義書其製作年時也未必相同。尤其《普利哈多阿拉筱亞卡》或《姜多其亞》等巨作，是彙集眾多思潮，經過數代，才有現今體裁，因此同一奧義書中，有頗多彼此難以調和之處。總之，若欲嚴格訂定其年代，除了就各各奧義書所見各種思想予以比較整理，別無他法。但大體上，只是以上來的順序訂定其歷史的發展次第。

四、新奧義書　其次，在種種方面上，屬於阿闥婆吠陀的奧義書有別於古老的奧義書。並非都承繼自梵書，而是個人或流傳於小團體間的思想，為令具有神聖地位，因而附以奧義書之名。從而與阿闥婆吠陀並無直接關係，只是表面上屬於阿闥婆吠陀，藉以鞏固其地位。此因古奧義書之形式大致已完成，再無採入新思想之餘地，因此，爾後被製作的，遂隱入系統較不正的阿闥婆吠陀中。從而前揭十一種以外的奧義書，表面上全屬於此一部類。但門達卡（Muṇḍaka）、普拉修那（Praśna）、曼多佉耶（Māṇḍūkya）等二、三種除外，吠檀多派之權證者的巴達拉亞那（Bādarāyaṇa）及商羯羅（Śaṅkara）並不予以承認，因此在正統奧義書之研究上，不太具有價值。新奧義書所以帶有學派的色彩，並且主張組織性的教義，究竟是因於古奧義書思想逐漸分化之歷程，或受已成立的學派影響所致，不得而知。恐是兩者相混，才是最穩當之推定。柁暹於其《六十奧義書》之譯中，擇出三十九種印度最常見的奧義書，且依據韋伯（Weber）之分類法，提出五類。

（一）純吠陀主義（九種）。所述與古奧義書思想無太大差異：

(1) Muṇḍaka. (2) Praśna. (3) Māṇḍūkya. (4) Garbha. (5) Prāṇāgnihotra. (6) Piṇḍa. (7) Ātma. (8) Sarvopaniṣatsāra. (9) Gāruḍa.

（二）瑜伽主義（十一種）。主張依據禪定修行而參預於太原：

(1) Brahmavidyā. (2) Kṣurikā. (3) Cūlikā. (4) Nādabindu. (5) Brahmabindu. (6) Amṛtabindu. (7) Dhyānabindu. (8) Tejobindu. (9) Yogaśikhā. (10) Yogatattva. (11) Haṃsa.

（三）遁世主義（七種）。主張依遁世（亦即 sannyāsa）主義可得解脫：

(1) Brahma. (2) Sannyāsa. (3) Āruṇeya. (4) Kaṇṭhaśruti. (5) Paramahaṃsa. (6) Jābāla. (7) Āśrama.

（四）濕婆派（五種）。將太原視為濕婆（Śiva）神，予以人格的寫象，認為依其信仰而得以解脫：

(1) Atharvaśiras. (2) Atharvaśikhā. (3) Nīlarudra. (4) Kālāgnirudra. (5) Kaivalya.

（五）毗濕笯派。將太原視為毗濕笯神：

(1) Mahā. (2) Nārāyaṇa. (3) Ātmabodha. (4) Nṛsiṃhapūrvatāpanīya. (5) Nṛsiṃhôttaratāpanīya. (6) Rāmapūrvatāpanīya. (7) Rāmôttaratāpanīya.

此等所持奧義書大抵屬於學派時代，故此篇僅只揭其名稱。

五、奧義書集　在印度，被稱為「奧義書全集」的，有二種。其一被集成五十二種，另一被集成一百零八種。此中的五十二集，恐是印度學者所承認之定數，叔本華所讀的《烏普聶卡多》

（*Oupnek'hat*）之原本也包含五十種。大致而言，印度學者認為五十種已能囊括所有重要的奧義書。收錄一百零八種的《穆庫提卡集》（*Muktikā*），主要流傳於南印度，恐是南印度人將一百零八視為神聖之數，為與此數配合，故編輯此一集錄。

奧義書之譯本中，最古老的是，法國安可提多耶裴隆（Anquetil-Duperron）於一八〇一－一二年出版的拉丁語譯的《烏普聶卡多集》（*Oupnek'hat*）。一六五六年，蒙古帝國皇子多拉夏可（Dara Shakoh）集合諸多梵語學者，從梵語譯成波斯語的此書，一七七五年由多耶裴隆譯成拉丁語。由於是重譯，故譯文相當晦澀，雖然如此，但頗受學者重視，叔本華甚至當作聖書看待。叔本華的奧義書的知識全出自於此，彼從此書獲得何等的安慰，依如次所揭之文，即可知之。

> 在此世界，彼（奧義書）乃最有價值且最為卓越之書。此乃余生前之安慰，也是死後之安慰。
>
> （*Parerga und Paralipomena.* II. S. 427 §185.）

多耶裴隆之譯本並不完全，更且頗多意義不通之處，因此叔本華熱切盼望能藉由原典而得以了解，更且認為全世界沒有比藉由原典而研究《烏普聶卡多》更有利益而高尚的事業。到了十九世紀，歐州的印度學者熱烈研究奧義書原典，因此也有相當完整的譯本刊行。此中，最為完備的是，承繼叔本華之流的杺暹的《六十奧義書》（*Sechzig Upanishad's des Veda*）與馬克斯穆勒的《東方聖書》所收譯本。前者所收古書十一種與新書三十九種，以及不見於其他，僅見於《烏普聶卡多集》的十種，合計為六十種，是以德文譯出；後者是研究《吠檀多經》（*Vedānta sūtra*）時，極為必要的十二種奧義書，亦即古的部分是除去《摩訶那羅衍那》，新的部分加上《門達卡》與《普拉修那》，以英文譯出。

亦即馬克斯穆勒的譯書，只收錄萬人承認的正統奧義書，而柁暹所收的是，凡與奧義書思想發展有關的，都予以收錄。

此外，本書初版以後直至最近，在奧義書之翻譯上，又有二大文獻。此即美國 Robert Ernst Hume 的 *"The Thirteen Principal Upanishads"*（New York. 1921），以及日譯本的《奧義書全集》九卷。後者由高楠順次郎監修，是《穆庫提卡集》的全部，亦即一百零八的奧義書之全譯。

六、奧義書思想之原動力　上來以數項略述奧義書的形式方面。在進入本論之前，亦有必要略述當時依據奧義書思想而形成的思潮界之形勢。此因奧義書在形式上雖是梵書的一部分，可說是婆羅門教之產物，然而在內容上，動輒即顯示出非婆羅門的鋒鋩。就文獻觀之，如先前所述，婆羅門主義的特色可歸於吠陀之絕對權證、祭祀萬能、婆羅門之絕對尊貴等三大綱領，對於此三大綱領，奧義書大體上也是承認的，但當此一思想達到高潮而觸及「我」之真相時，反而呈現予以否定之傾向。首先揭出否定吠陀權證之例示如次。依據《姜多其亞》（六，一）所載，阿魯尼（Āruṇi）之子修威達克多（Śvetaketu）於十二年間，於其師座下修學一切吠陀，但關於「我」，毫無所知；又婆羅門那拉達（Nārada）向軍神薩納多庫瑪拉（Sanatkumāra）揭舉自己所學習的知識種類，揭出四吠陀等十六種，但薩納多庫瑪拉認為此等只是名目性的學問，並非真實的梵我之學而斥之（姜多其亞七，一）。明顯表現出對於與「梵」（亦即我）有關的最上智，吠陀並非最後之證典，無法從中窺見重視傳承的正直的婆羅門主義。又，關於祭祀，《普利哈多阿拉笈亞卡》（一，五，一六）言及藉由祭祀而入祖先界（輪迴界），藉由知識而達天界（不死界）；《姜多其亞》（五，一○，一—二）指出以信心修苦行而祭拜者，可達梵界（不死）；《普利哈多阿拉笈亞卡》（六，二，一五—

一六）謂藉由祭祀、苦行、布施而入祖先界，藉由信心與真實可入天界（不死），《姜多其亞》（二，二三，一）更指出學習吠陀，行祭祀與修苦行的人可入天界（此處是指輪迴），唯有住於梵者可得不死。凡此都是往昔所行的祭祀、苦行已不能獲得滿足，雖不排斥，但限制其效果，或給予新義之證據，同時也顯示出奧義書並非純粹的婆羅門主義。

至於以婆羅門為最高師主之信仰，其動搖的程度更為強烈，幾乎呈現奧義書重要教義是由婆羅門以外的學者所唱導之觀。依據《姜多其亞》（五，一一—二四）所載，昔時有五婆羅門向吠陀學者烏達拉卡阿魯尼（Uddālaka Āruṇi）請教「普遍我」（ātmāvaiśvānaraḥ），烏達拉卡阿魯尼不能知曉，因此六人相攜受教於阿修瓦帕地卡伊刻亞王（Aśvapati Kaikeya）座下。又依據《普利哈多阿拉筊亞卡》（二，一）所載，吠陀學者卡魯其亞帕拉其（Gārgya Bālāki）拜訪卡西國（瓦那勒斯）阿夏達夏多王，請教「梵」之教義，王曰：「婆羅門向剎帝利乞教雖違反古習，然余將特別教導汝」，遂授予與此有關之教義。凡此，一一說破國王知曉梵我不二之智識，而作為吠陀學者，赫赫有名的婆羅門卻不得知之消息。尤其若依據《姜多其亞》（五，三—一〇）以及《普利哈多阿拉筊亞卡》（六，二）所載，普拉瓦哈那夏伊瓦利王（Pravāhana Jaivali）教授阿魯尼婆羅門輪迴之教義後，進而向瞿達瑪說道：「瞿達瑪！如汝所述，婆羅門社會迄今猶不知此教義。故此世界政治之權歸於剎帝利族」（姜多其亞五，三，七），明白揭出與奧義書重要教義有關的，是由王族教予婆羅門的。

依據上來所揭事實觀之，當時人心對於祭祀主義已生厭倦，婆羅門逐漸無法掌握教學之獨占權，當大多的婆羅門只拘泥於古來傳承的形式時，少數求道者掙脫傳承，嘗試對於人生宇宙作真摯的研究，此即是奧義書思想萌起的原動力，趨勢所趣是，到了最盛時期，無論婆羅門或王者，都能自由地隨著自己的識見，致力於問題之解決。亦即奧義書雖然表面上完全是奧義書的產物，然而促進的原動力卻是非婆羅門的。而王者所以在此一方面大有貢獻，是因為王者傳承的束縛較少，更且到了太平盛世，宮廷成為教學中心，作為主宰者的國王對於哲學問題之解決產生興趣。此後不久，從王族中出現佛教、耆那教之教祖，絕非偶然。不只如此，若依據傳說，在此時代，無論庶民或婦人，某種程度上，皆得以參預大問題之研究。依據《姜多其亞》（四，四）所載，有一名為薩提亞卡瑪（Satyakāma，愛真理）的幼童，問其母誰是其父？母答曰：余年輕時，曾與諸多男子交往而得汝故，汝父何人，余亦不知。此子長大，有志於教學，禮一婆羅門為師。將入門時，婆羅門循例問其素姓，彼據實以告，婆羅門認為依其所具正直精神，當可證明彼乃婆羅門姓之子，故許其入門。從「素姓卑賤之孤兒志於教學，婆羅門斷然許之」的事件，足以觀取當時風氣。又，依據《普利哈多阿拉筷亞卡》（二，四）所載，奧義書巨匠亞修尼亞魯其亞（Yajñavalkya）將欲遁世，欲以財產予其妻麥多雷伊（Maitreyī），麥多雷伊不欲得其財產，而是欲求不死之法，亞修尼亞魯其亞遂教以唯我主義之教義，二人往來問答，終得滿足；維提哈國（Videha）夏那卡（Janaka）王宮廷內，曾以亞修尼亞魯其亞為中心而舉行學者大問答會，當時有一名為嘎魯吉（Gārgī）的婦女曾與亞修尼亞魯其亞往返問答（普利哈多阿拉筷亞卡 三，六與八）。能以一個弱女子之身分，而與第一流之哲學者議論的，不只一、二人而已，就古代而言，彼等之表現實是驚人，當時思想界的狀況，據此即可想像。要言之，梵書時代終期，舉國上下都熱衷於心靈之解決，若真具有知識，婆羅門可以請教國王，國王向庶民屈膝，亦不為恥，此正是奧義書時代思潮界之形勢，其產物中，與從來傳承的教義沒有太大背馳，且由婆羅門予以集成的，即是奧義書。

七、奧義書教義的組織

奧義書雖是古代思想之精華，但不具有組織性，換言之，只是哲學詩篇之集成。從而大略看來，雖有諸多一致，但若詳細探究，矛盾之見地相當多。意欲予以統一的組織，非常困難。帕達拉亞那的《吠檀多經》（*Vedānta-sūtra*），正是意欲予以組織的著作，若依據商羯羅所作的註釋看來，略有成果，但也有不少不合理之處，無法窺出奧義書真意的相當多。因此曾有學者對於奧義書全體是否得以組織抱持懷疑態度。總之，如同詩篇，僅就原典予以熟讀玩味，奧義書真正的價值才能顯現，若勉強加以組織，反害真意，並不是好方法。雖然如此，各各奧義書作為同一思潮界之產物，在根本教義上，還是有共通之處，更且在文獻上，顯然含有互相聯絡或先後相承的，至少就古奧義書而言，彼等具有不能分離處置之性質。因此，具有矛盾的，暫且擱置；彼此有共通的，予以系統的組織，將較為方便，奧義書大致的思想據此即容易獲得。若是如此，何等是予以組織的方法？筆者認為有三種。第一種，靜態的，看待全部的古奧義書，除去材料中矛盾的部分，僅揀取可以調和的，並以適當項目予以區分並作整理；第二種，是動態的，將古奧義書各部分作歷史的解剖，探究其間種種問題的發展與變遷，探察其一貫之思想，同時也闡明所以矛盾之理由；第三種，預定項目，如同庫里斯姜沃夫（一六七六——一七五四）將哲學題目定為本體論、宇宙論、神學論、心理論等，題目預定之後，即採錄奧義書的材料予以整理。此三種方法都是有效的，尤其第二種的歷史的觀察，是最為必要的方法，雖然如此，猶有一、二個及於全體的問題，無法作歷史的考證。在本篇中，筆者將採用前揭方法，將章題訂為本體論（梵我論）、現象論（世界，有情，神）、終局論（輪迴，解脫）等三種項目，從中探察其共通思想，同時亦調和相異之見地，盡可能簡明論述奧義書獨特之妙味及其思潮之起伏。

第二章 本體論（梵＝我）

第一節 本體之尋究法

奧義書雖作為新氣運之結果而出現，然就其材料而言，完全採入梨俱吠陀以來的哲學見解。從而其內容雖相當複雜，但就其遍於全體的基礎觀念而言，無疑只是萌芽於梵書終期的「梵我同一論」，亦即吠檀多派所說的 **brahma-ātma-aikya**。從來作為宇宙太原或世界原理而立的「梵」與吾人生活體之本質的「自我」，被認為在本性上是同一的。換言之，宇宙之原理應從「自我」（**ātman**）中探求。至少在名目上，此一見地是古奧義書全部，乃至爾後吠檀多派的根本立腳地，茲揭出若干例示如次：

sa vā ayam ātmā brahma「此我實是彼梵」。（普利哈多阿拉笈亞卡奧義書四，四，五）

tat tvam asi「彼即是汝」。（姜多其亞奧義書六，八，七）

ahaṃ brahmâsmi「我即是梵」。（普利哈多阿拉笈亞卡奧義書一，四，一〇）

etad vai tat「此實是彼」。（卡達卡奧義書四，三。六，一）

此處所說的 **tat**，亦即「彼」，是指實在的「梵」，此等例句顯示出現實的吾等之本性即是實在之本性。尤其 **tat tvam asi**（彼即是汝）、**ahaṃ brahmâsmi**（我即是梵）此二句，作為二大格語（**mahāvākya**），是數千年來支配印度思想界的名言。如是，奧義書的思想雖相當複雜，然其所歸，則是如何掌握自我之本體而參預萬有之太原。換言之，「自我論」是其中心問題，由此而發展出所有的教理。若是如此，奧義書又是如何探求自我？

梵書終期產生從內部探求原理之傾向時，以粗雜的普魯夏（puruṣa，原人）為出發點，逐漸趨進內部，探究「生氣」（prāṇa）與「心」（manas＝十六分），此如前篇所述。奧義書的自我之尋究正是繼此方針，更且至其所應至之處。當然諸多說明中，或是從前的習氣未去，僅只淺薄地於外部求之（普利哈多阿拉笯亞卡二，一）；或雖於內部探求，卻只是皮相的，並沒有超越梵書的見解（普利哈多阿拉笯亞卡四，一），但識者所求的，相較於「生氣」或「心」，至少是更進一步的「自我觀」。彼等如是思考：「呼吸是生理活動之原動力，若自我只是生理的，當然可以將呼吸當作本體，但對於人類，此與本質的精神全然無關，故終究不能將呼吸視為自我。又，相較於呼吸，心（現象的）當然是本質的，但心是念念生滅，無有定住相，因此，也不能視為自我。相較於此等，自我應是潛藏於更深處，且能左右彼等的根本的實在。」遂將眼光朝內，往內部探尋，外在的經驗的，完全脫離，純粹的能動體或純粹的主觀體遂被視為自我之本體。嚴格意義的奧義書的「阿特曼」，即是用以指稱其當體。亦即如同柏拉圖哲學，奧義書完全以脫離身體的束縛，脫離情欲執念的純粹精神之獨立，作為最終理想之境，將此視為常住不變之「實在」（satyasya satyam）。奧義書之思索家為揭示此一消息，費盡種種苦心。《姜多其亞奧義書》（六，一二）載有烏達拉卡（Uddālaka）為教授其子修威達克多而提出一個譬喻。亦即烏達拉卡割破榕樹（nyagrodha）之果實，取出其中極微細的種子一粒，更予以分割，問曰：尚有何物留存？修威達克多答曰：已無任何物。父曰：「汝所不能見之微細物，能出生廣大之榕樹，此即是阿特曼，彼即是汝。」亦即廣大如榕樹亦由眼所不得見之核心所生，宇宙雖是廣大，亦由超越經驗且潛藏於吾人內部之「實我」所生。予以組織性論述的，是奧義書中有名的阿特曼（我）之四位說或五藏說（pañca kośa），此最能顯示尋究我之本體的道程。所謂「我之四位說」，是將吾人精神狀態分成四位，由粗至細，由外至內予以探討，藉以窺見自我之本質，《普利哈多阿拉笯亞卡奧義書》（四，三）所載的亞修尼亞魯其亞所述，恐是諸奧義書最早之說。據此所述，吾人可分成醒位（buddhānta）、夢位（svapnānta）、熟眠位（saṃprasāda）、死位（mṛta）等四態，此四態中，醒位是主觀客觀相對，心受外物制限，是最不自由之境。在夢位中，心為精神之主宰，創作萬象，然其所用材料（mātrā）仍是醒時之經驗，故難免還是相對的。反之，在熟眠位與死位，精神完全不受外物影響，成為絕對的狀態。此一境地是自我露呈其自身當體，自己成為自己之光明，此外並無任何可以相對的。從而後二位較受重視，尤其是熟眠位，被視為吾人最終理想之境。其文云：

> 此實是最上之歸趣，最上之安樂，最上之世界，最上之歡喜。（普利哈多阿拉笯亞卡四，三，三二）

乍見之下，似乎是將熟眠視為最上之歸趣，但此實是意欲藉此顯示存在於心之深處的不可說的絕對之實我。亦即相較於知覺狀態之醒位，只有心的活動之夢位才接近實我；但相較於夢位的心的活動，無念無想之眠位更接近實我。就此而言，《邁伊多拉亞尼亞奧義書》（六，一九。七，一一）等在眠位之上，更置第四位，亦即 turya, turīya，或名為「大覺位」（caturtha）。

「四位說」是從用的方面探求自我之主體，至於從體的方面，以更整然形態，依解剖的思辨而探尋自我的，是「我之五藏說」。《泰提利亞奧義書》（二，一－五）將我分成五段，由粗漸細，所到達的最後階段，即是真性實我之當體。亦即真性實我有四重覆蓋，若解剖身心之組織，由粗漸細，此中包含從前對於我的全部見解。所謂的「五藏我」，是指如次的五種我。

食味所成（annarasamaya）
生氣所成（prāṇamaya）
現識所成（manomaya）
認識所成（vijñānamaya）
妙樂所成（ānandamaya）

此中的「食味所成我」，是指藉由食物而養成的我，亦即直將肉體視為我之本體；「生氣所成我」是將呼吸視為我之主體；「現識所成我」是將現象的精神視為我。就歷史而言，都是梵書時代業已提出的對於「我」的見解，《泰提利亞奧義書》予以攝取，基於彼等都是包藏真性實我的機關，故都可稱為「我」。位列第四的「認識所成我」，是奧義書首見的教義，即將「我」之本質視為潛藏於現識內部的認識之主體。作為奧義書之正義，此「我」是被承認的，在《普利哈多阿拉笈亞卡奧義書》（二，一，一六）中，阿修達修多魯王為帕拉其達魯其亞教授梵之真相，說是「認識之主」（vijñāna mayaḥ puruṣaḥ）；《姜多其亞奧義書》（八，一二，五）謂現識（manas）為實我；亞修尼亞魯其亞（普利哈多阿拉笈亞卡四，三，二一。三五。四，四，一二）始終認為「我」是由認識所成。故作為真性實我之體，無須再往上推進，但基於解剖的趨勢，《泰提利亞奧義書》雖稱彼為認識（vijñāna），卻帶有客觀性的，最後遂將「實我」視為不可思議、不可見、不可說的絕對實在之當體，就其理想之究竟而言，暫且名之為「妙樂」（ānanda）。但不可忘的是，並沒有因此而妨礙將我之本體當作「識」（vijñāna）之見解。要言之，無論四位說或五藏說，奧義書的探求實我（亦即本體），完全是內省的，亦即認為身心最終之內部有一不變常住不可思議之靈體，是一切生理心理作用之根柢，同時又藉其生理心理的作用而隱蔽其真相。必須銘記的是，此一觀念正是奧義書哲學之出發點。

若是如此，則有一疑問產生。奧義書的思索家認為梵之真相是在吾人之主觀內，究竟彼等是將宿於吾人體內的微細靈體直視為「梵」（亦即宇宙之太原）？或是認為宇宙之太原的梵雖與個人的主觀之「我」性質同一，但就體而言，未必如此？簡言之，是有關梵我之同一究竟是「體」或「質」的疑問。若是體，則「梵」一語全然只是空名，真正實在的，只是個人的「我」，若是如此，則奧義書的根本立腳地完全是觀念論的，且是主觀的觀念論。試就諸奧義書見之，可作如此解釋的，其量甚多。例如《普利哈多阿拉笈亞卡》（二，一，二〇）指出如蜘蛛吐絲，如火之散火花，認識之主體（ātman）造作諸神、世界、生類；亞修尼亞魯其亞告知其妻，無論世界或人，皆依「我」而得以求之（同・四，五）；彼對於「我」，有如次論述：「住於心臟之空處（ākāśa），是宇宙之主，且是命令者，不曾被善惡業左右」（同・四，四，二二）。如次所揭是著名之格語：

idaṃ sarvaṃ yad ayam ātmā「全宇宙即是我」。（普利哈多阿拉笈亞卡 二，四，六）

sa ya eṣo'ṇimaîtad ātmyam idaṃ sarvam, tat satyam, sa ātmā, tat tvam asi Śvetaketo iti.「彼是微細者，全宇宙由彼所成。彼是實在，彼是我，修威達克多！汝即是彼」。（姜多其亞 六，八，七）

如此的結論，即是「宇宙迷妄說」（māyā），就真諦而言，除了我，無論世界或他人或神，皆非實在。奧義書中，如此的思想雖未明顯，但到了後世，商羯羅、卡烏達帕達（《曼多佉耶頌 *Māṇḍūkya-kārikā*》）等人都大膽指出須是如此結論，才能發揮奧義書真意。

雖然如此，此等所說僅只見於奧義書小部分（尤其《普利哈多阿拉筮亞卡》或《姜多其亞》等古奧義書中），因此不能認為此即代表全體。奧義書的全體思想大多立於萬有神教的見地，在個人我之外，另立一個大我（亦即梵），而且某種程度的主張客觀世界與諸有情之實在，而彼等是由唯一太原之梵所發展或顯現。亦即雖將「我」視為宇宙之原理，但又認為此「我」是在個人我之上，向上朝向來的「梵」的地位邁進，提出如梵書所說的創造觀。此「宇宙我」不離吾人之本性，故若了達個人我之真相，即完全得以至此，顯然有所謂「梵我同一論」的傾向，且是梵書所未觸及的新見地。亦即其「同一論」中，並不是將「個人我」稱以宇宙原理的「梵」之名，而是在某種程度上，兩者有別，但在述說本性之融合上，與其說是體的同一，不如說是質的同一。此依後世的奧義書將阿特曼明確區分成個人我（Jīvâtman）與大我（Paramâtman＝梵）即可知之。固然商羯羅予以會通此乃奧義書之俗諦門，而非真諦門，然其俗諦門之說不僅在奧義書中頗為常見，且就其思想發展傾向而言，如此推定才是自然。如先前所述（第二篇第四章第四節），梵書終期之思想顯然從個人的原理類推，而別立與此相當的世界的原理，而奧義書正是繼此趨勢，尋究其本體，因此必然一方面往內觀方面推進，另一方面，必然立下與此相應的超越個人的世界的原理。《泰提利亞奧義書》提出「我的五藏說」之後，進而述說梵之五相：食、生氣、現識、認識、妙樂，將自我視為食味所成，因此，梵也是食，乃至由於視自我為妙樂，故梵也是妙樂，正明白揭出此一消息。亦即如同柏拉圖將由腦底的概念客觀投射所成的 idea（觀念）的世界，視為現象界之根元，奧義書投影擴大個人之本性而建立世界之原理的梵。兩者的差異是，柏拉圖所說的是各各的概念相應各各的觀念界，而奧義書則將《梨俱吠陀》以來的一元思想之究極的大我（亦即梵），視為唯一。從而柏拉圖不是直接將概念視為idea，而奧義書的思索家也不是直接將個人我視為梵；同時如同柏拉圖認為概念與idea有密切不離之關係，奧義書的梵與我也是立於相同的關係。總之，必須認為梵與我，就質而言，雖全然同一，然在體的方面，是不即不離，才能掌握奧義書真意。亦即就迷而言，一一的個人我皆有梵性，且是各各獨立，然而一旦悟其本性，則融合於唯一之大我（亦即梵）。最能顯示此一消息的，是《姜多其亞奧義書》（三，一四）的裏提利亞教（Śaṇḍilya）（變造《百道梵書》的裏提利亞教）。

（一）此一切實是梵，應以此為「達夏闌」（tajjalān）而靜念之。誠然人由意向（kratu）所成。如於此世由意向所成，滅後亦然，故當留意意向。

（二）由現識所成（manomaya），以生氣為身（prāṇa-śarīra），以光為形（bhā-rūpa），以真實為思惟（satya-saṃkalpa），以真空為自我（ākāśātman）者——彼作一切業，滿一切願望，嗅一切香，嘗一切味，包容一切，寂默無憂。

（三）此即我心內之我。其小猶小於米粒、麥粒、芥子之實、粟之種子、粟種子之核。此乃我心內之我。其大猶大於地、空、天、全世界。

（四）作一切業，滿一切願望，嗅一切香，嘗一切味，包容一切，寂默無憂，此乃我心內之我。此即是梵。我將死沒於此而生於彼。

首先將梵視為tajjalān（tat-ja-la-an＝生，滅，息於彼者），亦即將梵視為萬有生住滅之大原理，是宇宙性的，進而指出依人之意向而得以臻於梵，進而指出「我」的真相是小而更小，是心內之存在，又大而更大，與宇宙的「梵」有所共通，最後述及脫離個人之我而與梵融合，可說了無遺憾道破「梵我二而不二，不二而二」之消息。

第二節　本體之性質

無論將吾人之真我視為宇宙之本體，或於個人我之上立下大我，以此大我為本體，奧義書所說的本體之性質，不外於就是「我」之性質。此因奧義書所說的本體之梵，不外於是「我」之擴大。因此，欲知梵之真相，必須了知「我」之真相。換言之，將梵與我視為全然同一並無不可。

一、**消極說**　康德認為吾等之認識力僅止於現象界，不及於本體界（Ding-an-sich），而奧義書初始雖將根本原理視為本體，但在認識論上，卻與康德頗為類似。原來吾人得以意識，得以表象，得以言詮之根本，雖都來自於認識，然其認識必是主觀與客觀交涉才有可能。依據奧義書所述，「我」是純主觀之主體，在任何情況下，都不能成為客觀的，亦即不能成為認識之對象。亦即「我」是物之能見者、能聞者，而非所見者、所聞者，故以己為對象而知其真相的認識不能成立。《普利哈多阿拉笈亞卡奧義書》（二，四，一四）中，亞修尼亞魯其亞告訴其妻麥多雷伊：

一切藉由我而認識。何人得以認識此我？何人得以認識此認識之主（vijñātṛ）？

對於烏夏斯達（Uṣasta）之教示：

知覺之知覺者，汝不能知覺；認識之認識者，汝不能認識。（同・三，四，二）

恰如眼雖能見物，但不能見自身，本體的我是主觀之主體，且是唯一，故無藉由其他而得以認識之道。從而僅只知道「我」是認識之主體之外，對於其屬性，吾人所有的言詮思慮，都只是摸索，似乎無法達其真相。事實不然，當吾人經驗的言詮思慮完全否定時，即是「我」之真相顯現之時。對此，亞修尼亞魯其亞以例示闡明。在《普利哈多阿拉笈亞卡奧義書》（三，八，八）中，亞修尼亞魯其亞對卡魯其曰：

> 卡魯其（Gārgī）！聖者名為不壞（akṣara＝本體）的，非粗、非細、非短、非長、非赤、非濕、非影、非暗、非風、非空、非黏著、無味、無臭、無眼、無耳、無語、無覺、無生力、無生氣、無口、無度、無內、無外。彼不滅任何物，任何物亦不滅彼。

此如同龍樹在《中觀論》中，以八不揭示中道（龍樹之思想恐孕育於此），以全然的否定表現無法言表的本體。雖然如此，經驗的事項無限，無法一一予以否定。因此，亞修尼亞魯其亞更進一步，常使用極為簡單之成句表現其意。此即 nêti nêti（na iti＝曰非，曰非）一語（普利哈多阿拉笈亞卡二，三，六。三，九，二六。四，二，四。四，四，二二。四，五，一五等）。要言之，就認識論而言，本體之真相是言詮不及意路不到，僅能消極性的以「非、非」表示。

二、**積極說**　雖然如此，僅只消極的否定，無法令人獲得滿足，常意欲予以積極的寫象。因此，亞修尼亞魯其亞一方面採用消極的表現，另一方面，又施以積極的述說。乍見之下，二者似乎矛盾，但實際並非如此。述說的方式有正說與假說等二門，一旦達到正說的目的，進而改以假說予以說明，並無不可。最重要的是，切莫忘記始終也只是擬說而已。奧義書如何採用積極說？《普利哈多阿拉篋亞卡》（三，九，二八）將梵（亦即本體）說為「是智（vijñāna），是妙樂（ānanda）」，又提出梵的六相說，即「智識（prajñā）、愛樂（priya）、實有（satya）、無終（ananta）、妙樂（ānanda）、安固（sthiti）」（普利哈多阿拉篋亞卡 四，一，二—七）；《泰提利亞奧義書》（二，一）載為「實有（satya）、智識（jñāna）、無終（ananta）」。此等之中，真正有積極屬性之趣，且諸奧義書以及爾後吠檀多學者所認可的，是實有（satya）、智識（jñāna）、妙樂（ānanda）。亦即梵是萬有之最終實在，且是其主觀之主體，是萬人最高之歸趣。故《篋利辛哈烏達拉達帕尼亞奧義書》（四，六，七）予以整理成 **sac-cid-ānanda**，薩達難陀（**Sadānanda**）的《吠檀多要義》（*Vedānta-sāra*）卷首，即以此作為梵之定義。**sac-cid-ānanda** 就是 **sat cit ānada** = 有、知、妙樂，可以說巧妙道破梵我的積極屬性。應予以注意的是，不能將此 **sac-cid-ānanda** 解為梵的三種性質。依據奧義書的精神，有（**sat**）之外，既無知（**cit**），亦無妙樂（**ānanda**）；同樣的，知之外，既無有，亦無妙樂。詳言之，真實存在的，只是知的實在，此乃絕對不二之妙樂，此即是我，即是梵。亦即有之中，既含知，也含妙樂；知之中，既含有，也含樂；妙樂之中，既含知，也含有，換言之，**sat** = **cit** = **ānanda** = 我 = 梵。當然，此 **sac-cid-ānanda** 之定義僅見於比較新的奧義書，但就精神而言，確實承自正統的奧義書，因此對於作為此定義之基本材料，有必要詳見古奧義書對於三相的論述。

（一）有（sat）　奧義書所說的「有」，有時是指與非變異狀態的無（**asat** = **avyakta**）相對的有，指的是現象界（**sat** = **vyakta**），但通常還是用於指稱本體的「根本有」。《姜多其亞奧義書》（六，二，一）云：「太初時，僅只是有（**sat**），唯一，無第二」（**ekam evâdvitīyam**）；又云：「我人睡眠時，歸於實有（**sat**）」（六，八，一）；又云：「彼（本體）即是實有（**satya**），彼即是我，彼即是汝」（六，八，七）；《普利哈多阿拉笅利卡奧義書》（五，四，一）云：「實有是梵」；又云：「生氣是實有」（二，一，二〇）。此外，就其他奧義書見之，言及我或梵是「有」的，實不勝枚舉。此因對於本體之性質縱使毫無了解，但既已立之，卻又懷疑其實在，豈非自相矛盾。尤其奧義書是為探求現象之根柢的不變常住之實在而觸及「梵我」，因此所有屬性皆可否定，唯獨「實有」不能否定。之所以將此視為梵我積極的屬性，其因在此。

（二）**知**（cit）　既說為「有」，無論如何，就是含有客觀的存在之口吻，然而如先前所述，奧義書所說的本體應是主觀的。亦即其所說的「有」，是精神的實在，不外於是指認識之主體（vijñātṛ）。從而必然是以認識為其本質，諸奧義書在述說梵時，之所以用認識（vijñāna）、識（jñāna）、知（prajñā）表現，其因在此。在此無須多引其例，商羯羅將「梵」定義為「知」（prajñā），認為梵是與有相待而成為本體之一相，可說已窺得奧義書真意。所說的「知」，是內部觀照作用的抽象概念，因此，聯想上，自然與光明結合，故奧義書屢屢將梵我說為光明，或說為一切內部之「內導者」（antaryāmin，普利哈多阿拉笅亞卡 三，七，二三），或說為潛藏於六感深處之識者（vijñānamaya），是「心臟內之光明」（hṛd-antar-jyotis，普利哈多阿拉笅亞卡四，三，七），或說是「光中之光」（jyotiṣām jyotis，普利哈多阿拉笅亞卡四，四，一六），是「最高之光」（paraṃ jyotis，姜多其亞八，三，四。一二，三），是「常住之光」（sakṛdvibhāta，姜多其亞八，四，二）尤其《卡達卡》（五，一五，休威達修瓦達納六，一四）曰：

> 彼處無日之輝曜，既無月，無星，亦無電光，豈能有火光？唯彼獨輝曜，萬物皆受彼光。彼

之光輝照耀全世界。

完全脫化自「知」（cit）的思想，據此足以證明作為本體之積極相的「知」，奧義書是如何重視。

（三）**妙樂**（ānanda）　奧義書對於本體之探究並不只基於對於知的要求，而是意欲藉此窺見吾人最高之歸趣。總之，「假現」並不是最終之安住所，因此意欲於其深處探求絕對的安住所，探尋其本體。從而認為此乃妙樂之境，歡喜是其中之一相，在要求上，也是自然的。亞修尼亞魯其亞是其首唱者。對於熟眠位，彼有如次之表示：

是唯一無二之主觀（eko draṣṭâdvaitaḥ），此即是梵界……，是最高之歸趣（paramā gatiḥ）……是最上之妙樂（paramā ānandaḥ）。其他一切有情界住於此妙樂之一部分（普利哈多阿拉笈亞卡四，三，三二）。

其次，為表示梵界之妙樂廣大無邊，亞修尼亞魯其亞依序述及人間、祖先、乾闥婆、天界、神、生主、梵等倍數之樂，最後指出梵之妙樂是人間最上樂之千億倍（普利哈多阿拉笈亞卡三三）。雖然如此，在將妙樂視為梵之假名之前，似乎已累積不少思索，在《普利哈多阿拉笈亞卡奧義書》中，其思想才充分圓熟，對於妙樂，《姜多其亞奧義書》完全未見提及，但到了《泰提利亞奧義書》已見確定。《泰提利亞》（二，八，一）承受亞修尼亞魯其亞之思想，提及妙樂思惟（ānandasya mīmāṃsā），此外，在說明「我的五藏」中的妙樂所成我時，如次言道：「其頭是愛，右脇是喜，左脇是樂，其體（ātman）是妙樂（ānanda）」（泰提利亞二，五，一）。看似滑稽的分析論，實則在揭示梵之真相全然是妙樂之所以。應予以注意的是，不能將此妙樂解為苦樂相對的快樂。離善惡，絕苦樂，自足完了（āpta-kāma），我即欲之處（ātma-kāma），欲絕無之處（akāma），憂絕無之處（śokântara）（普利哈多阿拉筊亞卡 四，三，二一。四，六）等，都是妙樂之同義語。簡言之，此乃絕對之歡喜。諸奧義書將梵說為無欲（akāma）、無憂（aśoka）（普利哈多阿拉筊亞卡五，一〇，一）、無畏（abhaya）（普利哈多阿拉筊亞卡 四，二，四。三，二一。四，二五），則是妙樂的消極說。如同對於寂滅涅槃（nirvāṇa），佛教的積極表示，是說為「樂」（sukha），奧義書則將無欲、無畏、無憂之寂靜界，名為妙樂。《泰提利亞奧義書》（二，九）所載：

> 依此言語不能轉歸，心不能到達。知梵之妙樂者，毫無所懼。

正是此一境涯。

三、**其他性質**　此 sac-cid-ānanda 是梵的主要積極性，與此有關，奧義書常由各各方面揭示本體之性質。茲依據範疇的分類，揭出其中最為重要的：首先就數量而言，無庸贅言，作為《梨俱吠陀》以來思想系統之承續，梵必然是唯一的。「唯一無第二」（ekam evâdvitīyam，姜多其亞六，二，一），「唯一之主觀，無第二」（eko draṣṭâdvaitaḥ，普利哈多阿拉筊亞卡四，三，三二）等，幾乎可以視為是奧義書的格語。《普利哈多阿拉筊亞卡》（四，四，一九）明言：「應留心並善加銘記。多異不存於此世。若人以為此中有異別，則其人由死趣於死。」所說的「一」，若依據奧義書的精神，並不是與二、三相對的一，而是包容眾多的絕對的一。故又曰：「彼乃是十、數千、眾多、無邊。此即是梵」（二，五，一九）。其次就狀態而言，此依妙樂（ānanda）之定義即可推知，梵之自體完全是無縛自在，無垢清淨。《普利哈多阿拉筎亞卡》四、二、四（四，二二。五，一五）曰：

> 此我不可得（agṛhya），不朽（aśīrya）、無著（asaṅga）、無縛（asita）、無惱（na vyathate）、無害（na riṣyati）。（大意）

進而就其關係觀之，梵雖是萬有之大原理，然其自身不依存任何物體，是無始本有之獨立體。作為其果的萬有亦非存在於梵之外，因此，以因果律論述，並不妥當。就第一義諦而言，梵是超越因果的絕對的存在。其次就時間觀之，無庸贅論，無始無終，常住不變，不死（amṛta）、不壞（akṣara）、常恆（nitya）、無限（ananta）等語，在奧義書中，幾乎是隨處可見。就此而言，梵是超越時間的存在。最後就分量或空間觀之，奧義書對此的說明略有變動。此因如先前所述，奧義書在探求本體時，是解剖性的，是從內部探求，但另一方面，則是宇宙性的，是向上探求，故有必要結合微細與廣大。總而言之，奧義書是漸次著重於廣大的方面。例如《普利哈多阿拉筎亞卡奧義書》（二，五，一九）將此說為無邊，《姜多其亞奧義書》（七，二四）中的所謂bhūman（廣大）之教，是以無限作為梵之性質，將梵視為無限、普遍、偉大等。雖然如此，並沒有忘記其出發點，亦即「微小而更微小」之說亦不捨棄，此依先前所引用的《姜多其亞奧義書》（三，一四）中的襄提利亞教即可知之。要言之，將本體視為細則入於無間，大則絕其方所，最後遂將本體視為超越空間的存在。總合此等種種特質，否定肯定兼取而巧妙論述本體之性質的，是《卡達卡奧義書》（二，一八—二二）所揭。曰：

> 此能知之主（Vipaścit）不生不滅，非從他出，亦不成為他，此太古之主乃是不生（aja）、常住（nitya）、恆有（śāśvata），身被殺而無所殺。我，較微而更微（aṇor aṇīyaḥ），較大而更大

> （mahato mahīyaḥ），潛藏於有情胸中，無欲無憂，依神之攝理[2]（dhātuḥ prasādāt）而見我之偉大（mahiman）。雖坐而遠遊，臥而遍至各方。……在身中而非身，在動中而不動，能知此廣大遍滿之自我，賢者無憂。

概括上來所述，要言之，本體的梵是超越時間、空間、因果的絕對的實在，就經驗的立場而言，只能消極的說為「不然」、「不然」，是言詮思慮所不能及。雖然如此，就根本之預定而言，其自體是 **sac-cid-ānanda**，亦即絕對妙樂的精神的實在，其性質若不以唯一常恆、遍通、自由、滿足等予以積極的寫象，則吾人思考之基礎將失。此等若與斯賓諾莎的 **substantia** 互相勘合，在推定的道行上想必將多所發明。

四、人格的寫象　前文所述的梵觀，完全是就作為純粹原理的「梵」所作的觀察，除此之外，另有幾分人格性質的人格神（Īśvara）之寫象。一方面，此乃承自《梨俱吠陀》的生主觀以來的氣勢，另一方面則是不能滿足於將本體視為冷然的原理，因而予以神的寫象，令彼成為宗教的渴仰對象。在古奧義書中，此乃副產物之觀察，雖然如此，卻與爾後的思想大有關聯，絕對不能予以忽視。首先，關於梵之形相，《姜多其亞奧義書》（五，一八，二）言及普遍我（vaiśvānara ātman）時，曰：

> 以輝曜（天）為頭，一切相（太陽）為眼，行於種種道（風）為呼吸，多樣（虛空）為軀幹，富（水）為膀胱，地為足，祭壇為胸，祭筵為髮，家主火（gārhapatya）為心臟，祖先祭火

2. 或「依感覺之淨化」（dhātu-prasādāt）。

（anvāhāryapacana）為意，供養火（āhavanīya）為口。

固然只是承襲《梨俱吠陀》的原人歌之精神，將梵作泛神性的擬說，但既然作身體的寫象，即足以作為將梵視為人格的證據。尤其梵的人格的活動，在屬於《黑夜柔吠陀》的奧義書中，有步步發展的跡象，到了《休威達修瓦達納》（*Śvetāśvatara*）則更為顯著。次文所揭即其例示：

彼作一切，知一切。彼是自生、覺者、時之時、具德、全知、自性（自然界）與自我（有情）之主、（三）德之主。彼乃輪迴、繫縛、停住、解脫之因（六，一六）。

彼乃常住之常住者，思想之思想者，彼乃多者中之唯一者，能令希望滿足。此本因（亦即神），依理論（sāṃkhya）與實踐（yoga）而可究之。知此為神者離一切繫縛（六，一三）。

作為世界創造之支配者，作為人類運命之司宰，作為滿足眾人願望者，人格神的面目明顯地表現。從而如是的梵，有別於原理，自然成為禮拜之對象，其神與人的關係恰與猶太教相同。《卡達卡》（三，一〇）將梵說為大我（Ātmā mahān），《休威達修瓦達納》（三，一九）名此為大人（Puruṣaṃ mahāntam）之所以，是為與後來所說的「命我」（Jīvātman）的個人我相對，但趨勢所趨是，梵終於被男性化而成為梵天，亦即產生將梵視為人格的創造神的傾向。《阿闥婆吠陀》所屬的濕婆（Śiva）系奧義書、毗濕笯（Viṣṇu）系奧義書等，正是此一傾向的進一步發展。

第三章　現象論（梵之顯相）

第一節　本體與現象的關係

奧義書在探求本體時，其動機是繼承《梨俱吠陀》以來的方針，一方面以此為理想標的，另一方面，意欲以此作為解釋萬有之基礎。筆者在前章所述，主要是從超越的立場所觀察的「梵觀」，從而在理想的標的上，雖多所論述，但在萬有解釋方面，猶相當不清楚。今將就此一方面觀察梵。此乃含括本體與現象的問題，因此仍是奧義書中的本體與現象的關係論。所說的現象，是總括天、人、動、植物等有情界，以及地、水、火、風、空等五大所成的物器界而言，奧義書是以《梨俱吠陀》以來所通用的「一切」（idaṃ sarvam）、「所有」（viśva）、「萬有」（bhūta）等語表現（奧義書中，並無與吾人所說的「宇宙」相當之語詞）。總的說來，此等皆與梵有從屬關係，奧義書全體的觀念是「萬有之生住滅完全依存於梵」。依此方面而為梵所下的定義中，最顯著的是《姜多其亞奧義書》（三，一四，一）的 tajjalān（依此而有生住滅），《泰提利亞奧義書》（三，一）如次明言：

> 依此而出生萬有，生者依此而生，死後歸於彼，此即是梵。

進而就其從屬的關係觀之，奧義書所說並無一定。大體上可以分成三項。第一是觀念論的，第二是萬有神教的，第三是實在論的。當然總括而言，奧義書是立於綜合觀念論與泛神論之見地，但若予以區分，則可分成前揭三項。此中，第一的觀念論的，是將梵完全視為主觀的原理，從而將萬有視為唯心所造。前章已揭出二、三個例證，茲再揭舉一例，《愛達雷亞奧義書》（五，三）曰：

（識所成我）是梵，是因陀羅，是生主，是一切神，是地、風、空、水、火等五大，換言之，是微細物之混合，是彼此之種子，是卵生、胎生、濕生、芽生、馬、牛、人、象及其他一切息者、走者、飛者、不動者（植物），此等皆由識所支配，於識而建立。世界為識所支配，識是根據，識即是梵。

此與《華嚴經》（八十卷本第十九卷。大正藏第十冊，卷一〇二，中）所說的「應觀法界性，一切唯心造」，以及叔本華的「世界是我的表象」相應。據此觀點而言，本體與現象的關係恰如形與影，因此，顯然有歸於「現象迷妄論」之傾向。商羯羅的主張正是此說之發展。

第二，萬有神教的，將本體視為泛神的原理，換言之，是將現象視為「樣式」（modus）之見解，將梵分為真相與顯相二方面，真相是本體，顯相是現象。《普利哈多阿拉笈亞卡奧義書》（二，三，一—三）如次揭出梵之兩面：

（顯相）	（真相）
具體（mūrta）	無體（amūrta）
應死（martya）	不死（amṛta）
固定（sthita）	游離（yat）
此有（sat）	彼有（tyat）

與此相同，《泰提利亞奧義書》（二，六）所說如次：

（顯相）	（真相）
此有（sat=vyakta）	彼有（tyat=avyakta）
有表（nirukta）	無表（anirukta）
有住（nilayana）	無住（anilayana）
有識（vijñāna）	無識（avijñāna）
存有（satya）	非有（anṛta）

前揭二說所立的真顯並非一致，彼此的觀察立腳地稍稍不同，但就認為梵有真顯二面而言，二者出自同一精神。此與斯賓諾莎將實體（substantia）分為神（natura naturans）與自然（natura naturata）的方法類似，也類似《起信論》將真如作空真如（不變）與不空真如（隨緣）之區分。從而就此見地而言，本體與現象的關係恰如水與波，雖非同一，卻又相即不離。「一切實是梵」（sarvaṃ khlav idaṃ brahma，姜多其亞三，一四，一）等，即是基於此一見地而提出的，奧義書中，此一觀點，最為常見。

第三，是實在論的。此一觀點認為萬有是梵所生，且是梵所支配，但又給予獨立的地位。換言之，初始是梵造作萬有，其後梵與萬有有別，故此一思想稍具二元論的傾向。最古且具代表性的，是《普利哈多阿拉笯亞卡》（三，七，三—二三）的內導者（antaryāmin）之教。

住於地而異於地，地不知此（梵），且以地為身體，從內部支配地者，此即汝之我，是不死之內導者（antaryāmin）（三）。

住於水而異於水，水不知此，且以水為身體，從內部支配水者，此即汝之我，是不死之內導者（四）。乃至住於精子而異於精子，精子不知此，且以精子為身體，從內部支配精子者，此即汝之我，是不死之內導者（二三）。

亦即梵（我）是潛藏於萬有內部之支配者，然其自體異於萬有，奧義書在探尋我之本體時，認為「我」是在生理與心理組織之內部，且是驅動之原動力，進而又將此觀點作宇宙性的擴大。尤其將梵作人格的寫象時，此一觀點特為明顯。《普利哈多阿拉筑亞卡奧義書》（三，八，九）曰：

依其常住者之命，日月別立，天地別立，產生秒時、日夜、旬月、年時之區分；依其命，河流奔於雪山之東西方；依其命，人讚嘆布施者，神求祭主，祖先求供物（摘譯）。

又，《泰提利亞奧義書》（二，八。卡達卡六，三）曰：

風（vāta）因懼彼而吹，

太陽（Sūrya）因懼彼而昇，

阿耆尼（Agni），

因陀羅（Indra）及第五死神（Mṛtyu）因懼彼而馳走。

表現出統治者的梵與被治者的萬有之對立，因此，梵乃至萬有都具有相當的實在性。就此觀點而言，本體與現象的關係恰如父與子，如同子由父所生，當然受父支配，然其本身仍具有獨立性；萬有從屬於梵的關係亦然。此稍稍類似猶太教所說。後世羅摩笈闍的「局限一元論」（Viśiṣṭâdvaita）是基於此一觀點而立，相對於商羯羅的「不二論」（Advaita），呈現頗為趣味之對照。

上來所述現象從屬於本體的觀點，在奧義書中，並無一定。但猶如蜘蛛吐絲張網，且不斷地予以監視，梵是萬有之質料因（pradhāna; material cause），同時也是動力因（nimitta; efficient cause）的看法大抵是一致的。由此又產生一大問題。何以自性清淨唯一不二的梵，卻造化雜多變化無極的現象界？亦即有關萬有造化之動力因的問題。此因若依據奧義書之所顯示，現象界是束縛之所，是苦痛不絕之處，作為理想標的之梵卻產生如此的現象界，確實相當難解。帕達拉亞那（Bādarāyaṇa）的《梵經》（*Brahma-sūtra*，二，一，三三）將此解釋成僅僅是因於「遊戲」（līlā-kaivalyam），就奧義書見之，可作此解的說明確實不少。例如初始唯有梵一人，寂寥感生起，故行達帕斯（tapas），造作諸多物體，猶如我人因寂寞無聊而意欲遊戲。將梵作人格的寫象時，如此的解釋甚為妥當，但若將梵視為純精神的靜的原理，此說並不恰當。此因此時的梵，僅只是「知」（prajñā）而已，故不應有遊戲等之擬情。為探求此一方面之動力因，奧義書積累相當長的思索。到了新出的《休威達修瓦達納》等，將此說為「因於梵固有的無明（avidyā）力」。亦即梵原有明（vidyā，悟）的方面與無明（迷）的方面，其迷的方面活動時，即現出千變萬化的現象界。《休威達修瓦達納》（五，一）曰：

明與無明是永遠無終之存在，此乃最高梵之內在。

將吾人悟時是無差別平等之本體，迷時則是沉淪於雜多變化之現象界的信仰往上推進而歸於梵的此一思想，實與先前將作為理想我的梵視為清淨無垢的觀點，有相當大的差異，且是相當驚人之結論（可與天台四明的性善性惡說相對照）。此與《起信論》所說的「忽然念起之無明是真如隨緣之根源」同出一轍，都是為解決理想主義的一元哲學的難點而提出的。此外，為調和無明說與遊戲說，奧義書又有所謂的「動力因說」。此即幻力或魔力（māyā）說，亦即梵依其魔力而變作現象界。言及梵使用魔力，稍稍類似遊戲說，但就視其力為魔力而言，至少是就惡的方面視之，故又類似無明說。其所說的魔力，在梨俱吠陀時代已被當作是神所具之偉力，故未必是取其虛幻之義。《普利哈多阿拉筮亞卡》（二，五，一九）引用《梨俱吠陀》（六，四七，一八）所揭的「因陀羅以其魔力，一身化為種種身而遊行」之文，說明從唯一之梵產生雜多現象的原因；《休威達修瓦達納》（四，九—一〇）明白指出自然界（prakṛti）是幻，而梵是魔術師（māyin）。如此的教義經由《阿闥婆吠陀》的諸奧義書，最後成為商羯羅哲學之重要教理，但擬說以外，另有幾許哲學的意義不得而知。要言之，奧義書一方面基於一元哲學之要求，認為現象界從屬於梵，另一方面，又憎惡其雜多變化而欲令與梵脫離，故又煞費苦心提出動力因，雖然如此，還是無法完全解決。

第二節　現象生起的次第及其種類

一、現象生起之次第　對於本體與現象的根本關係，無論給予何等論述，認為萬有由梵所生，確實是無可置疑。但對於其生起之順序，奧義書的說明相當貧弱。只是採用《梨俱吠陀》以來的「展化說」（pariṇāma-vāda），沿襲古說，認為是由梵而發展出種種現象，除此之外，並無其他新的組織性的說明。此因奧義書的首要目的在於揭示自我的本性，有關現象界的科學的說明，是次要的，因此，對於此一方面費力不多。從而其展化說中，含有不能與奧義書高潮思想相調和的要素，亦不足為怪。就此而言，奧義書所說並沒有超出梵書多少。雖然如此，其展化的觀點被帕達拉亞那採用，成為奧義書現象論的必要材料，故不能視為古代遺物而棄捨之。至少於其發展的觀點中，含有奧義書思想上極為重要的哲學意義。如屢屢所述，奧義書一方面認為本體與現象相對峙，二者性質不相同，但另一方面，又認為二者同質，意欲作一元性的聯絡，欲調和如此的矛盾，只能在本體與現象之間附上「生成」（Werden）的關係。亦即本體之成為現象，除了自然聯絡，此外並無他法。新柏拉圖派將柏拉圖的觀念界與現實界結合時，是以「分泌」（Emanatio）的關係表示；黑格爾將存在（Sein）與非存在（Nichtsein）結合時，是以「生成」（Werden）的關係表示。可以說彼等所採用的，完全與此相同。就此而言，奧義書的「發展說」其外形雖是古傳的神話的，然其中所含重要意義，絕不能忽視。作為此一觀點之代表，茲揭出如次四文。

爾時世界未開展（avyākṛta），逐漸依名（nāman）與色（rūpa）而開展。我（ātman）入於名色，隱於指爪前端。如剃刀收於鞘，如火隱於木（火之住家）而遍滿（普利哈多阿拉笯亞卡一，四，七，取意）。

太初時，唯彼獨存，唯一無第二。彼思忖曰：「我欲多，我欲繁殖」，於是作火，由火作水，由水作食物（地）。「我作為命我，入此三原素，令名色開展」（姜多其亞六，二與三，取意）。

我思忖：「我欲多，我欲繁殖。」彼即行達帕斯（tapas），造作一切，而自入於此（泰提利亞二，六，摘譯）

太初時，此世界唯有我（ātman）。彼自忖：「我欲造世界」，故造作世界。造作天河、光明界、死（亦即地）與水。……彼自忖：「彼等若無我，如何存在？且我將如何入於彼？」故彼破生類腦天，從其門（vidṛti）而入。（愛達雷亞一，一—二以及三，一—一二，取意）

上來所揭四文是由簡略而漸趨於詳細，第一段文，揭示世界由名色所開展，我隱藏於其名色內；第二段文揭示我造作三種原素，進而入於此等元素中而開展名色；第三段文揭示我造作宇宙，並進入於宇宙；第四段文揭示我造作世界，亦即天空地，成為宇宙神，進而從頂門托胎，成為個人我。總括此等而具代表性說明的，是《愛達雷亞奧義書》的宇宙觀。據其所述，阿特曼（ātman）所創造的宇宙界其上下兩邊有水包圍，中央之上部是光界，下部為地界，其守護神有日、月、火、風、木、方、死等七神，應此七神要求，造作我的個人界，七神安住於此，成為眼、耳、鼻、舌、身、意、臍等七官，阿特曼為總括此七官，故經由頂門，進入個人界而安住之云云。顯然是基於小宇宙（microcosmos）與大宇宙（macrocosmos）之思想，以個人為小宇宙，以世界為大宇宙，進而以我貫串二者的宇宙觀。

總合上來諸說，實在的梵作為現象所顯現的樣相，有三態。第一，世界之支配神；第二，物器世界；第三，有情。此中，所謂的支配神，是梵造作世界之後，為予以支配而進入於其中，是被稱為梵天（Brahman）或自在天（Īśvara）的人格神，稍稍與柏拉圖所說的造化神（Dēmiourgos）相當。《梨俱吠陀》以來的第一原理所以成為世界之創造者支配者，正是人格的垂跡信仰之持續。雖然如此，剋實言之，此人格神的梵與第一原理之梵，二者的區別與聯絡並不清楚，想必是因於對於本體的觀點不同，有關此一方面之論述，筆者是置於「本體論」中，故此處略過，擬直接論述物器世界與有情。

二、物器世界　就奧義書的立場而言，物器世界除了作為有情輪迴的舞台之外，不具太大的意義。從而與此有關之論述也相當貧乏。首先就其構成要素觀之，《姜多其亞奧義書》（六，二，三—四。三，二—四）曰：「初始梵造作火、水、食（地），欲依此而發展名色界，進而三分（trivṛt）此三要素」（取意）。

就奧義書觀之，此「三要素說」是最為古老的原素論，帕達拉亞那的《梵經》（二，四，二〇—二二）所揭即以此為據。依據《吠檀多要義》（*Vedānta-sāra*）一二六等之解釋，此非現實的物質，而是所謂的「元原素」（urelement），三者相混而組成現實的物質。亦即現實的地是由元原素的「地二、水一、火一」等四分所成；現實的水是由元原素的「水二、地一、火一」所成；現實的火是由元原素的「火二、水一、地一」所成。若是如此，此即混合說之起源，佛教有部宗等的「由堅濕煖動等四要素而成地、水、火、風等四大」（《俱舍論》卷一等）論述，可視為承自此一系統。較此三要素說更進一步的是五要素說，此乃首見於《泰提利亞奧義書》之教理。《泰提利亞奧義書》（二，一）提出世界之開展，第一步是由梵生空（ākāśa），由空生風（vāyu），由風生火（agni），由火生水（ap），由水生地（pṛthivī），物器世界於是完成。此一觀點是將上位的要素至下位的要素，全部包含，故相對於混合說，可名之為分化說。

此等要素是如何組合而形成所有物質？奧義書對此並沒有組織性的探討，故詳情不明。據此等而成立的世界的形狀、地位等等，除了先前所舉的《愛達雷亞奧義書》之外，亦無特別詳細的說明。大體上，應是依循《梨俱吠陀》以來的信仰，認為有天空地等三界存在。爾後產生「劫波說」

（kalpa-vāda）的信仰，亦即世界於某一時期，由梵發展，又經一定時期，再歸入梵，經常反覆同樣的順序，古奧義書中，此一信仰尚未完全，然其思想早已萌芽。tajjalān 的教義中，即含有此意，《瓦夏薩尼伊本集》（三二，八）云：「此宇宙是神所發生，亦消融於彼」，《休威達修瓦達納》（三，二）云：「彼保護神雖造化萬有，終將攝收之。」但佛教與《摩訶婆羅多》、《摩奴法典》等所提的四期說，尚未能見。

三、有情之成立　所說的「有情」，原指現實的生物，但特指人類。此因依據奧義書所載，有情的範圍相當廣泛，上達天人（deva），下則植物也包含在內，但通常作為中心而論述的，則是人類。關於人類的本體的我與宇宙之本性的大我的關係，如先前所述，奧義書中有種種意見，雖然如此，奧義書最為常見的觀點是梵有兩方面，一方面是維持其本體的地位，另一方面是作為生活的現實的發展。《卡達卡》（四，四─五）揭出廣大遍在之我（mahāntaṃ vibhum ātmānam）與品嘗蜜之我（madhv-adam ātmānaṃ jīvam），或揭出光與影（chāyā-tapau）的二我（卡達卡三，一）；《休威達修瓦達納》（四，六─七）引用《梨俱吠陀》（一，一六四，二〇）所說的「依止於一樹之二鳥，一鳥食甘味果實，一鳥不食，僅旁觀之」；《邁伊多拉亞尼亞》（七，一一，八）云：「大我可經驗真相與幻相，分之為二。」在此一方面，梵成為現實的有情的條件是與生理心理機關的身體結合，換言之，作為本體的梵，一方面組織身體，另一方面作為主體，成為命我（jīvâtman）而進入身體，於是有情得以成立。依據《姜多其亞奧義書》（六，二─五）所載，梵初始造作火、水、地等三種要素，進而作為命我而進入三種要素中，將此三種要素三分時，即有次表所揭的生理心理機關之分化。

	（粗）	（中）	（細）
地	糞	肉	意
水	尿	血	生氣
火	骨	髓	語

與此相同，《卡達卡》（三，四）指出梵我被心（manas）與根（indriya）包容而成為個我（bhoktṛ，食者），《邁伊多拉亞尼亞》（三，一—五）在言及大我成為「有我」（bhūtâtman，元原素我）的原因時，是以五風、三德，亦即生理機關的五風與心情變化之原理的喜、憂、闇等三德述之。此因奧義書之思索家其出發點是將人類肉體的部分（亦即生理，心理組織）視為「我」的機關，同時又採用視此肉體為囚禁「我」的牢獄（此如同柏拉圖）之信仰。身體中的我，以心臟（hṛd）內之小空處（ākāśa）為居處，由名為熙達（hitā，普利哈多阿拉筱亞卡二，一，一九。四，二，三。三，二〇）或蘇修姆納（suṣumṇā，邁伊多拉亞尼亞 六，二一）等無數血管及種種組織圍繞著。故奧義書之思索家認為身體中，心臟最為珍貴，名之為梵城（brahmapura，姜多其亞 八，一，一。二。四。五），或比擬為白蓮（puṇḍarīka，姜多其亞 八，一，一。二。普利哈多阿拉筱亞卡 二，三，六），視之為聖處。我的機關中，最為粗劣的是，四大所成之肉團身，此係依據生死而得或失之部分。《泰提利亞奧義書》（二，一，一。二，一）所說的食味所成（anna-rasa-maya）即此。此麤身之內部，若採用後世術語，含有稱為細身（sūkṣma-śarīra）的微細組織。除非已獲得解脫，否則此將是永久包容我而不相離之機關，所謂的生氣（prāṇa）、根（indriya）、意（manas）等即此。此中的生氣，原是呼

吸之義，然其用法逐漸增廣，最後形成泛指種種生理作用。初始森林書僅將呼吸分為出息（prāṇa）、入息（apāna）等二部分（泰提利亞三，一四，七。愛達雷亞二，一），但到了奧義書，又提出介風（vyāna），亦即調整出入息的機關（普利哈多阿拉笯亞卡三，一，一〇。五，一四，三。姜多其亞一，三，三。泰提利亞一，五，三。二，二），進而又加上風（udāna；死風）、等風（samāna；消化風），成為五風，且都名之為普拉那（五風說，普利哈多阿拉笯亞卡一，五，三。三，九，二六。姜多其亞三，一三，一—五。五，一九—二三。泰提利亞一，七。邁伊多拉亞尼亞二，六）。亦即其生理觀初始僅以呼吸為主，但其觀察範圍逐漸擴大。或為與出息（prāṇa）有所區別，而將五風總稱為首風（mukhyaḥ prāṇaḥ，姜多其亞一，二，七。五，三）。《泰提利亞奧義書》所說的生氣所成我（二，二，一。三，一。八，五。三，一〇，五）應是意指被此機關所包含的我。相對於此五風的生理機關，另有更為內部的，名為「根」（indriya）的心理機關。眼、耳、鼻、舌、皮是知根（jñānândriya），亦即認識機關；手、足、舌、排泄器、生殖器是作根（karmândriya），亦即意志機關（五風，五知根，五作根的說明，參見吠檀多精要七〇—一二二）。進而又有統轄此知根、作根，聯絡認識作用與意志作用的意（manas），「意」同樣是根的一種。初始在梵書中，「意」被用於表示梵，是大原理，而奧義書則常用來表示「我」，但最後分化成機關的一種。《泰提利亞奧義書》（一，六，一。二，三，一。八，五。三，一〇，五）所揭的「意所成我」，可視為是指以意為上首，由知根、作根所包含的我。「我」被種種機關所包圍，因此現實的有情呈現不自由的繫縛的相狀，雖然如此，其本性依然不失純淨無垢之性質。故《邁伊多拉亞尼亞》（三，二）以蓮上之露作譬喻，雖處於污泥而不被污泥所污。《泰提利亞》所說的認識所成（二，四，一。五，一。八，五。三，一〇，五）、歡喜所成（二，五，一。八，五。三，一〇，五），不外於就是指雖被身體所困，卻全然不受其習氣所污的梵性。此即安住於心臟內的認識之主體，是不可見不可聞的有情之本體。

如是所成的個人我的狀態有四種階位，即：醒位、夢位、熟眠位與覺位。此中，醒位是指五風、十一根全部活動的狀態；夢位是指十根休止，唯有五風與意（manas）之活動；熟眠位是指意亦休止，唯僅五風活動。《普利哈多阿拉笈亞卡》（二，一，一七。四，三，一四。一九）等謂此境是真我自身發現之位，是最上位，名之為自主、自照，但就字面意義而言，將熟眠視為絕對之狀態，不太恰當，因此，古奧義書中，最後出現的《邁伊多拉亞尼亞》（六，一九。七，一一），另立第四位的覺位，亦即將藉由破除迷妄而到達之位視為第四位（turya, turīya）。從《愛達雷亞》（一，三，一二）將前三位名為眠位看來，無可懷疑的，在《邁伊多拉亞尼亞》之前已有反對將熟眠位視為最上位之氣勢，但明顯將覺位當作第四位的，則始自於《邁伊多拉亞尼亞》。此即解脫之境，正是五藏說中的歡喜所成我發揮其自相之位〔新奧義書的《姜多其亞》將此四位改為普遍位（vaiśvānara）（三。九）、光照位（taijasa）（四。一〇）、慧位（prajña）（七）與第四位（caturtha）（七。一二）〕。

第四章　終局論（輪迴，解脫）

對於經由前章所述歷程而成立的現象界，尤其與有情究極運命有關的論述，即是所謂的「終局論」（Eschatologie）。概括而言，有情的運命大致可分為二個方向。其一是現象化之繼續，其二是回歸於本體。前者稱為輪迴，後者稱為解脫。因此，終局論的問題可分成輪迴論與解脫論等二大部門。若依據奧義書所述，輪迴與解脫之所以，在於明（vidyā）與無明（avidyā），立於明位，亦即悟時，即是解脫；立於無明位，亦即迷時，即是輪迴，因此，輪迴論又可以名為迷界論，解脫論又可以名為悟界論。

第一節　輪迴論

輪迴（saṃsāra）思想興起於印度，是在梵書終期，是相應於「我論」而生起，此如前文所述。雖然如此，輪迴思想成為不可撼動的教理，獲得一般人認可，則始自於奧義書時代。且是奧義書之思索家認真予以思辨的結果。尤其將輪迴思想基礎觀念的業說附予哲學意義，則是得力於奧義書初期的哲學者亞修尼亞魯其亞等人。依據《普利哈多阿拉竕亞卡》（三，二，一三）所載，阿塔巴嘉（Ārtabhāga，意為 Ṛtabhāga 之子）曾向亞修尼亞魯其亞提問：「人死時，語歸於火，呼吸歸於風，眼歸於太陽，意歸於月，耳歸於方，身歸於地，我歸於空，毛歸於草，髮歸於木，血與精液歸於水。

若是如此，人將存於何處？」」對此，亞修尼亞魯其亞答曰：「握住吾手，此一問題不應於眾人中談論。僅可兩人共語。」」二人遂前往他處。其所說的，是「業」（karman）；所賞讚的，也是業。「誠然，善依善業，惡依惡業。」據此可知業說在當時是新出的，是尚未公開於婆羅門社會的秘教。另一方面此文也透露出「從來剎帝利種的學者等所抱持的善惡業習力之信仰，此時已被婆羅門哲學者秘密採用，並予以哲學化」。筆者基於如次二種根據，認為其所以哲學化是以「我論」為中心。其一是倫理的，另一是心理的。所謂倫理的，是指基於善因善果、惡因惡果的道德的要求，概括而言，之所以有輪迴界，是由於無明，但同樣為無明所囚的有情，之所以有禍福苦樂的差別，完全是為酬應由無明所發動的行為之性質，以此為根據而立業說。而有情的本體我是常住的，因此，自然產生「其行為之餘勢含括過現未等三世，除非其果顯現，否則永不滅絕」的三世因果說。此與康德將「善因善果、惡因惡果」視為吾人不能放棄的道德的要求，且承認神的存在與未來生活之存在，有相同意趣。所謂心理的，是指基於各各有情其本能與氣質有先天性的差異。亦即如前章所述，各各有情是依生理心理組織而成立，但僅就人類而言，人與人之間何以有本能與氣質等先天的差異，若非前世經驗不同，則無從解釋。次文所揭引文載於《普利哈多阿拉笈亞卡》（四，四，二—五），是亞修尼亞魯其亞所說，從中可以窺出前揭二種根據以及輪迴的相狀。

……（死時）心臟尖端發出光輝。藉由此光，我或經由眼，或經由腦天，或經由身中其他部分脫離。彼離去時，生命亦隨之而去，一切生活機關亦隨之而去。彼是意識性的，意識性的亦隨彼而離去。爾時，我被智、業與前生智（pūrvaprajñā ＝前生之經驗）掌握（二）。

恰如尺蠖由一葉端更達其他葉端，我脫離此身，脫離無智（經驗世界）而到達他處（其他的身體與世界）（三）。

恰如冶金工從某雕物中採取材料，鍛冶出其他既新且美之形體，此我脫離此身，脫離無智經驗（世界），另造其他既新且美之形體。彼或成為祖靈，或成為乾闥婆，或成為諸神，或成為生主，或成為梵天，或成為其他有情（四）。

……（如同）人隨從行動而成為種種（依行動而得未來之生）。誠然，善業之人成為善，惡業之人成為惡，依淨行而淨，依惡業而惡。故曰：人由欲所成（kāmamaya）。隨從欲而有意向（kratu），隨從意向而有業，隨從業而受果報（五）。

前揭引文中，應予以特別注意的，是最後一句的「人由欲所成」，由於欲的動機而決定意志，由於意志而決定行為，由於行為而決定果報，此正是奧義書的任意主義（voluntarism）的表現。又就上來所揭諸說觀之，顯然輪迴的範圍是包括人、天、鬼神與一般生類，若對照其他奧義書的思想，大體上可分為三類，即：天道（deva-yāna）、祖道（pitṛ-yāna）與第三道（tṛtīya）。所謂天道，是指《梨俱吠陀》以來的諸神，在梵書中，其地位大為下降，尤其到了奧義書，諸神已不具「我」的智識，同樣屬於迷界之有情，如前揭引文所顯示，生主梵天亦被納入於輪迴的範圍。雖然奧義書有時一如往昔，亦將天道視為光明之最上界，是不死常恆之位，但大抵而言，將天道納入輪迴界是通規。位列第二的祖道，則是以人類為中心，是再回歸此世，或進而到達天道之位（普利哈多阿拉笯亞卡六，二。姜多其亞五，一〇）。

大抵而言，上來所揭二道是行善業者所趣之所，而第三道則是惡人所行之道，是《姜多其亞奧義書》（五，一〇，八）所說之境地。通常將此解為獸道，帕達拉亞那的《梵經》（三，一，一八）解為地獄之義，其真意雖不十分清楚，要言之，可以視為是指人、天以外之惡道。《卡烏西達其》（一，二）與《姜多其亞》（六，九，三）將祖道與第三道置於一處，更指出不能前往天道的，是蚋、蚊、蟲、蠅、魚、鳥、獅子、豬、蛇、虎與人類等。此一範圍若更予以擴大，則植物亦包含在內，《卡達卡奧義書》（五，七）謂某物進入母體而他物成為植物（不能動的，sthāṇu），《姜多其亞》（五，一〇，六）則有成為米、麥、草、木、胡麻、菽豆之說。此等之中，天部除外，將其他有情依其出生狀況而作分類總攝的，是《愛達雷亞奧義書》（五，三）所揭的卵、胎、濕、芽等「四生說」。卵生（aṇḍaja）是指如鳥類是從卵所生；胎生（jāruja）是指由母胎所生，如人與獸等；濕生（svedaja）是指如蚋、蚊等，是由濕氣所生；芽生（udbhijja）是指如草木等事由種子所生。

略言之，此三道四生，上自神位，下至植物界，都是輪迴的範圍。以天、空、地等三界為舞台，時而依善業而生於善處，時而依惡業而生於惡趣，雖有如此區別，但都未能脫離此境。此因相應前業而受今世之果，而今世之業是招引未來果之因，其關係恰如鎖鏈之毫無間隙。說為輪迴流轉，即出自於此（saṃsāra = sam + sṛ = 迴流）。就奧義書的立場而言，此乃含有無限悲痛之現狀，是必須破除之境。此因我等的本性並非如此，而是靈妙歡喜之梵，然無始以來由假現之旅又趣往假現之旅，片刻不得休止。印度特有的厭世思想因此逐漸興起，亦不足為怪。《普利哈多阿拉笈亞卡奧義書》（三，七，二三）指出唯只阿特曼為不死者，其他則為窮困所迫（ārta），將理想我與現實我作明顯地對比，厭世思想遂越發顯著，到了《邁伊多拉亞尼亞奧義書》（一，二—四）等，則明言此世界及此身體完全是苦器。總之，輪迴思想與厭世思想有不可分離的關係。因此，脫離此苦界，安住於本性而獲得永久安樂的方法，除了解脫，別無他途。

第二節　解脫論

奧義書的最終目的在於解脫。千百立言或種種思辨，都是為達此境之方便。所謂解脫，本是消極的觀念，意指束縛脫離，但積極而言，則是「我（為迷妄所掩，煩惱所昧）脫離一切假現的繫縛，而安立於本性」之義。與往昔生天觀大異其趣的一種理想，直到奧義書才明顯呈現。因此，奧義書之最終理想不在於趣往從來所無之境，而是意欲發現本已具有之真性，詳言之，除了發揮人人本具的 **sac-cid-ānanda** 之面目，並非另有妙處。從而其所用方法，就第一義諦而言，無須特別的不思議的修行。僅需覺悟吾人之本性就是唯一不二之梵，就已足夠。《卡達卡》（六，一二）曰：

> （我）非依言語、思慮、視覺而得之。唯依「有彼」一語而得。

亦即由於直下承當「有彼」，「我」即能獲得解脫。進而《門達卡》（三，二，九）所說如次：

> 知彼為最高梵者，彼即是梵（**sa yo ha vai tat paramaṃ brahma veda brahmaîva bhavati**）。

奧義書雖是因應宗教的要求而製作，然其所以注重智慧，積極作哲學思辨，其實意欲藉此了知此「梵」。應予以注意的是，所說的智慧（vidyā），並不是指與現象界有關的經驗的智識，而是指離言語與思慮的我智（ātma-vidyā，姜多其亞四，一四，一）、梵智（brahma-vidyā，普利哈多阿拉筬亞卡一，四，九）的絕對智。即使遍學吠陀或通達諸學，就梵智之見地而言，僅只是名稱而已，並無任何效果，且往往有可能造成妨礙。又，即使是宗教上之祭祀或世間的道德，也只是相對的善事，同樣都在輪迴界中，並非解脫之正道。亦即就第一義諦而言，奧義書並無述說道德與祭祀之餘地。就此而言，奧義書所說的「知梵」或「拜梵」，並不是世間所說的「知」或「禮拜」，而是如同禪宗的大悟徹底，是指屏絕能所、二面裂破的契當之當體。《卡達卡奧義書》（二，二三）所載：

> 我（阿特曼）不能依（吠陀之）學習、智解或博識而獲得。唯僅阿特曼所擇者，能得之。阿特曼於彼呈現自己之本性。

正道破此間消息。雖然如此，在到達此域之前，須經相當順序的修行，累積身心之修養，因此奧義書也認為世間的道德與通俗的祭祀絕不容忽視。尤其若依據「人是藉由意向（kratu），亦即藉由意志而得其境」的襄提魯亞與亞修尼亞魯其亞等人所述，意向與解脫有直接關係，因此實際的修行是不能忽視的。

就諸奧義書所揭修行德目而言，《姜多其亞奧義書》（三，一七，四）揭出苦行（tapas）、慈善（dāna）、正行（ārjava）、不殺生（ahiṃsā）、實語（satyavacana），將此五種德目視為行者五大義務；《普利哈多阿拉筬亞卡奧義書》（五，二，三）將制欲（dama）、慈善（dāna）、同情（dayā）等，視為神之聲。又，就通則而言，是實言（satyaṃ vada）、自修不退（svādhyāyān mā pramadaḥ）；就在家之法則而言，是不斷家系，不害健康，守護家產，不懈怠神與祖先之祭祀，禮敬父、母、師、客，如同禮敬諸神，實行善行（泰提利亞一，一一，一—二）。《摩訶那羅衍那》（*Mahānārāyaṇa*）七八舉出人間之道德、宗教生活等十二要素，即：真實（satya）、苦行（tapas）、自制（dama）、寂靜（śama）、慈善（dāna）、義務（dharma）、生殖（prajana）、火（agni）、火祭（agnihotra）、祭祀（yajña）、思念（mānasa）、遁世（nyāsa），尤其著重遁世，視為解脫道之必備要素。此因藉由遁世而放浪形骸，則能捨離一切執著，自然得以除去障礙真我的煩惱。統轄此等諸修行法而予以組織之制度，即是所謂的「學苑」（āśrama），亦即四期之規定。出生後到達一定年齡，即以學生（brahmacārin）身分進入師門，學習吠陀與祭法；學成（snātaka）後，返家，作為家長而治家（gṛhastha），生育子孫，供養神與祖先；到了老年，歸隱森林（vānaprastha），研究苦行與哲理，漸趨於悟道；進而放浪形骸，過雲水生活（sannyāsin）（後篇對此將予以詳述）。與此遁世相輔相成的，是可以直接臻於我之真體的正修行。此即是禪定（dhyāna）瑜伽（yoga＝相應）。此二語有時是以合成語的 **dhyāna-yoga** 表現，有時各別使用，無論是哪一種，都用於指稱「身心結合一處，遠離動搖而寂靜內觀」的方法，是奧義書中期以降最受重視的修行法。此因若欲從吾人內部探求本體，必然需要有一屏絕外界諸緣而專注於內觀的方法，因此基於《梨俱吠陀》以來的苦行之行法而提出此一修行法。其方法後文將有所詳述，但大體而言，是指在遠離人里的森林、河邊、洞穴中，端坐，調整呼吸，心集中於一境，觀想梵之表徵的「唵」（oṃ）字，此時所到達的恍惚狀態，被認為是能與梵接近的原因。

如是，依種種修行，思念，念念不怠，垢膩、煩惱逐漸淡薄，真智自然開發，前世所繼承的善惡業力得以征服，將受未來世果報之業種得以消盡，終於無明完全根絕，獲得解脫之果。《門達卡奧義書》如此記載：

思戀愛欲而追求愛欲者，將因於愛欲而生於各處。愛欲已斷，阿特曼淨化時，雖猶在此世，然而一切愛欲（煩惱）滅去（三，二，二）。

任何人若能見彼（我）之高深，則絕其胸之縛，除一切疑惑，其業（karman）滅盡（二，二，八）。

如河水注入海而失其名色，聖者亦離名色而入最高之我（三，二，八）。

亦即在解脫境地中，完全斷絕現象界之習氣，無彼此之區別，唯只顯現同一之大我。誠然是得以發揮奧義書真意的解脫觀。雖然如此，除此之外，奧義書另有解脫者的靈魂經種種歷程而抵達天國後，其個性依然存在的論述。例如《普利哈多阿拉笯亞卡奧義書》（五，一〇）載有死者在彼世經歷風、日、月後，進入無寒暑（或「無憂苦無寒冷」）之世界，無限年月的止住於其間；《愛達雷亞奧義書》（五，四）指出「知阿特曼者若離開此世，將抵達天國，享一切欲而入於不死」。相較於前者，承繼《梨俱吠陀》以來的天國思想系統的此等解脫觀，就人類的需求而言，較具通俗性，因此，即使到了後世，在吠檀多派中，此等解脫觀仍維持相當勢力。

最後，有情獲得解脫後，作為其舞台的世界又是如何？奧義書對此並無明白揭示，但從其精神推測，其世界應同樣消融於梵之體內。此因存在於有情輪迴的舞台之外，並無意義。雖然如此，但就實際而言，只是一個有情解脫，尚未解脫的其他有情還很多，因此，對於其他有情而言，世界依然作為現象而相續不絕。

第五章　結論：奧義書思想之矛盾與由來

在上來所揭數章中，筆者盡可能公平且組織性的述說奧義書之思想。雖然如此，筆者相信仍存在諸多粗漏與不清楚之處。實際上，奧義書本身就包含不少矛盾與混亂，縱使期望公平予以處理，相信任何人亦難以將其所含種種思想毫無遺漏組織於同一系統之下。例如就主要觀念的我而言，通常是將「我」視為世界的原理，但有時也當作是個人的原理；在述說其本性時，雖說是清淨無垢，但有時也說是善或惡本具；又，一方面將「我」寫象成不動的靜的原理，但另一方面又說「我」是萬有開展的動的原理；尤其對於本體與現象的關係，雖有一切皆梵，現象界是梵的一部分之說，但另一方面又說現象界是昧於梵之真相的迷妄，總之，林林總總，難以調和的論述不勝枚舉。若將此等視為同一人之見解而予以彙整，必然如同陷於泥淖而無法脫身。此乃筆者在本體論、現象論與終局論中，並記此等相異見地的理由。如先前所述，奧義書是經由諸多思索家累經數代而成，有如此矛盾的表現自是當然。雖然如此，應予以注意的是，如此的矛盾絕非出自偶然，或故意意見相左所致，一一實有其相應之來由。之所以如此，其因在於從不同的立腳地觀察的「我」被雜然混合，故產生種種複雜的不同意見，因此，若將不同的立腳地予以區分，將較為容易了解其思想矛盾之所以。就筆者所見，奧義書中，可視為「我」的立腳地的，大致上有三種。第一是理想的見地，第二是說明的見地，第三是傳承的見地。亦即將「我」視為吾等理想之標的，作向上門觀察的，是第一種；將此視為第一原理，以此為基礎，意欲說明現象之起源所作的卻來門之觀察的，是第二種；進而含括此二門，將「我」納入古傳承之型而作觀察的，是第三種。有關此等，前篇雖已處處觸及，但作為結論，此處擬再作簡單論述。

一、**理想的見地**　從梵書終期到奧義書之間，印度哲學者的思想是朝向內觀的，將精神，亦即將阿特曼視為是我人之本體，因此精神不受任何束縛而得以獨立，被視為我人之最高理想。換言之，現實上我人雖由精神與肉體二者所成，但印度的學者認為肉體能障蔽精神本性，故以脫離肉體作為理想。我的四位說與五藏說正顯示其過程，將漸次脫離肉體之束縛而發現精神自身當作吾等理想之境。就此一方面而言，彼等所立的是籠統的無意識的二元論，我之外，亦默認物質（肉體）的存在，但應捨棄此肉體而專致於追求「我」。此實是印度思想的出發點，爾後之思辨完全以此為基礎，而此思想之直接開展，就是同一理想標的的唯一之大我。先前所揭，是認為常識上的自我之外，另有「他我」存在，如此自然成為「多我論」，然此實與意欲予以統一的吾等之理想背反，因此遂將個人我擴大，立一統一性的大我（梵）。在此情況下，真我雖具有宇宙的意義，然就其性質而言，實與個人的真我完全無異。從而將此際的大我稱為全智全能，純淨不穢，寂然不動或 sac-cid-ānanda，簡言之，思索家以自己所認為的最高理想的所有性質作為比擬，完全不覺得不合理。因為此即是去除現實上的不完全與不滿足的理想的實在。故此際的大我與宇宙之關係，恰如理想的個人我與身體的關係，同樣是籠統的無意識的二元論，在極度嘆美大我之下，往往顯示類似忘記猶有世界存在的態度，但此舉並非否定其存在，此依《普利哈多阿拉笈亞卡》與《姜多其亞》等最古的奧義書所揭，即可知之。總之，作為理想標的而探求的「我」，無論小我或大我，都是從二元論的現實出發，捨棄其中一方而成立的，故其背後仍帶有幾分二元論的色彩。更且此一方面的奧義書的「我觀」誠然是自然發展，就宗教的努力而言，其透徹的經過完全顯現。

二、說明的見地　如是，奧義書之思索家將真我或大我定為吾等理想之最終標的，但基於哲學的要求，不能將此僅只視為理想標的而已，因此進而意欲將彼視為萬有之根本原理。亦即初始作為終極原因（final cause）而探求的我，因於哲學的要求而成為質料因（prakṛti = material cause）、動力因（nimitta = instrumental cause），先前的向上門的態度轉成向下門的態度。如此的思惟過程正與柏拉圖所說的「依現實而思辨的 idea 是本體，而現象界是其影」相同。奧義書的「我觀」所以產生種種矛盾，其因在此。此因初始雖捨棄現實之半分而立「理想之我」，但在卻來門卻必須依此說明其所捨棄的部分。若奧義書果斷地採取二元論，當然萬事都能順利解決，但由於是承繼《梨俱吠陀》以來的系統，堅守其一元主義，因此若欲由此而誘導出現象界，實有種種困難。為此，彼等將個人的真我移至說明之見地，主張萬法唯心的觀念主義，將大我視為原理，主張泛神論，意欲藉此而脫離困境。雖然如此，但既然極力提出現實與理想之對比，將理想的我視為清淨無垢的安穩之處而憧憬之，並將現實視為可憎的窘束之境，無論如何都無法順利說明由前者而現出後者。此因現實雖全是唯心所造，但終究無法解答如何從清淨的阿特曼變作不清淨的現實界，同樣，雖將此視為大我之樣式，但無法解釋何以 sac-cid-ānanda 之主體所採用的樣式異於其本性。奧義書既然將我視為清淨無垢之本體，且固守一元主義，就無法述說罪惡、不善、束縛等所謂原罪的起源。在此情況下，奧義書的思想漸次朝向組織性的，最後提出「梵（我）本具妄與真等二方面，無論善或惡，都基於梵」，如此與最初出發點自相矛盾的驚人之說。爾後數論派興起，之所以斷然採取二元論，排除大我，主張多數之個人我與物質原理之實在，完全是為除去奧義書此一缺陷，意欲用以說明宇宙存立之次第。

要言之，奧義書的「我觀」所以含有顯著的矛盾，是因為在向上門中，實含有二元主義，但在卻來門中，卻又提出一元論。

三、傳承的見地

上來所述理想的見地與說明的見地，是奧義書特有的中樞思想，此外，奧義書中含括此兩種見地，立於將我視為大原理之見地（傳承自梨俱吠陀）的也不少。例如認為「我即是梵」，將我視為宇宙的大人格神；或如同我人之具有意志，能訂定種種計畫等等，類此的論述都承自古傳。尤其作為萬有之原理的梵，能行達帕斯，以及開展世界等等的論述，實與奧義書的中樞思想不相容，雖然如此，仍予以採用，其因在於沿襲梵書所傳。

如是，奧義書所說的「我」有三種立場，因此分成種種見地，最後成為不可收拾的複雜狀態。此三種見地並不是以不同潮流的方式推進，而是相互混同，或依理想的立場，卻給予說明立場之解釋；或依傳承的立場而給予理想的說明等等，極為混亂。此因奧義書之思索家大多不是組織性的哲學者，而是無秩序地提出閃於其胸中的解決方針之詩人。從而雖是同一學者，也有可能因時因地改變其思辨態度。因此，乘同一潮流，掌握同一問題而興起的奧義書含有無數的矛盾，亦不足為奇。爾後商羯羅等將奧義書的立場分為真諦門（paramārtha）、俗諦門（aparamārtha），用以會通種種矛盾，此舉雖極其巧妙，但仍無法充分達其目的。奧義書如此的矛盾，是學派時代現起的原因，在奧義書末期，主義信仰不同的眾多學派興起，就某一方面而言，正是為解決如此的矛盾所導致的。

第四篇

經書（婆羅門教的實際方面）

第一章　總說

奧義書的興起，是梵書時代形式過重主義之反撲，筆者對此已有所論述。雖然如此，此僅只是其根本思想之傾向而已，大體上，即使在奧義書之後，婆羅門之間依然固守古風的形式制度。理論方面，姑且不論，就實際而言，儀式、制度仍是婆羅門教之標幟，更且在一般民眾之間，是被當作習慣而保存下來，故婆羅門教若欲繼續維持其地位，就必須極力作如此的主張。奧義書終期到初期的學派時代，婆羅門學者再度朝此一方面開拓，組織性的講述四姓的義務與祭事之行法等，更且產生製作教科書的風潮。此因一方面，有必要以古風教育婆羅門之子弟，另一方面，相對於新興諸派，有必要依此而確保其正統地位。在文學史上，特應予以注意的是，在予以記述之際，專用名為「修多羅」（sūtra）的短文體，且直接將據此而產生的教科書名為「經書」。因此，就吠陀文學史而言，此一風潮被稱為經書時代。sūtra（線）一語，出自於 siv（織），恰如以線串花或玉，其原意是指將教義大綱統攝於簡單的語句中。初始完全是為方便記憶，其文體愈古者愈簡短，且暗示性的文章也不少，故若無註釋，往往不知其意。婆羅門在講述複雜繁多的儀禮與制度之後，為方便記憶，採用此類文體述說其目標性的意義，即是經書文學之起源。中國人將 sūtra 譯為契經，就字義而言，可說頗為妥當，義淨在《南海寄歸傳》中，將 sūtra 解為「略詮意明」，在意義上也相當妥當。

產生此一風潮的年代，若依據馬克斯穆勒所說，大致上始於西元前六世紀，直至西元前二世紀猶見興盛，在此期間出現附屬吠陀之主要經書。雖然無法作出較為嚴格的年代限定，但大體上，此一推定可說是妥當的，馬克多雷等其他學者也都贊成。亦即在古奧義書中，婆羅門之徒已完成思想上的創作，遂轉而移至祖述先前之產物。故經書之中，年代較新的，雖混入古書所無的信仰與思想，但大體上，仍是祖述梵書時代的制度與儀式，除了若干細微之處，實與古風的婆羅門主義無太大差異。據此觀之，梵書在理論上，是開展出奧義書，在實際上，是促進經書的製作。此即將經書視為學派時代之產物，且是廣義吠陀的一部分之所以，更且若無此一部門之探究，古代婆羅門教之研究無法完成之所以。

在本書第二篇「梵書」中，筆者設有「梵書之實際的方面」一章，當時暫且略其說明。今第三篇「奧義書」之論述已告結束，因此，在此第四篇中，擬總合前後以完成論述。如此安排，似有所謂「時代錯誤」（**anachronism**）之感，但對於吠陀文學史，不得不施此方式。此一部門之研究，不僅在宗教的實際的方面，對於了解當時社會的風俗、習慣等文明狀態，也提供不可欠缺的材料。

屬於吠陀的經書有三種。即：法經（**Dharma-sūtra**）、天啟經（**Śrauta-sūtra**）、家庭經（**Gṛhya-sūtra**）。法經是四姓之義務、社會的法規等與日常生活有關的規定之集錄；天啟經所載是有關祭官（**ṛtvij**）所司之大祭；家庭經所述說的是，家庭中的家長司祭之儀式。統合此三部，婆羅門教實際方面的說明才告完成。總稱此三者為「劫波經」（**Kalpa-sūtra**），通常吠陀的各支派各有各自的劫波經。經書的作者循例都假托於古聖，但終究不能直接將此視為神之啟示，而是古聖就傳承予以審議而定的規定。亦即「經作者」（**sūtra-kāra**）裁決種種古傳後，所設的某些規定。婆羅門教的實際的方面完成於梵書時代，但時空變遷，古來的傳承已見若干差異，到了此一時代，了知故實的學者以「經作者」的身分，就此等傳承予以判定，據此所成的，即是經書。此乃相對於吠陀本集與梵書（含奧義書）的「天啟」（śruti），將經書名為「傳承」（smṛti）之所以（天啟經之內容已見於夜柔吠陀，在夜柔吠陀即名此為天啟）。從而由於傳承與地理等有別，各派所傳經書內容未必相同。但大體上是一致的，僅只在細微處與記述廣略，有相當大的差異。經書所傳的學派未必與本集、梵書所傳一致，或是某本集之枝派不具特別的經書（恐已散佚），或是所傳本集雖然相同，但所傳經書卻是不同。故相對於將以本集與梵書為基礎之派稱為枝派（śākhā），對於以經書為基礎的，是稱為門派（caraṇa）。

其次就現存的經書觀之，原則上，每個門派各有三典，由於門派數量相當多，故經書之數量也非常多。雖然如此，但實際上，已衰滅的門派或是其經書尚未被發現，或是某門派其三典未能齊備，故現存經書終究不能與原則相符。今大致將大致已明瞭的部分表列如次。

（本集）	（門派）	（經書名）
梨俱吠陀（二）	一、襄卡亞那門派（Śāṅkhāyana, Kauṣītakin）	襄卡亞那天啟經 襄卡亞那家庭經
	二、阿修瓦拉亞那門派（Āśvalāyana）	阿修瓦拉亞那天啟經 阿修瓦拉亞那家庭經
	一、瑪夏卡門派（Maśaka）	阿魯西耶亞劫波經（天啟經）（Ārṣeya-kalpa-sūtra） 瞿比拉家庭經（Gobhila-gṛhya-sūtra）

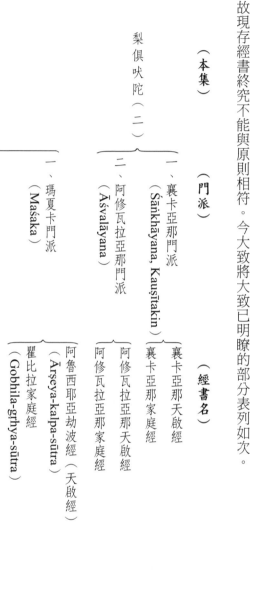

沙摩吠陀（三）

- 二、卡烏多烏瑪門派（Kauthuma）
  - 拉提亞亞那天啟經（Lāṭyāyana-ś.-s.）
  - 瞿比拉家庭經（同於瑪夏卡門派）
- 三、拉那亞泥亞門派（Rāṇāyanīya）
  - 多拉喜亞亞那天啟經（Drāhyāyaṇa-ś.-s.）
  - 卡提拉家庭經（Khādira-g.-s.）
  - 卡烏達瑪法經（Gautama-dharma-sūtra）

黑夜柔吠陀（七）

- 一、阿帕斯丹帕門派（Āpastaṃbīya）
  - 阿帕斯丹帕天啟經（Āpastaṃbīya-ś.-s.）
  - 阿帕斯丹帕家庭經
  - 阿帕斯丹帕法經
- 二、喜拉尼亞克信門派（Hiraṇyakeśin）
  - 喜拉尼亞克信天啟經
  - 喜拉尼亞克信家庭經
  - 喜拉尼亞克信法經
- 三、帕烏達亞那門派（Baudhāyana）
  - 帕烏達亞那天啟經
  - 帕烏達亞那法經
- 四、帕拉多瓦夏門派（Bhāradvāja）
  - 帕拉多瓦夏天啟經（未出版）

（以上四派都是泰提利亞枝派的分派）

- 五、瑪那瓦門派（Mānava）
  - 瑪那瓦天啟經
  - 瑪那瓦家庭經
  - 瑪那瓦法論（亦即摩笯法典）（Mānava-dharma-śāstra）
- 六、卡達卡門派（Kāṭhaka）
  - 卡達卡天啟經
- 七、瓦伊卡那沙門派（Vaikhānasa）
  - 瓦伊卡那沙天啟經（斷片）
  - 瓦伊卡那沙家庭經
  - 瓦伊卡那沙法經（擬作）

白夜柔吠陀（一）瓦夏薩尼伊門派（Vājasaneyin）
- 卡提亞亞那（天啟經）（Kātyāyana-ś.-s.）
- 帕拉斯卡拉家庭經（又卡提亞家庭經，瓦夏薩尼伊家庭經）（Pāraskara-g.-s.）
- 卡提亞法經（又，瓦夏薩尼伊法經）（Kātīya-dh.-s.）

阿闥婆吠陀（無門派）
- 瓦伊達那經（天啟經）（Vaitāna sūtra）
- 卡烏西卡經（家庭經）（Kauśika-sūtra）

亦即同一門派三典都具備的，相當少，大多是欠缺一典或二典。又，縱使形式上，三典皆具備，但並不是同一劫波經的統一編輯，而是後世強整其形式而成，真正能符合原則的，只有阿帕斯丹帕派與西尼亞克信派。如是，初始各派皆三典齊備，但爾後或散佚，或後世強行增補，或著重三典中的某典而不顧其他。從而同一種類的經書，在甲派與乙派之間，卻是內容歧異；即使同一門派的三典，其分野也未必清楚，經常是應在法經述說的，卻是家庭經之條目；應在天啟經述說的事項，卻見於家庭經中。又，對於諸經何者最古，何者最新，是何門派流行於何地等，學者之間也有種種臆測，至今猶未能確定。要言之，經書是婆羅門文明遍及於全印度時的產物，大體上，其之流傳是以所謂的「中土」為其中心，擴及至南方案達羅（Andhra）的婆羅門教諸派，是西元前六、七世紀以後，前後大約四、五百年，相呼應而製作的。

各門派所傳三經中，婆羅門在維持其社會勢力上，最為必要的，是法經。從而此一部門之探究，在經書時代以後猶持續興盛，甚至有諸多總合性的「法典」（Dharma-śāstra）出現。《瓦西修達法典》（*Vāsiṣṭha-dharma-śāstra*）、《摩笯法典》（*Mānava-dharma-śāstra*）、《毗濕笯法典》（*Viṣṇu-smṛti*）、《亞修尼亞魯其亞法典》（*Yājñavalkya-smṛti*）等，都頗為著名。尤其《摩笯法典》是以瑪那瓦派的法經（已散佚）為基礎，綜合其他法經編輯而成，不只述說法規，連哲學也有觸及。依據布雷（Bühler）所說，此應成書於西元前一、二世紀之間，直至今日其勢力猶存，英國的印度殖民地政府在制定印度法律時，多所參考此一法典。

法經、天啟經、家庭經等三典是廣義吠陀的一部分，就其表面觀之，似乎可視為吠陀本集之補助學。事實上，婆羅門學者通常即是如此看待。此時，特稱此為「吠陀支分」（vedāṅga）。因此，此處擬就吠陀支分之名目與性質，依序予以簡單說明。若加上前揭的劫波經，吠陀支分即有六種。

一、**劫波經**（**Kalpa-sūtra**）　本篇之主題。

二、**西苦夏**（**Śīkṣā**）　吠陀的聲音學（phonetics）。亦即研究各吠陀的發音法、連聲法等的學問。

《泰提利亞》之森林書（七，一）中，已有此學問之名稱，爾後逐漸發展，遂擁有獨立之地位，首見的是，有關聖典讀法（分別各語，不用連聲法的吠陀本集）的《分別語集》（*Padapāṭha*），及至《派別聲音經》（*Prātiśākhya-sūtra*）撰成，斯學至此大成。《梨俱吠陀》之本集的《派別聲音經》有一，《夜柔吠陀》有二，《阿闥婆吠陀》有一。根據馬克多尼爾[1]所述，無論語集（Padapāṭha）或派別經（Prātiśākhya-sūtra），都撰述於西元前四世紀的波你尼（Pāṇini）之前，如此的推定可說頗為適當。

三、**維亞卡那拉**（**Vyākaraṇa**）　古典語之文法。此學問在梵書、奧義書等，已見其萌芽。雖然如此，被組織成獨立之教科，是始自西元前五世紀的亞斯卡（Yāska），在波你尼（Pāṇini）時，則全部完成。不僅梵文的語法據此而定，更是世界上，斯學最古老之典籍。在一般的文法學、言語學等研究上，是不可欠缺的材料。此書與巴丹闍梨（Patañjali）最有名的《大註》（*Mahābhāṣya*，波你尼文法書之註釋），被視為梵文文法之二大權證。

四、**尼魯庫達**（**Nirukta**）　吠陀之註釋書。主要是註釋其中的難解言語。亞斯卡所撰，然其基礎在亞斯卡之前業已存在。亦即先前有所謂「尼康多」（Nighaṇṭu）的五部聖典，其中前三部是吠陀中的異語同義語之註釋，第四部是難解語之註釋，第五部是將吠陀諸神作分類。亞斯卡以此為基礎而撰其十二卷的《尼魯庫達》，此書爾後成為吠陀的支分之一。

五、**姜達斯**（**Chandas**）　研究吠陀之韻律。同樣散見於梵書與奧義書中，尤其《梨俱吠陀》的派別經的後三章、《襄卡亞那天啟經》（七，二七）所載最為詳細。就獨立之著作而言，有賓嘎拉

---

1. Macdonell, Sanskrit literature. p, 266.

（Piṅgala）所作的《姜達斯經》（*Chandaḥ-sūtra*），但此書被判定應是後世擬作[2]。

六、鳩提夏（Jyotīṣa）　天文學之義。吠陀祭典中，有新滿月祭、季節祭等，此等皆須借助天文學之智識，斯學遂成吠陀的支分之一。雖然如此，自希臘星宿學輸入後，斯學之研究大為發展，故現存之天文書大致是後世所作。在測定祭壇時，數學也被視為補助學，因此，也有相當的發達。雖然如此，被收入於《阿帕斯丹帕劫波經》中的《數量經》（*Śulva-sūtra*），並不被當作獨立的吠陀之支分。

此外，與支分類似的，是被稱為補遺書（Pariśiṣṭa）以及索引書（Anukramaṇī）的聖典。補遺書是劫波經之補遺篇，詳述經書中的不明之處。例如《阿修瓦拉亞那家庭經》有「阿修瓦拉亞那家庭補遺書」（Āśvalāyana-gṛhya-pariśiṣṭa），《瞿比拉家庭經》有「瞿比拉集補遺書」（Gobhila-saṅgraha-pariśiṣṭa）。索引書是將吠陀本集之讚歌、誦出者之神名與韻律等，以索引方式標示。現存的索引書有種種，其中最著名的是，相傳卡提亞亞那（Kātyāyana）所撰的《總索引書》（*Sarvânukramaṇī*）。

又，同樣類似吠陀之支分的學問中，有所謂的「副吠陀」（upaveda）。第一是《阿優魯吠陀》（*Āyur- veda*），āyus為壽之義，此乃述說生理、病理、療法、解剖等之醫書。相傳是夏拉卡（Caraka）所撰，頗為著名，但實際上其種類繁多，無論古新，所有醫書都被稱為「阿優魯吠陀」。第二是《達笈魯吠陀》（*Dhanur-veda*），dhanus原是弓之義，但在此是作為武器之總稱，是論述一般軍學的著作。相傳是維修瓦米多拉（Viśvāmitra）所撰。第三是《乾闥婆吠陀》（*Gandharva-veda*），說明音樂舞

2. Macdonell, ibid. p. 267.

蹈等的著作。其書名出自乾闥婆是天上樂師的神話。第四是《事論》（*Artha-śāstra*），說明處世之必要事項。此四種學問未必與吠陀有密切關聯，雖然如此，但從醫術已見於《阿闥婆吠陀》等而言，此副吠陀全部都是阿闥婆派所傳。

從上來所揭吠陀附屬聖典與學問看來，對於印度民族，吠陀所具意義之深，實令人驚嘆。縱使只是牽強附會，但就彼等的信仰而言，天上天下的學問全然是以吠陀為基礎而建設的。據彼等所言，若無吠陀，無論正道，或學問，或社會，或家庭，一切都不存在。後世神學者所以將吠陀視為先天地而有，天地縱使破壞，吠陀恆存，不外是在揭示此一消息。以此為基礎的婆羅門教所以直至今日猶得以支配印度，其因在此。

雖然如此，此篇無暇論及《卡魯帕經書》以外的種種問題，且亦無其必要，故此下僅就婆羅門之法規、祭典予以說明。

第二章　律法（Dharma）

就婆羅門教之見地而言，我人日常生活完全是宗教的行持之一。社會的風俗習慣或個人的權利義務，都是神所制定，若違反其規定，即非正當的生活法。就此而言，可以說婆羅門教與猶太教相同，都是律法的宗教。經書的三典中，處理此一方面的，正是法經之任務。印度的學者將此定義為日常生活規定（sāmayācārika）。法（dharma）是規律之義，主要是指對於習慣、法規、道德，應規律性的遵守。從而處理此一方面的法經，其題目相當廣博，從現今所謂的法律事件，到純然的宗教的行持，只要是雅利安人種就必須遵守的日常規律，都網羅在內。雖然如此，其根本的原則是在四姓（catvāro varṇāḥ）之區別，以下將分為數項予以說明。

第一節　四姓之職制

四姓之區別，最初原是為將勝利者的雅利安人種與被征服者的非雅利安人種作出區隔，進而同樣的雅利安人種中，因於職業的差異又產生區分，此如前述。因襲日久，遂產生四姓之間有先天性差異之信仰，此一信仰在梨俱吠陀時代之終期已見萌芽。《梨俱吠陀》（一〇，九〇）的原人歌（Puruṣa-sūkta）的「從原人頭首出生婆羅門（Brahman），從其肩出生王族（Rājanya），從其腿出生吠舍（Vaiśya），從其足出生首陀羅（Śūdra）」的傳說即是，此後，經由夜柔吠陀時代到梵書時代，此一傾向越發強烈，幾乎形成社會制度。尤其依據《旁遮溫夏梵書》（*Pañcaviṃśa-br.* 六，一）所載，四姓之間，各姓的保護神並不相同，婆羅門的守護神是祈禱主（Bṛhaspati），剎帝利的守護神是因陀羅與瓦魯納，吠舍的守護神是一切神（Viśve devāḥ），而首陀羅則無守護神。要言之，族姓愈高，其權利愈強；族姓愈低，其權利愈弱，到了首陀羅，全然沒有權利，此即四姓制度之根本精神。法經之所論也是基於此一精神，且更為嚴重地將此權利義務訂為法規。恐是到了經書時代，由於佛教興起以及外來人種入侵等，四姓制度在實際上大為動搖，因此，為徹底維持古制，婆羅門徒提出如此主張。

位於四姓之最上位的，無庸贅言，當然是婆羅門族。相傳彼等是誦出《梨俱吠陀》的詩聖之後裔，是繼承七聖之系統者。之所以稱為婆羅門（Brahman, Brāhmaṇa），最初恐是出自於司掌祈禱的祈禱者是稱為**brahman**，到了法經時代，則解釋成是梵天（Brahman）之第一子，故以此名稱之。掌握宗教上之實權，司掌神與人類之交通的，僅限於此一種族，故幾近於是活生生的神。此一傾向更為推進，到了梵書時代，《百道梵書》（二，二，二，六。四，三，四四）曰：「神有二類。受供物者，是諸神；接受布施者，是人神」。《摩笯法典》（九，三一七）曰：「無關有無學問，婆羅門是大神，恰如無關祭壇，火是大神」。從而其權威甚高，縱使國王亦無管轄彼等之力，如《瓦西修達法典》（一，四五）、《百道梵書》（五，四，二，三）曰：「婆羅門王是蘇摩」「地上之王不能徵收其租稅。」一般庶民固然不用說，在國王的生活亦不能脫離神事的時代，掌握神與人類交通之契機的種族位居於萬民之上位，也是自然。

雖然如此，權利雖大，但想作為一名真正純淨的婆羅門，其資格也不容易。《百道梵書》（四，二，五，一〇）指出「祭祀如向天航行之船……。若其中的某一婆羅門有罪，因於此人，其船必將沉沒」，《襄卡亞那家庭經》（一，二，二）規定於祭祀時，可接受招待的婆羅門之資格，其文如次：「必須音聲好，形相端正，高齡，有智識，道德堅固，有善行」，更且指出婆羅門若不純淨，其祭祀無效。尤其《瓦西修達法經》第三章有如次嚴峻的論述：

不學不教吠陀，又不守護聖火的婆羅門等同首陀羅（瓦西修達法經三，一）。

對於不守聖務不知吠陀的婆羅門予以布施之村莊，國王必須予以課罰。彼等長養盜賊故（瓦西修達法經三，四）。

如是，從梵書時代就非常重視婆羅門之責任與修養，到了法經時代更是越發嚴格。有名的「三負債說」即由此而起，亦即婆羅門天生就有三種負債，償還此債是其一生之義務。所謂的三種債：

一、對於先聖，有學習吠陀之債（ṛṇa）。

二、對於諸神，有祭祀之債。

三、對於祖先，有維持家系之債。

（泰提利亞本集六，三，一〇，五。百道梵書一，七，二，一。帕烏達亞那法典二，九，七。瓦西修達法典一一，四八）。

如同後文所揭婆羅門生活之四期制（āśrama），此三負債之償還被分配於婆羅門的一生中，同樣是始於梵書時代，至法經時代終於成為法規。

總括此等的權利與義務，法經的作者以如次所揭「六行」（ṣaṭkarmāṇī），作為婆羅門之正行（卡烏達瑪法典一〇，一—二。帕烏達亞那法典一，一〇，一八，二）。

學習吠陀（adhyāya）　教授吠陀（adhyāpana）

為自己之祭祀（yajña）　為他人之祭祀（yājana）

施予（dāna）　接受布施（pratigraha）

上列三項是義務，下列三項屬於權利。正當行此六行，依賴施物（dakṣiṇā）而滋養其身是婆羅門最應注重的真生活。此因接受布施是婆羅門主要的特權，此恰如國王的徵收租稅。從而隨從婆羅門之得勢，其布施額度亦謀增大，若所獲布施無法維持其家族，可以經營農商業，前提是自己不可經手（卡烏達瑪法典一〇，五—六。阿帕斯丹帕法經一，七，二〇，一〇—一六）。

其次，剎帝利種（kṣatriya）是以國王為首領的一般武士階級。在教權者與主權者之分野不是相當清楚的吠陀時代，rājanya（王族）是其通名（梨俱吠陀一〇，九〇，一二及其他），四姓制度確立時，則以剎帝利為其通名。此名來自於 kṣatra，亦即「主權」，是有主權者之義。司掌政治，從事軍務，是其主要職業。在任何事皆以祭事為中心的時代，精神方面，剎帝利位於婆羅門之下，居第二位，但自奧義書時代以來，剎帝利與精神生活的方面已有關係，尤其到了經書時代，更呈現由此種族出現偉大宗教者的態勢。從而事實上，此一時代的剎帝利種不只擁有俗權，在精神方面，也擁有高於婆羅門的優越權。佛教中，最常見的四姓順序是剎帝利、婆羅門、吠舍、首陀羅，其因可能在此。雖然如此，徹底意欲維持古制的法經作者縱使對剎帝利充滿敬意，但還是不願意認為彼等與婆羅門同等。依據法經的作者所述，剎帝利也有三種義務。此即：學習吠陀、為自己之祭祀以及施予等三事。然而此乃再生族之特權，上自婆羅門，下至吠舍都擁有，因此，三者之外，剎帝利種的特殊義務是保護國家與人民。《帕烏達亞那法典》（一，一〇，一八，三）曰：「使用武器保護有情之財產，施行善政。」尤其在戰場上的英勇無懼，是此一種姓最為重要之義務，被視為最高名譽，死後得以生於天界。因此，剎帝利雖應學習吠陀，然其平常最主要的是練習刀槍、射御等武藝，對於武藝之熟稔，應如同婆羅門之對於吠陀。

對於剎帝利種的權利與義務，法經通常特設「國王」一章予以細論。雖不能完全揭舉，但為大致了解其施政方針，故略述如次。總而言之，國王的任務是保護宗教（婆羅門教），撫育人民，令國家安寧。《瓦西修達法論》（一九，七）曰：「王當通諸國法規，知曉部屬（jāti）與家族之區別，令四姓各盡其應盡之義務」。因此，國王不只本身應有宗教的訓育，更應以學德殊勝的婆羅門為帝師（purohita，瓦西修達法論一九，三—六），擁有人格與才能都優秀的大臣，訂定法規之運用，審議政治之善惡。依據《阿帕斯丹帕法經》（二，一〇，二五）所載，國王應建立王宮於都府中央，其前設迎賓館，都府南方設集會堂。迎賓館是迎請賓客，尤其是有學德的婆羅門的居所，集會堂通常是前三姓之俱樂部。前者需備辦飲食臥具等，後者應有適於舞蹈遊戲的種種器具，令聖者及士民都能獲得滿足。其平和的施設之發達，確實驚人。從而，其政治完全是以人民為本位，完全不鼓吹東洋一流之專制。租稅（śulka）之徵收依其營業品目而訂，從所得的六分之一到二十分之一（卡烏達瑪法典一〇，二四—二七），可說極為寬大，婆羅門固然無庸贅言，通常婦人、幼兒、老人、殘障者等都無須繳稅。不只如此，所徵收的稅金是用於保護人民，用於建設能令官吏及一般人民獲得幸福的設施，以及供養婆羅門、不能勞動的殘障者以及陣亡者的遺族等，國王僅能以其存餘作為宮廷開銷（卡烏達瑪法典一〇，二八—三〇）。其刑罰也頗為公正分明，幫助無辜者，處罰有罪者，不許挾一毫私意，其裁判必有證人，審問事實而取其適用之法規。《瓦西修達法典》（一九，四〇—四三）載有國王對於有過應罰者，若不予以處罰，國王自己應斷食一晝夜，帝師應斷食三晝夜，以謝其罪。反之，若是處罰無辜者，則帝師應行名為「庫利吉那」（kṛcchra）之苦行，國王應斷食三晝夜。就處罰無辜者而應負其責而言，其精神至少與今日最進步的法律精神相符。

要言之，依據法經所載，國王完全應以天下公僕自任，換言之，中國的堯舜禹湯加上稍稍帶有近代色彩的態度是其理想。無庸贅言，此僅只是理想，而且主要是由婆羅門所立的法規，實際是否如此實行，頗有疑問。

其次，位列第三的吠舍族（vaiśya）是平民，主要是從事農工商等，屬於生產性的階級。稱之為吠舍族，是出自 viś（家居或人民之意）一語，大致與百姓一語相當。依據法經所載，此一種姓亦應學習吠陀，執行祭祀以及施予，此如同前揭二姓，其特殊的職業是從事農業、商業、牧畜業、租賃業等（帕烏達亞那法典一，一〇，一八，四。卡烏達瑪法典一〇，四九）。此等職業是子孫相嗣經營，貯藏財產，繳納租稅，盡人民之義務，供養婆羅門，累積現在及未來二世之功德，即是此姓族之模範生活。關於其職業之種類執務等，法經有種種規定，避免繁瑣，此處從略。

以上三姓雖有職業上之區別，但同樣是雅利安人種，故又有所謂「再生族」（dvija）之稱，亦即父母所生的第一生之外，又能從宗教上獲得第二個新生命，反之，位列第四的首陀羅族是奴隸族，猶如機械，完全沒有公民權。依據法經所載，此種姓的唯一職業是以勞動服侍前揭三種族姓，幾乎不被允許有獨立的生活。對於前三種族姓必須忠實柔順，但關於禮拜神，唱誦讚歌等宗教的特權則全然不具。故相對於再生族，《卡烏達瑪法典》（一〇，五〇）稱彼等為「一生族」（ekajāti），是不能被宗教拯救的賤民。其規定相當峻嚴，《卡烏達瑪法典》（一二，四—七）載有若首陀羅故意聽聞吠陀之讀誦，應塞其耳，若是自誦，應割其舌，若心中憶念，應斷其身為兩截。但若獲特別許可，且僅誦「南無」（namas）一語則無妨。從而諸法經明言嚴禁前揭三種族姓為首陀羅族教授吠陀，或與彼作同等交際，若有違犯者，其人即是首陀羅。要言之，理論上，雅利安人種完全奪取首陀羅族的宗教、教育、營業等特權，但從中也透露出到了經書時代，首陀羅族已逐漸獲得勢力的消息。

進而就法經所規定的婦人地位及職能觀之，在吠陀時代，婦女一般而言，是與男子同格，梨俱讚歌的作者中，也有婦女在內，相傳其第五卷二十八詩是名為維希瓦瓦拉（Viśvavārā）的女詩聖所作。在讚歌中，可以看到「薩帕特尼」（sapatnī，情婦，妻妾）一語（梨俱吠陀一〇，一四五。一五九），也可看到有關與人共夫胸中之鬱悶，雖然如此，此並非一般風習，大抵而言，吠陀時代還是奉行一妻主義。但在《夜柔吠陀》中，婦女的地位一般是低落的，如「女子為不信」（邁伊多拉亞尼亞本集一，一〇，一一）、「女子是污濁」（邁伊多拉亞尼亞本集一，一〇，一六）、「可與污濁之神合祀者有三，骰子、女子與睡眠」（邁伊多拉亞尼亞本集三，六，三）等等，擯斥之語隨處可見，但夫婦之間仍是夫妻同住，婦與夫都可司掌祭場要儀，或者僅只婦女進行祭祀等的太古美風猶存。到了經書時代，婦女的地位大為動搖，依據法經所載，婦女之間當然也有四姓之區別，但都是男子之附屬，完全不允許獨立。「幼時受父親保護，年輕時受丈夫保護，年老受兒子保護。故婦人不適合獨立」是諸法經屢屢引用的格言（帕烏達亞那法典二，二，三，四五。瓦西修達法典五，二）。法經中，公然允許一夫多妻主義，其規定是婆羅門有三妻，剎帝利有二妻，吠舍與首陀羅各有一妻（瓦西修達法典一，二四。帕烏達亞那法典一，八，一六，二一五），亦即上姓者採取不承認婦女權利之方針。從而其妻地位極低，不僅必須絕對服從丈夫，若不幸於規定之年限中不能生男，則必須離婚。《帕烏達亞那法典》（二，二，四，六）曰：「若十年間不能妊娠，或十二年間唯生女子，或十五年間所生之子皆不能長大，可去其妻。」要言之，如同中國的三從七去，婆羅門完全將婦女視為應服從男子，並不具有獨立之人格，換言之，只是傳宗接代的工具。就此而言，婦女的地位彷彿如同首陀羅，婦女的智識如同首陀羅，都只是俗智（阿帕斯丹帕法經二，一一，二九，一一），因此殺害婦女之罪等同殺害首陀羅（卡烏達瑪法典二二，一六—一七。帕烏達亞那法典一，一〇，一九，三）。雖然如此，另一方面觀之，法經對於婦人並不是沒有顯示較為寬大之襟度。依據《卡烏達瑪法典》（一八，二〇）所載，女子至適婚年齡，其父不為其決定配偶，經三個月，女子可以依自己意願，選擇丈夫。亦即同意自由結婚。又，為人妻者若與其他男子私通，若是種姓混同，其罪甚重，但未必須處以極刑，若該月仍有月經，則其罪可免。《帕烏達亞那法典》（二，二，四，四）載有「婦女有特有之拂穢法。每月之經水可去其其所犯罪」。恐是用於作為非因通姦而受孕之證據。到了西元前三百年左右，興起所謂「貞女」（satī）之風習，亦即夫死時，與夫共焚才是真婦道的風習興起，但就筆者所見，無論法經或法典都沒有承認此風習之形跡。允許再婚的規定倒是可見。依據《帕烏達亞那法典》（二，二，四，七—一〇）、《卡烏達瑪法典》（一八，四—八）所載，寡婦於其夫死後一年之間，應斷酒肉、蜜、鹽等，住泥屋，爾後若欲得子，可與其夫之兄弟或親族（sapiṇḍa, sagotra, samāna-pravara）行房，但以出生二子為限。《卡烏達瑪法典》（一八，一五—一七）又載有丈夫他往，已過六年而毫無音信（婆羅門為研究吠陀，遠行至外地的十二年之後），其妻與其他男子私通無罪。如是，嚴峻的法經也有如此矛盾的記載，如此的規定可能由「若無子，死後無人祭拜其靈的信仰」演繹而成。總之，就理論而言，法經將婦人的地位視為非常低下，但並不是毫無人情的。

第二節　再生族通制的四個時期

如前所述，四姓之間有完全不能違犯之區別，前三姓作為再生族，都擁有過宗教生活之特權與義務。為令權利與義務完全實現，對於再生族的種種修行法早已提出，但到了法典，終於產生將一生分成四期，於此四期分別修特定修行之規定。此即所謂「阿修拉瑪」（āśrama）。阿修拉瑪（āśrama，修）原意指修行之場所，四種時期各各的修行場所不同，由此轉成修行期之義。此一制度，作為法規而被規定於文獻中，以《卡烏達瑪法典》為最古，《摩笯法典》則有大成之觀，但就一一制度而言，其起源相當早。早在夜柔吠陀時代形跡已現，到了奧義書，大體上已告成立。初始主要是婆羅門的修行歷程，到了法經，大為擴張，至少在理論上，已成為前三種種姓的修行法。所謂的四期，即是：第一梵行者，第二家住者，第三林棲者，第四遁世者。

第一，梵行者（**brahmacārin**）　此即所謂的學生期。出生後，到達一定年齡，辭別父母，進入師（guru）門，成為弟子（śiṣya），積累種種修養。此一期間，最大的目的是研究吠陀，學習祭事等，此外，身心作宗教性的鍛鍊也是要務（vrata）。誠篤侍奉師長，尊敬師長之家族，堅守不淫，斷絕蜜與肉等食，朝夕侍奉聖火，居臥泥屋，至村落乞食供養師長等，一意專心修行，養成所謂解行相應之人格。婆羅門的三負債中，對於先聖的義務，即依此而完成。年限通常訂為十二年，但此僅是一吠陀的學修期，若四吠陀全部修了，需要四十八年。若懷具此一目的，其人必須一生持續不斷修行，必須從一師至他師四處問道。此特名為「終世行者」（naiṣṭhika）。偉大的婆羅門學者大多經由此道而成就（阿帕斯丹帕法經一，一，二，九—二，七，一九。卡烏達瑪法典二，七—五一。帕烏達亞那法典一，二，三，一—四，八。瓦西修達法典七，四—一七）。

第二，家住者（**gṛhastha**）　梵行期結束，返家，作為家長，過世間生活。又名為家棲者（śālīna，帕烏達亞那法典三，一，三）。結婚生子，經營種種業務以慰祖靈，以及祭祀諸神等，是此時期之要務。因此，在法經中，此一期間之規定，始自結婚法、夫婦交媾法、神與祖先之祭法、食事法、接客法，乃至於各姓職務等種種事項，都予以說明。此等事項或是前文多有所述，或後文將予述及，故此處略過。要言之，其用意在於揭示世俗生活仍是宗教生活的一部分，若正當行之，無論現世或未來世，都能獲得快樂的果報。婆羅門的三負債中，位列第二的對祖先之負債與第三的對神之負債的完成，是在此時期（阿帕斯丹帕法經二，一，一，一—五，二二，二三。帕烏達亞那法典二，二，四，二二—三，五，九。三，一—二。卡烏達瑪法典四—五。瓦西修達法典八）。

第三，林棲者（**vānaprastha**）　及至年老，一切義務完成，家權交予長子，財產分配與諸子後，隱居於高地（prastha）的叢林（vana）。又名為瓦伊卡納薩（vaikhānasa，出自古墳之名。意為掘根者）。此際，若有攜帶妻子，則稱為攜妻者（sapatnīka）；若是獨身，稱為無妻者（āpatnīka）。雖不捨棄祭事，但主要是修種種苦行，鍛鍊身心，作進入悟境之準備。身著樹皮、鹿皮，蓄髮留爪，以林間果實、木根、木皮為食，時或斷食。森林書（Āraṇyaka）及奧義書等所含蘊的哲學性思索，實由處此時期的學者所完成，是彼等處此時期所體悟之教法（阿帕斯丹帕法經二，九，二一，一八—二三，一一。卡烏達瑪法典三，二六—三六。帕烏達亞那法典二，六，一一，一四—一五。一〇，一八，一—二七。三，三，一—二二）。

第四，遁世者（**saṃyāsin**） 又有比丘（bhikṣu）、行者（yati）、遊行者（parivrājaka）、沙門（śramaṇa）等名稱，身如雲水，遍歷四方。此際，除了初始行「生主」（Prajāpati）的小祭之外，不行其他祭事。作為一名遁世者，應剃髮，著薄衣，攜手杖、水漉及頭陀袋（乞食袋），此外，一切財產盡捨，居無定所，僅仰賴他人施捨維持生命。對於應遵守的主要戒行，《帕烏達亞那法典》（二，一〇，一八，一—二）揭出五戒。（一）不傷害生物之命，（二）說真實語，（三）不盜他人財物，（四）禁欲，（五）布施。一般而言，以寂靜無為為主，令心逐漸不動亂，宿於樹下石上，不滯留同一處，即使自己採食，亦應避免肉與美味，為乞食而進入都城托鉢時，以七戶為限，縱使不得施捨，亦不生憤，毀譽褒貶置之度外，死生無異，任運生活，以解脫為期。《阿帕斯丹帕法經》（二，九，二一，一〇）予以彙整為「無火、無家、無快樂、無保護而過生活。日日月月，吠陀的讀誦之外，常守沉默，入聚落乞食，以能維持其身為止，現世固無庸贅言，即使昇天亦不顧慮而遍歷各處」。此一期間的規定之中，應予以注意的是，「雨安居」之說（帕烏達亞那法典二，六，一一，二〇。卡烏達瑪法典三，一三）。雨期時，不方便遊履，且多有蟲類，顧慮殺生，故規定必須止住於一處。此等行法完全成為佛教與耆那教行法之模範，諸如五戒、雨安居（varṣā，巴利語 vassa）、禁欲的生活、遊履與乞食法等，幾乎完全一致。異於婆羅門教的是，佛教與耆那教修行者無須經過婆羅門教的前三種時期，雖然如此，但釋尊與耆那本人所行，不只是四時期，至少可說是婆羅門中的終世行者（naiṣṭhika），因此，實際上並沒有太大不同。耶克畢（Jacobi）在《東方聖書》第二十二卷（*Introduction xxiii* 以下）對此有詳細論述（帕烏達亞那法典二，六，一一，一六—二三。一〇，一七，一—一八，二七。阿帕斯丹帕法經二，九，二一，七—一七。卡烏達瑪法典三，一一—二五。瓦西修達法典一〇，一一—三一）。

此四時期制揭示出前三姓，尤其是婆羅門生活理想的歷程，實際上，剎帝利與吠舍固然不用說，即使婆羅門也未必完全依此規定實行。充其量只實行一期或二期而已。雖有如此四期之區分，但也只是理論而已，林棲期與遁世期之間並沒有太大區別，諸法經常將兩者混同，或顛倒其順序。《帕烏達亞那法典》（二，一〇，一七，一—一六）揭出對於遁世者所具資格的各種看法，據其所載，或直接由梵行期進入，或說適合失妻者的修行，或說由林住者進入此境。但若依據《帕烏達亞那》所載，一般而言，家住期至少有十七年，且是其子得以獨立，其義務已盡，才可作此修行。亦即家住期結束，即可出家遁世，未必經過林棲期。又，《卡烏達瑪法典》（三，二）雖明白揭出四期，然其順序是梵行者（brahmacārin）、家住者（śālīna）、比丘（bhikṣu）與林仙（vaikhānasa），其順序與「林住者→遁世者」相反。據此看來，梵行期與家住期之間，初始即有聯絡，林住與遁世則是各別的法式，爾後為了予以整理，遂於二者之間附上聯絡，最後到了《摩笯法典》（六，八七），依據前揭順序的四期才告確定。故此四期制雖是再生族一生之規定，但實際上，並非初始即依此規定而行。

第三節　種姓分化論

依據婆羅門之信仰，四姓的區別是神所制定，作為人類，其運命於太初時期已決定，不得人為性的變更。若予以混同，則違反神所規定，擾亂社會秩序，被視為婆羅門教大忌。雖然如此，但實際上，社會人類的生活並不能如此單純規定，太古時期，種姓未分，在種姓制確立之前，各各階級之間其實已有雜婚的情形，進而四姓各自應遵守的職制雖被制定，但隨著職業分化，並非沒有從事規定外之業務的人。加之，到了此時代，或與外國人雜居，或與從前不在眼界之內的原住民族接觸，因此，僅以四姓之分類無法全部攝盡個人之地位與職業。雖然如此，既將人類之基本訂為四姓，若不將如此雜多的階級與四姓之關聯予以說明，則婆羅門教之立腳地不能徹底。因此，法經的作者苦心慘澹，意欲對於四姓之分化，亦即混種之現象予以說明。剋實言之，彼等所述甚多不當之處，更且法經之間的解釋也有歧異，雖然如此，藉此仍得以瞭解婆羅門如何努力維持其四姓制度，故揭之如次。

總括而言，為保持種姓純粹，原則上，男女結婚應侷限於同姓。亦即父母同姓時，自能生出同姓（savarṇa）之子。雖然如此，法經之作者認為上姓男子與次姓女子所生之子，可與乃父同姓。例如婆羅門男子與剎帝利之女子結婚時，其所生之子是婆羅門姓。《帕烏達亞那法典》（一，八，一六，六）總括此規定，曰：「由同姓或次姓婦女所生之子稱為（與父）同姓（savarṇa）。」

實際上，四姓男女的排列組合可成十六種，十六種之中，同姓的四個除外，十二個混血兒各有各自的名稱。且其名稱，因不同文獻而有差別，茲將《卡烏達瑪法典》（四，一六—一七）、《摩笈法典》（一〇，六—一二）所載，表列如次。

	Gautama 4, 16—17			
父／母	婆羅門	剎帝利	吠舍	首陀羅
婆羅門	婆羅門	蘇達（Sūta）	摩訶陀（Māgadha）	庫夏多利（Kṣattṛ）
剎帝利	婆羅門	剎帝利	阿優嘉瓦（Āyogava）	韋提希（Vaideha）
吠舍	安巴修達（Ambaṣṭha）	尼夏達（Niṣāda）	吠舍	姜達拉（Caṇḍāla）
首陀羅	帕拉夏瓦（Pāraśava）	烏古拉（Ugra）	達優修央達（Dauṣyanta）	首陀羅

	Manu 10, 6-12			
父／母	婆羅門	剎帝利	吠舍	首陀羅
婆羅門	婆羅門	蘇達	韋提希	姜達拉
剎帝利	婆羅門	剎帝利	摩訶陀	庫夏多利
吠舍	安巴修達	剎帝利	吠舍	阿優嘉瓦
首陀羅	尼夏達或帕拉夏瓦	烏古拉	吠舍	首陀羅

此外，《卡烏達瑪法典》（四，一八—二一）、《帕烏達亞那法典》（一，八，一六，六—八）、《瓦西修達法典》（一八，一—九）等所載稍異，進而對於混血兒是如何混血的，也有不同名稱。

亦即揭出職業與人種之差別等等，依四姓混同而作說明。此等大多是當時的賤民或從事賤職者，之所以將摩訶陀人與韋提希人也納入，因於此兩種民族原非雅利安人種，且多是非奉行婆羅門主義者（據此亦得以推測非婆羅門主義之教派大多出自於摩訶陀）。特別滑稽的是，對於亞瓦納（Yavana），亦即希臘人，《卡烏達瑪法典》（四，二一）也依此流義而作解釋，說是由剎帝利男子與首陀羅女子所生之混成種。依據法經所載，此等都在種姓之外，如同首陀羅，不具有宗教上之特權。

四姓之區別是依據血統，是先天性決定的，法經一方面維護職業之階級制，另一方面，又認為依後天的職業其固有種姓將有所改變。《帕烏達亞那法典》（二，一，二，一—八）揭出後天性的失去種姓的狀況（patanīya）：航海；盜婆羅門財產；土地相爭時，作偽證；售物；服侍首陀羅等。《瓦西修達法典》（一，二三）曰：「若婆羅門犯捨聖火，違逆師長（guru），異端，異端所養，販售蘇摩草如是等罪時，直接墮落姓外。」《阿帕斯丹帕法經》（一，七，二一，七—一一）指出婆羅門偷盜黃金；殺人；怠惰學習吠陀；墮胎；與近親相姦；飲酒；行被禁之交際；他罪常習者等，將失去其姓之資格。

又，法經雖不明說，但循此例可推知的，即使是下姓者（首陀羅除外），若因於某種機緣，行上姓之修行，行其職分，則可上昇為該種姓。如是所行之人，若有犯罪也有其補償之法，由於既有積功德也有懈怠，因此其本姓未必是在當生完全直接轉換。若其狀態能持續至其子孫，則能完全確實轉換。《卡烏達瑪法典》（四，二二—二三）曰：「人云：須經七世種姓得以轉換，亦即或晉升為上姓，或下降為下姓。雖然如此，可敬之本師曰：五世變換」，總之，依其職業，經過七代或五代，或是婆羅門姓成為剎帝利姓，或是剎帝利姓成為婆羅門姓。到了後世，四姓之區別僅只是名目，實際上其社會階級是依職業而定，而此一風習始自於法經時代。

第三章　祭祀儀禮

如屢屢所述，重視祭祀儀禮是婆羅門教的綱要之一。幾乎可以說彼等認為人的一生只是依據與祭事有關的進度表而進行的歷程。日有日中行事，月有新滿月祭，年有例年祭，中間又有種種的臨時祭，有時甚至是數年或一生都在舉行祭事，幾乎可說是若離祭事，一日不得生活。從而此一方面之發達，恐是世界無雙，且其成典之保存，也可能是世界之所罕見。

婆羅門的祭事有無數種類，但大體上可作二種分類。此即：家庭的祭事與天啟的祭事。所謂家庭的祭事，是以家庭內的人事為主，大多帶有常例的性質。家庭經所處理的題目即此。天啟的祭事以神為主要，是《夜柔吠陀》以來所訂定的純宗教的祭事。是婆羅門基於神之啟示而執行，故得天啟之名，換言之，此乃婆羅門教的聖公式，而予以說明的，即是天啟經。以下就此說明其要點。

第一節　家庭的祭典

家庭的祭典總稱為散蘇卡拉（saṃskāra，淨法）。sam+√skṛ為完成之義，由此而有清淨神聖之義，進而又形成淨法之義、聖禮之義。家庭的淨法大部分是風俗的儀禮，較能保存古風。其中也有與歐洲儀禮一致的，依據史添茲雷爾（Stenzler）所述，其結婚式頗為類似羅馬與德意志民族所行。其祭事大抵帶有禁厭的性質，以向神祇祈禱家族繁榮、職業成功為其目的。故此一方面之研究，頗具有人類學的價值。家庭的淨法，大抵可分為二類。亦即從托胎到結婚的儀禮，以及結婚後，作為家長以司祭者身分所行神事。首先主要的儀禮有十二種，此名十二淨法。

一、**受胎式**（**garbhâdhāna**）　古代印度人對於子孫之觀念，實是無法想像。彼等相信自己的肉體藉由於其子得以相續至未來，更且其死後的靈魂更因其子之供養而能得救。《毗濕笯法典》（一五，四六）曰：「因於其子而征服現世，因於其孫而得不死，因於曾孫而上昇天界。」所謂的受胎式，實是夫婦結婚後意欲懷妊而執行之祭。對於行此祭之日，《襄卡亞那家庭經》（一，一八，一）載為結婚後第四日，其他家庭經說是經期結束時。恐是在受胎之前，每月都要舉行。其祭法是夫妻共食乳糜，且以此乳糜供養諸神。所供養之神有：阿耆尼、瓦優、蘇利亞、阿里亞曼、瓦魯納、普項、生主、蘇維修達庫利多（Sviṣṭakṛt）等八神，對此八神，一一唱誦其咒，祈禱除去附於其妻身上之惡物精（bhūti, tanū）。行房之前，丈夫對著妻子唱誦：「汝乃乾闥婆之口」之咒。房事結束，丈夫再唱如次咒文：「如地之妊阿耆尼，如天之妊因陀羅，如瓦優之住於地胎，我今亦置胎子於汝胎」（襄卡亞那家庭經一，一八—一九。阿修瓦拉亞那家庭經一，一三。帕拉斯卡拉家庭經一，一一。普利哈多阿拉笈亞卡奧義書六，四，一三—二三）。

妊娠四個月，舉行護胎等種種儀式（anavalobhana, garbha-rakṣaṇa, garbha-lambhana）。此祭雖是祈禱胎兒安全，但有些家庭經不見載之，因此是否是一般所行，不得而知（襄卡亞那家庭經一，二一。阿修瓦拉亞那家庭經一，一三，一）。

二、**成男式**（**puṃsavana**）　婦人懷胎三個月時，須舉行祈禱所懷之胎為男胎之祭。此名為成男祭。選擇吉日，晨朝時，妊婦沐浴，著新衣，向東，坐於名為達魯帕的吉祥草上，丈夫立於其後，以右手觸妊婦肌膚，撫其臍，唱誦《曼多拉梵書》（一，四，八）中的「雙男米特拉與瓦魯納」之咒文。二、三次作法後，取大麥一粒，唱曰：「汝為牡牛」，置於妊婦之右；又取豆子二粒，唱曰：「汝為睪丸」，和乳一滴，令妊婦吞下。進而以蘇摩樹及吉祥草新芽磨成之粉末，或以聖火所焚之部分祭柱粉末置入妊婦右鼻。（瞿比拉家庭經二，二，六。卡提拉家庭經二，二，一七—一九。喜拉尼亞克信家庭經二，一，二）。

三、分髮式（**sīmantônnayana**）　成男式行後一個月，須行分髮式。循例妊婦沐浴，著新衣，聖火之右鋪設牡牛皮，妊婦坐於其上，丈夫獻上供物予達多利神（Dhātṛ，造化神），誦吉慶咒後，即為妊婦分髮。其分髮具是有三處白點的豪豬刺毛、茅草（kuśa）三束、達魯帕草（darbha）三把，以及其上有未熟果實的烏冬巴拉（udumbara）樹枝等，分髮結束，夫稱念「摩訶維亞忽利提」（Mahāvyāhṛti，大宣言）之咒，即：忽魯，忽瓦哈，娑訶（bhūr bhuvaḥ svaḥ），並將未成熟的烏冬巴拉果繫在妊婦頭上，樂師奏琵琶（vīṇā），口唱令妊婦愉快之歌。又，此時或向蘇摩神祈求予人類恩惠以及決定河之流域。如同河之領域決定，胎兒的運命亦得以決定，是期望生產順利之意（襄卡亞那家庭經一，二二。瞿比拉家庭經二，七。喜拉尼亞克信家庭經二，一）。

四、出胎式（**jāta-karman**）　（一）妊婦褥期接近，雇產婆，為拂除惡魔羅剎而供養神，唱種種咒文。又以新桶所汲之水一滴灑於妊婦頭上，其足下置多烏魯央提草（tūryantī），以手撫妊婦，唱「如風吹」之咒。此名安產（kṣipra-prasavana）。（二）子女出生時，父對子吹三口氣，比擬三吠陀，以金匙勺蜜及牛酪予妊婦，作如此之祈禱：「我給予汝薩維多利神所作蜜酪之智。仰仗諸神守護可保現世百年之壽。」此名授命（āyuṣya）。（三）進而父以其口附子之耳，低語曰；「薩維多利神給予汝聰明。薩拉斯瓦提神給予汝聰明」，更觸其兩肩，唱曰：「石、斧與無上之金！汝乃作為子而出生之吠陀。保百年之壽。」此名授智（medhā-janana）。（四）剪斷臍帶，令產婦唱曰：「余將汝從死厄之支配中解放」，置嬰兒於母膝上。產婦首先授予右方之乳，其次是左方之乳。此名授乳（stana-pratidhāna）。（阿帕斯丹帕家庭經六，一五。喜拉尼亞克信家庭經二，一，二—三。瓦伊卡那沙家庭經三，一四—一五）

五、命名式（nāmadheya-karaṇa）　此式一般行於嬰兒出生後十日。父母及其子三人身體洗淨，著新衣，供養諸神，祈禱長命幸福，高聲稱其子之名。其名依父母對其子之冀望而定，選定二音或四音，總之，以始於濁音，終於涅槃點，且包含半母音的，最為適當。又，男子之名由偶數音所成，女子之名由奇數音所成。又，若是婆羅門姓，則附上夏魯曼（Śarman）之語尾（例如 Viṣṇuśarman）；若是剎帝利姓，則附上瓦魯曼（Varman）之語尾（例如 Lakṣmīvarman）；若是吠舍，則附上古普達（Gupta）之語尾（例如 Candragupta）。公名之外，又有密名（guhyaṃ nāma），是嬰兒出生後，由其父所命名。之所以有此密名，是為避免他人利用其名而施以咒咀，因此，父母之外，旁人不能得知。（阿修瓦拉亞那家庭經一，一五，四—八。襄卡亞那家庭經一，二四，四—六。卡提拉家庭經二，二，三〇—三一。三，六—一二。帕拉斯卡拉家庭經一，一七）

六、出遊式（niṣkramaṇa niṣkramaṇikā）　出生後第四個月所行，與父母共同外遊，類似日本宮詣之風習。雖然如此，此式不多見，大多的家庭經通常略去其說明。（帕拉斯卡拉家庭經一，一七，五）

七、養哺式（anna-prāśana）　出生後第六個月所行。此際，若期望其子將來得富貴，則用山羊肉；若期望有名譽，則用鳥肉；若期望敏捷，則用魚肉；若期望榮光，則用米飯。此上所揭任何一物與蜜乳攪和，令子食之，並唱誦子孫繁榮家內富貴之咒，向神祈禱。（襄卡亞那家庭經 一，二七。七。阿修瓦拉亞那家庭經 一，一六。帕拉斯卡拉家庭經 一，一九）

八、結髮式（**cūḍā-karman, cūḍā-karaṇa, caula**） 表示嬰兒期結束，即將進入童子期。婆羅門姓出生後，一年或三年；剎帝利姓出生後五年；吠舍出生後七年舉行。行此式時，聖火北側備置裝盛米、麥、豆、胡麻等容器。母坐於聖火西側，其子坐其膝上，身旁置盛有牛糞之新器以及夏彌（śamī）樹葉。父坐於母之南側，手握吉祥草一束。準備妥當後，父弄濕幼兒頭髮，由左至右，取吉祥草三束置髮之右邊，持剃刀唱咒，剃其周邊之髮，進而將所剃下之髮與夏彌樹葉給予其母，母將此二物混入牛糞中。如此的動作右三回，左三回，最後僅留存頂上之髮。進而又唱咒文，祈求幼兒安全，將刀拭淨，令理髮師依循家風為幼兒結小髻。（襄卡亞那家庭經 一，二八。帕拉斯卡拉家庭經 二，一，一—二。阿修瓦拉亞那家庭經 一，一七。卡提拉家庭經 二，三，一六—三三）

九、薙髮式（**keśânta, godāna-karman**） 薙除頭髮周邊及鬍之儀式。表示童子期結束，已達成年期，相當於日本的元服。婆羅門是在十六歲，剎帝利在二十歲，吠舍在二十四歲舉行。此一時期已屬其次所述之學生期，故此式通常是在師長之前舉行。其式法大體同於前揭之結髮式，家庭經大多簡單指出薙髮式如同結髮式，二者的差異在於此時需薙除童子期所無之鬍。（襄卡亞那家庭經 一，二八，一八—二四。帕拉斯卡拉家庭經 二，一，三—二五。阿修瓦拉亞那家庭經 一，一八）

十、入法式（**upanayana**） 為即將成為四期制中第一期的梵行者而舉行之祭，是雅利安民族最重要的大典，彼等所以稱為再生族，其宗教的新生命即依此而獲得。從而任何家庭經都有詳細論述。今僅揭其項目如次。（一）入法時期，婆羅門出生後，從八歲（或說從托胎後八歲）至十六歲之間，剎帝利是十一歲至二十二歲之間，吠舍是十二歲至二十四歲之間，是其入法時期。在此期限內，若不行此入法式，即成為失權者（patita-sāvitrīka），亦即失去歌唱薩維多利神歌（梨俱吠陀三，六二，一〇）之權利，被稱為流浪者（vrātya），喪失再生族之特權。（二）入法衣帶，入法者擇吉日，著新製正式服裝，攜二十一根作為束修之薪柴，至師長（guru）處所。此際，三姓各自所著服裝有別。婆羅門姓著黃赤色衣服，披羚羊皮，繫三疊文者草（muñja）之帶，攜帕拉夏木（palāśa）杖，木綿祭纓（yajñôpavīta）結於左肩至右腋下，猶如袈裟。剎帝利姓著薄赤色衣，披斑點鹿皮，繫弓絃之帶，攜屋多溫帕拉（udumbara）杖，結麻祭纓。吠舍姓著黃色衣，披山羊皮，繫麻帶，攜比魯瓦木（bilva）杖，結毛之祭纓。（三）入法式禮，式前之祭既已結束，師立於聖火北側面東，合兩掌盛水，令入法弟子亦合兩掌盛水，師以自己掌中之水灌入弟子掌中，兩水合流而落下。師以己拇指握弟子拇指，唱曰：「我把汝手。薩維多利神握汝手。阿耆尼為汝師」，令弟子仰面拜日。祈禱曰：「薩維多利神！此乃汝之梵行者。祈請護佑彼！」，唱《梨俱吠陀》（三，八，四）之前半的「來！正裝少年」，令弟子由左向右繞。終了，師撫弟子，從兩肩至心部，誦後半之歌。弟子清掃聖火周圍，靜默焚薪一片。終了，以手觸火，三次撫己臉，唱曰：「我今以光明自灌頂」，祈求阿耆尼、因陀羅、蘇利亞神等給予知識，給予力量。尤其乞請火神給予消化之力。進而趨近聖火，屈膝，抱師足，乞求傳予薩維多利神歌。師把其手，誦此神歌。初始一字一字分誦，其次半句，最後全句，如是依次教導。此即嘎亞多利（Gāyatrī）神歌（參照本書五二頁）。

《摩笯法典》（二，七八—八三）謂此乃最高神歌，朝夕唱此神歌，可得所有吠陀功德；若誦一千回，能滅最大之罪。故後世遂有唱此神歌捻數珠百八回之習。傳此神歌之後，令弟子纏帶，給予木杖，教修梵行，曰：「汝乃梵行者。吞水，辨師之用，日中勿眠。應信師而學吠陀。」自此，至少學習吠陀十二年，學種種聖行，此如前述。（襄卡亞那家庭經二，一—五。帕拉斯卡拉家庭經二，二—六。阿修瓦拉亞那一，一九—二四。喜拉尼亞克信一，一。阿帕斯丹帕四，一〇—一一。摩笈法典二，三六）

十一、歸家式（**samāvartana**）　離開師家之前，先須沐浴，進而舉行歸家式。當日為不使日光照射其身，故於日出前，需蔽於浴室，於火上加薪，舉行式前之祭，端坐於火之西側，剃除髮髭，一切就緒，在浴室暗處，將卸下之衣帶托予其他梵行者，全身徹底洗淨，刷牙，著衣，戴上耳環，塗抹必要之香飾，對鏡正身，持沓傘杖，直至天星出現，靜默無言向東方或北方禮拜，進而禮拜星月，辭別師友，乘車歸家。已完成洗浴的，被稱為洗浴者（**snātaka**）。此乃完成吠陀的學習者之尊稱。洗浴者的禁戒是不可歌舞、音曲、夜行、疾走、臨井、攀木、採草、裸浴、粗言、乞食等，又，不可仰觀太陽，不臨水映姿，不於耕地或空地撒尿，不穿著染衣，所行必有一定目的，援助一切生命，待人友善等。（帕拉斯卡拉家庭經二，五，三二—三五。六—八。瞿比拉家庭經三，四—五。卡提拉家庭經三，一）

十二、結婚式（**vivāha**）　梵行期結束，歸返家門時，則舉行人生大禮的結婚式。如同世界各地，古代印度也有種種結婚法。《瓦西修達法論》（一，二八—三五）載有六種，《卡烏達瑪法典》（四，六—一三）與《阿修瓦拉亞那家庭經》（一，六）等揭出八種。其所揭八種，即：（一）梵婚（**brāhma vivāha**），女父裝飾打扮新娘，灑水，交予新郎，此乃最神聖之婚禮。（二）神婚（**daiva**

vivāha），女父裝飾打扮新娘，於祭事進行中，交予神官。（三）生主婚（prājāpatya vivāha），新郎新婦共守法規之結婚式。與前揭二法的差異，在於僅只女父囑咐二人應遵守法規，並不進行任何宗教儀式。（四）聖婚（ārṣa vivāha），新郎給予女父一公一母之牛兩頭。（五）乾闥婆婚（Gāndharva vivāha），男女因愛情而結婚，即所謂的自由結婚。（六）阿修羅婚（Āsura vivāha），給予女父金錢的買賣性結婚。（七）卑舍茶婚（paiśāca vivāha），乘女子家族不注意而偷搶女子，即所謂的搶婚。（八）羅剎婚（rākṣasa vivāha），殺害家族，不顧女子悲傷而強迫結婚。八種之中，經書的作者認為對於再生族而言，正當的婚禮是前四種，後四種是不正當的，尤其將七與八斥為不法。若從梵語的結婚（vivāha），其原意為「運去」觀之，可能太古時期大多行誘惑或奪掠之婚禮（阿毘達磨法蘊足論第一載有七種婦「授水婦，財貨婦，軍掠婦，意樂婦，衣食婦，同活婦，須臾婦」之說明，大正藏二六，四五六中）。無庸贅言，家庭經所說的結婚式，當然是第一種的梵婚。其依據是《梨俱吠陀》第十卷第八十五詩中所歌頌的月神（Soma）與太陽女神（Sūryā）之結婚法，此被視為當時雅利安人種的模範婚禮。依據法規所載，婆羅門姓可有三妻（同姓，剎帝利姓，吠舍姓）、剎帝利姓有二妻（同姓，吠舍姓）、吠舍姓與首陀羅姓各有一妻（同姓），但模範的結婚式主要行於同姓之間。有意結婚的男子首先須請婆羅門或長老為媒酌，至女子之家。媒酌人入女子家門，面西而坐，告知新郎姓氏，表示求婚之意，女子家人東面答禮，詢問女子意向而決定諾否。若獲得承諾，則取出盛有花、米、果物、金等之器，媒酌人與女子家人擦其器，唱咒文，咒文唱畢，將容器置女子頭上。此即表示婚約成立。此際，新郎給予女父聘禮，若是婆羅門，應給予牝牛；若是剎帝利，應給予土地；若是吠舍，應給予馬（襄卡亞那家庭經一，一四，一三—一五）。

到了結婚當日，新娘於黃昏時，以香水洗頭，著新衣，坐於聖火旁，供養阿耆尼、蘇摩等十一神，又請四名或八名幸運婦人舞蹈，行式前之祭，等待新郎來到。到了吉時，新郎沐浴，著新衣，由年輕又幸福的數名婦人伴隨至新娘家，首先給予新娘衣服，唱《梨俱吠陀》第十卷第八十五詩之短句數種。進而新婦坐於聖火之後，將供物奉予神三、四回。此時，新娘之父唱「對於汝夫之父，汝為全權者」（梨俱吠陀一〇，八五，四六），以刀尖在新婦頂上比劃，恐是令勿再歸返之意。其次，新郎以右手握新娘右手，唱曰：「我因幸福得握汝手」（梨俱吠陀一〇，八五，三六），又曰：「此是我，彼是汝，彼是汝，此是我，天是我，地是汝，汝為梨俱（ṛc），我為沙摩（sāman）。如是，汝忠實於我。」然後，新娘起立，新郎與新娘兩人同行至阿闍梨（司祭者）所放置的石頭之前，唱曰：「來！踏石！如石之堅固！」各以其右足踏之。終了，夫妻相伴繞聖火三周，新娘投米於聖火中，唱曰：「願帶來我之親族幸福。願令我夫命長，娑婆訶（svāhā）」。隨後，夫妻相伴，向東北方行七步，至此成為夫婦。其後，新娘隨其夫同乘二頭白牛所拉之車，趣往夫家，此間又唱誦種種咒文，避免繁瑣，此處從略。到達夫家後，又有相當繁雜的儀式。主要是借良家之子置於新娘膝上，祈求將來子孫繁榮；夫婦共同仰看北斗星，誓約愛情永不變動；夫婦共同侍奉聖火，祭拜諸神，祈求將來幸運等等。結婚後三日或十二日間，不可同衾，必須睡臥於泥屋，通常在此期間，夫婦之間須橫置一棒。雖說此係為避免乾闥婆等好色神來作障害，但畢竟應是古代民族所謂「達部」（taboo，禁厭、禁止）的一種。（襄卡亞那家庭經一，六—一七。阿修瓦拉亞那家庭經一，五—八。帕拉斯卡拉家庭經一，四—一〇。瞿比拉家庭經二，一—四）

上來從受胎到結婚等十二式，是家庭儀禮中最為重要的。今只是作大致的說明，若能更為詳細且與他國之習慣比較研究，想必是極為有趣的題目。

結婚後，組成家庭的男子，即步入家長期，爾後的三十三年間——十二歲入門，二十四歲返家——作為一家之主——必須舉行無數祭事。《百道梵書》（一一，五，六，一）揭出家長日常義務的五種祭事。此即：神祭（deva-yajña）、梵祭（brahma-yajña）、祖先祭（pitṛ-yajña）、萬靈祭（Bhūta-yajña）與人祭（Nṛ-yajña）。所謂神祭，是指祭拜諸神；所謂梵祭，是指研究讀誦吠陀；所謂祖先祭，是指祭拜祖先；所謂萬靈祭，是指供養鬼畜等；所謂人祭，是指布施婆羅門，以及施捨貧人等慈善事業。家庭經特稱此等為日常五大祭（pañca mahā-yajñāḥ），視為一切之根本。一切祭事皆攝於此等故（阿修瓦拉亞那家庭經三，一）。

祭事中，較為複雜的，當然需仰賴祭官，但家長自己作為司祭者而必須執行的，其數也不少。此等總稱為調理祭（pāka-yajña）。調理食物，且將食物投入火中，作為供養，故有此名，爾後成為全部家庭祭之名稱。作為其祭場的家火（gṛhyâgni, āvasathyâgni, aupāsanâgni，瞿比拉家庭經一，一，二一。卡提拉家庭經一，五，一。帕拉斯卡拉家庭經一，二，一。九，一。喜拉尼亞克信家庭經一，七，二六，一），原本設於家庭內之內壇，爾後產生在住宅外，另建小屋，祭場設置於其中之制度（帕拉斯卡拉家庭經一，四，二—四。卡提拉家庭經一，二），相對於天啟祭需要三火爐，此僅需一火爐。故《卡提拉家庭經》（一，一，一六）如此定義：「以一火而行之祭，名為調理祭。」此聖火是結婚後，經四日所設，迎請婆羅門於擇定之場所灑水，塗牛糞，劃線造火爐，以阿拉尼（araṇī）燧木兩片鑽火，或安置從家畜興旺的吠舍姓家中取來之火。爐側，掘一窪地，設長方形祭壇（vedi），壇上敷巴魯喜斯草（barhis），作為神座兼供物壇。此等大體上與梨俱吠陀時代無太大差異。家庭的祭事完全在此處執行，從日常的朝夕祭到一年之定期祭，乃至先前所述十二淨法的執行，都在此處。（襄卡亞那家庭經一，五，一—四。瞿比拉家庭經一—一〇）

屬於家庭祭的定期祭，主要有七種。此即：新滿月祭（Pārvaṇa）、修拉瓦那祭（Śrāvaṇī）、阿修為那祭（Āśvayujī）、阿古拉哈亞那祭（Āgrahāyaṇī）、賈伊多拉祭（Caitrī）、阿修達卡祭（Aṣṭakā）與祖先祭（Śrāddha）。此等特稱為七調理祭（sapta pākayajñāḥ），換言之，是調理祭之代表。家庭經對此的說明具闕不一。

一、**新滿月祭**（**Pārvaṇa**）　在每個月的新月滿月之日，家長所行之祭，如同天啟經所載的新滿月祭（Darśa-pūrṇamāsau）。大體上，祭事的進行是調理米麥等，供養自己所欲祭拜之神，對於每一神，皆以四握的供物供奉在吉祥草上，唱曰：「為契合某神之心，故余供奉此供物。」尤以阿耆尼神與蘇摩神之供養最受重視，故特以酪（ājya）二皿供奉此二神。此祭之目的是祈求家內繁榮、子孫長久。（阿修瓦拉亞那家庭經一，一〇）

二、**修拉瓦那祭**（**Śrāvaṇī**）　在修拉瓦那月（Śravaṇa，第七—第八月）之望日舉行。此月屬於雨期，蛇害猖獗，祭之，以避其害是行此祭之目的。聖火設置於家宅外，油煎米、豆等，再和以奶油作為供養（襄卡亞那家庭經四，一五。阿修瓦拉亞那家庭經二，一。帕拉斯卡拉家庭經二，一四）。（參照本書二八六頁的曆法一覽表）

三、**阿修維那祭**（**Āśvayujī**）　阿修維那月（Āśviṇa，同樣是雨期）之望日舉行。作乳糜（pṛṣātaka）祭拜因陀羅神、因陀羅女神（Indrāṇī）、兩阿修維、獸主神（Paśupati）、濕婆神、襄卡拉神（Śaṃkara）等。咒曰：「欠缺者滿，滿者無欠缺。」又於此夜，縛仔羊與母羊於一處，也是儀式之一。從所祭拜之神的性質觀之，此祭是以祈求家畜興旺為其主要目的。（襄卡亞那家庭經 四，一六。阿修瓦拉亞那家庭經二，二。帕拉斯卡拉家庭經二，一六）

四、阿古拉哈亞那祭（**Āgrahāyaṇī**） 舉行於馬魯迦西魯夏月（Mārgaśīrṣa，晚秋，寒季之始）望日之夜。是所謂的歲祭，將此夜比擬一年，祈求春夏秋雨期冬期之順調。咒曰：

此夜乃年之影像。我祭拜之，願我得長命，賜力予余之子孫。夏冬春雨期皆順調。秋時，吾亦無危險。願依此等氣候之護，吾長住百年，娑婆訶。

顯然是祈願十月秋收豐年之祭，但爾後與新年祭相混。此際，家長夫妻著新衣，莊嚴家宅，燒香，將六種草與麥飯投入聖火，祭拜諸神，或家長由左向右迴繞家宅，或於石上置水瓶，供以供物等，進行種種禁厭的祭事。稍稍類似日本人於新年所舉行的七草式、若水式（阿修瓦拉亞那家庭經二，三。帕拉斯卡拉家庭經三，二。阿帕斯丹帕家庭經七，一九，三。喜拉尼亞克信家庭經二，七，一七）。

五、賈伊多拉祭（**Caitrī**） 舉行於賈伊多拉月（Caitra，第三月—第四月）之滿月日。以食物造作動物形像，祭拜因陀羅神、阿耆尼神、魯多拉神、星神（Nakṣatra）等。此祭在家庭經時代已見衰退，家庭經大多不載此祭（襄卡亞那家庭經四，一九）。

六、阿修達卡祭（**Aṣṭakā**） 於冬期舉行三回或四回。依據《卡提拉家庭經》（三，三，二八）所載，是在歲祭，亦即阿古拉哈亞那祭之翌月的三個月內，在月之黑分的第八日舉行；《阿修瓦拉亞那家庭經》（二，四，一）載為歲祭當月之黑分的第八日舉行，總共四回。無可懷疑的，都是在冬期舉行數回。此祭的食物最為豐富，有：糕餅、米飯、什錦飯、乳糜、水果、蔬菜等等，此外，用以供奉諸神的牝牛燒肉，祭主自己也應喫食。關於所祭拜之主神，當時的祭事學者（mīmāṃsaka）已有異論，《阿修瓦拉亞那經》（二，四，一二）列舉種種異說。「曰：一切神（Viśve devāḥ），或曰：阿耆尼神；或曰：太陽神（Sūrya）；或曰：生主（Prajāpati）；或曰：夜神（Rātrī）；或曰：星神（Nakṣatra）；或曰：歲神（Saṃvatsara）；或曰：祖先（Pitṛ）；或曰：家畜。」據此觀之，此祭不僅是祭拜雜多諸神，且是一年之休息時期，類似日本的鎮守祭，以娛樂為主。

七、祖先祭（Śrāddha）　每月新滿月時舉行，與後文所說的奉餅祭（Piṇḍa-pitṛ-yajña）相應。其目的有種種，或是祈願，或祈願成就時的謝恩（此稱 ābhyu-dayika śrāddha），或為特定之死者超薦（此稱 ekoddiṣṭa śrāddha）等（阿修瓦拉亞那家庭經四，七，一。襄卡亞那家庭經四，二，一。四，一〇）。舉行此祭時，需招待學德兼備的婆羅門數名作為祖先代表。奉上洗足所用之水與達魯帕草（darbha）座。取閼伽水（arghya），唱言：「父！此乃汝之閼伽。祖父！此乃汝之閼伽。曾祖父！此乃汝之閼伽」，將水注於草上，進而奉上種種飲食、香華、燈明、衣服等，又唱 oṃ svadhā，作為此祭之終結。（阿修瓦拉亞那家庭經四，七）

上來所述是家庭經所載祭事之大要。此外，又有家宅新築之祭法、乘車與象之際的儀禮等種種，避免繁瑣，此處從略。最後擬就人生最終的葬儀稍作論述。葬儀原以三火為要，以婆羅門為司祭者，大抵是天啟經之題目，然就性質而言，仍可視為家庭之儀式。《阿修瓦拉亞那家庭經》對此所述甚詳。

葬儀（**Antyeṣṭi**） 在梨俱吠陀時代就非常重視葬儀。尤其第十卷第十八詩所載，即是當時標準的葬儀，正與《梨俱吠陀》第十卷第八十五詩所載之結婚式同格。依據讚歌之研究，在梨俱吠陀時代，埋葬與火葬等兩種葬法並行。第十卷第十五詩在呼喚亡靈時，或稱為火焚者（**agni-dagdha**），或稱為非火焚者（**an-agni-dagdha**），可知前者是火葬，後者是埋葬。爾後火葬漸受重視，從梵書時代至經書時代，火葬被視為正葬。《帕拉斯卡拉家庭經》（三，一〇，一－五）及《摩笈法典》（五，六八－六九）指出小孩只能埋葬，不得用火葬[1]。由於火神阿耆尼是負責將供物傳予天神的使者（**dūta**），因此人類的靈魂亦因於火葬導引得以升天。佛將入涅槃時，阿難問佛當以何等葬法行之，佛答以用轉輪聖王之葬法，結果仍採用火葬（**Dīghanikāya vol. 2, p. 141f.** 大正藏一，二〇上。一六九中。一八六下。一九九下），原因在於當時之標準葬法是火葬。茲依《阿修瓦拉亞那天啟經》（六，九－一〇）、《阿修瓦拉亞那家庭經》（四，一－五）所載火葬方法，略述如次：

人死時，一方面，應準備葬場（舍磨奢那或尸摩賒那，**śmaśāna**）。葬場設於住家東南或西南，且南方傾斜的開濶之地。挖長寬約大人兩腕，約拇指至小指深之洞穴。以此洞穴為中心，作緊密相連的三個火爐。東南為供養火（**āhavanīyâgni**），西北為家主火（**gārhapatyâgni**），西南為南火（**dakṣiṇâgni**），各各爐中堆積薪火（三火之說明見後節所載）。另一方面，為死者沐浴，剃除毛髮、髭鬚、身毛，剪掉指爪等，令著新衣，戴頭冠，以及準備置於其手旁的花與牛酪等。不清楚是否使用棺材，大抵上應是不使用。時至，將尸骸置於車上，由牝牛挽車，車後有將與死者共焚的牝

1. Macdonell, Vedic Mythology p. 165. 載有行者也被埋葬。

牛或牝野羊跟隨，人人垂髮繫祭纓，慟哭，前往葬場。抵達祭場後，司祭者之祭官右繞洞穴三匝，取水灑之，唱曰：「走！去！離去此處！」（apêta vîta vi ca sarpatâtaḥ，梨俱吠陀一〇，一四，九），灑水時，眾人將死者卸下，置於黑鹿皮上，其頭首向著供養火，放入洞穴中。此間，死者之妻蹲踞於其北方。祭官對寡婦唱曰：「夫人！再起於生者之世界。」（ud īrṣva nāry abhi jīva-lokam，梨俱吠陀一〇，一八八）死者之弟暫以寡婦之夫的身分，扶起夫人。可能是顧慮亡者意欲寡婦伴行。其次取去死者手中所持之物，若是婆羅門，是聖笏（sphya），剎帝利是弓，吠舍是秤，作為取代的種種祭具則排置於死者四肢與五官。此時屠殺將與死者共焚的牝牛或牝野羊，將其網膜置於死者的頭與口，其腎臟置於兩手，唱言：「去！薩拉瑪子之二犬」（ati drava sārameyau śvānau，梨俱吠陀一〇，一四，一〇）。其次，祭官於南火奉上酪之供物，唱「阿耆尼，娑訶」、「卡瑪，娑訶」、「阿笯瑪提（Anumati），娑訶」，並命令於三個火爐中同時加火。此係基於此等諸神乃死者之導引之信仰。燃火時，祭官反覆唱誦「去！去！前往古道！」（prêhi prêhi pathibhiḥ pūrvebhiḥ，梨俱吠陀 一〇，一四，七），至適當時刻，又曰：「此等生者將與死者別離。」（ime jīvā vi mṛtair âvavṛtran，梨俱吠陀 一〇，一八，三）祭官唱出此語時，會葬者不可再回顧，應離開葬場。在返家途中之某處，以預先準備之水除穢，捨棄葬場所著衣服，另著其他衣服，進而待坐於其處，直至日沒才可返家。返家後，再以石、火、水、牛糞等去穢。火、水與牛糞等，通常被視為拂穢物，之所以用石，因於將石比擬為城壁或山，亦即有用以阻斷與死者交通之意（古事記神代卷載有「伊邪那岐命於黃泉比良坂用千引石阻絕伊邪那美命追蹤」之記事。德國至今猶有葬禮後，置石於窗之習）。其夜，避免在自家調理食物，只能吃預先準備或外購之飲食，又有三日斷鹽之規定。經過十日，召集親戚故舊撿拾死者骨骸，此名為拾骨（asthi-sañcayana）。拾骨時，靜默無言，用拇指與無名指撿拾，從足部依序至頭部。所拾集骨骸置入瓶內，埋入土中，唱言：「往汝母地神之處去！」（upa sarpa mātaraṃ bhūmim etām，梨俱吠陀 一〇，一八，一〇）。其後三個月內，死者亡靈作為亡者（preta），猶止於此世，需經過三個月，才到達祖先位（pitṛ），此時，以餅供養，行與祖先共祭之供餅祭（sapiṇḍī-karaṇa，襄卡亞那家庭經 四，三，一）。大約經過一年，在墓上築石壇（śmaśāna-citi）或土墳（loṣṭa-citi）。śmaśāna 有「葬場」與「塔廟」二義[2]。其字義不明，羅伊曼推想應是 aśma-śayana（亦即石壇）之義。中國人將尸摩賒那譯為寒林，是取其葬場之義，此外，尸陀婆那（śītavana）的譯語也適用於此。

就葬儀的種類而言，《梨俱吠陀》載有埋葬與火葬等二種，到了阿闥婆吠陀時代，則有埋葬（nikhāta）、投棄（paropta 或 parāsta）、火葬（dagdha）與曝棄（uddhita）等四法（阿闥婆吠陀 一八，二，三四）。進而成書於西元後四百年的《金七十論》卷上（大正藏五四，一二四九中）曰：「父母師尊死後遺身若燒沒等如是供養」，顯然火葬之外，另有水葬。《西域記》卷二（大正藏五一，八七七下）曰：「送終殯葬其義有三，一曰火葬，積薪焚燎；二曰水葬，沉流漂散；三曰野葬，棄林飼獸」，同樣提及水葬。亦即火葬以外，又有水葬、埋葬、投棄、曝棄等四種。不清楚此等之儀式如何？想必大致依準火葬，但詳情不明。

其次，且就有名的「貞女」（satī），稍作論述。所謂貞女，是指與夫共焚之寡婦。不清楚是否

---

2. Hillebrandt, Vedische Opfer. S. 2. Monier-Williams, A Sanskrit-English Dictionary (1899), s. v. śmaśāna.

原是古代印度殉死之風習，若從種種徵證看來，太古時期確實有此風習存在。但在文獻上，吠陀、梵書、經書等，並無明顯記載，據此觀之，如同太古的人身供犧風習逐漸消頽，到了吠陀時代，殉死之風習大概已失其意義。祭儀讚歌所唱誦的「人！再起於此生者之世界」、「此等生者已離去死者」，不外於是告知「死者已逝，生者即當自立」。雖然如此，此一風習縱使已衰，但在特殊情況下，還是有行此風習者，此徵於日本早在垂仁天皇時代業已禁止殉死之風習，但直至近代仍持續不絕，即可知之。印度的此一風習自古以來不曾斷絕，依據西元前三一六年左右，希臘與羅馬方面的紀錄，當時猶有夫死而焚其妻之風習[3]。亦即日本所行的，主要是君臣間之殉死，反之，印度是行於夫妻之間。此自然不能視為是當時婆羅門教之教義，佛教等興起後，雖曾一度衰微，但當婆羅門教再興，其風習更盛，更且曲解吠陀所載文句，認為與夫共焚而死才是真正之婦道。此處所說的吠陀文句，是葬儀讚歌的《梨俱吠陀》第十卷第十八詩第七句的「妻應先上床」（**ā rohantu janayo yonim agre**）中的 **agre**（先），彼等將此改為語形與此類似的 **agneḥ**（火），並解為「妻應上火之座」[4]。西元一八二九年，英國政府意欲禁止此蠻風之際，固陋的婆羅門學者仍基於此一曲解而大肆抗議，故此「貞女論」頗受注意，由於英國政府斷然處置，爾來才得以禁止。此乃貞女論之始末。

3. Grimm, Ueber das Verbrennen der Leichen: Abh. der Berliner Academie. S. 261. (1849)
4. Hastings, Encyclopaedia of Religion and Ethics 11, 207 ('Satī'); Max Müller, Essay on Comparative Mythology. Selected works. I. p. 333.

第二節　天啟的祭典

天啟的祭典都是由專門的祭官所司之祭（iṣṭi），且大多已見於《梨俱吠陀》與《夜柔吠陀》。雖然如此，就某一部分而言，對於吾人，此一部類之祭典大多枯燥無味，且非常複雜，在研究上是最為困難又乏味的。即使真正想了解婆羅門教之特質，或對密教事相方面有興趣的人，也是不堪通讀。因此，在此僅作簡單地略述。

對於天啟的祭典與家庭的祭典之區別，前已述及，若予以明確且根本的述說，可歸於如次二點。（一）家庭的祭典是由家長擔任司祭者，而天啟的祭典，家長是祭主（yajamāna），需準備祭典材料，布施祭官，誦既定之咒文，此外，祭事之執行全部由祭官執行。（二）家庭的祭典僅以一火行之，天啟的祭典必須備辦三火。

因此，首先從祭典之根本條件的祭官、祭主、三火的制度開始解說。

一、祭官、祭主、三火

祭官的制度在梨俱吠陀時代已頗為發達，此如前述。到了梵書時代，因祭儀日漸完備，其制度也越發複雜，甚至發展成某某祭典所用祭官人數以及名稱都有詳細規定。例如火祭（agni-hotra）中，需行祭者（adhvaryu）一名；置火祭（agny-ādheya）與新滿月祭（darśa-pūrṇamāsau）中，需行祭者、點火者（āgnīdhra）、勸請者（hotṛ）與祈禱者（brahman）等四人。最為複雜的蘇摩祭，若依據《阿帕斯丹帕天啟經》（一〇，一，九）與《阿修瓦拉亞那天啟經》（四，一，四以下）所載，則需四名祭官，每一祭官各有三名助手，定額為十六人。祭官制度的標準圖示如次。

一、勸請者（hotṛ）
- 宣詞者（maitrāvaruṇa）
- 請者（acchāvāka）
- 壓石讚者（grāvastut）

二、詠歌者（udgātṛ）
- 初詠者（prastotṛ）
- 除者（pratihartṛ）
- 讚酒者（subrahmaṇya）

三、行祭者（adhvaryu）
- 佇立者（pratiprasthātṛ）
- 導者（neṣṭṛ）
- 盛酒者（unnetṛ）

四、祈禱者（brahman）
- 次祈禱者（brāhmaṇācchaṃsin）
- 點火者（agnīdh, āgnīdhra）
- 拂穢者（potṛ）

祭官之職務，依祭祀種類而略有差異，今主要就蘇摩祭予以簡單說明，四祭官中位列第一的勸請者，其職務是在祭事初始，唱《梨俱吠陀》之讚歌，勸請神祇降臨祭場。其助手中的宣詞者，又稱傳令者（praśāstṛ），或邁伊多拉瓦魯納（maitrāvaruṇa），此人須分擔勸請者之職；奉勸請者命令，勸請其他祭官飲蘇摩的，是請者；壓石讚者負責讚嘆蘇摩之壓石（adri）。位列第二的詠歌者，負責歌唱《沙摩吠陀》之讚歌，讚美神以及嘆美蘇摩液，其助手中，初詠者是唱讚美歌之伊始，亦即所謂的「發聲者」；除者負責除去蘇摩之壓石；讚酒者負責向蘇摩祈願護佑。位列第三的行祭者，是負責低聲唱誦《夜柔吠陀》之祭詞，以及儀式之進行，其助手中，佇立者負責祭事之周旋；導者負責引導施主之夫人進入祭場；盛酒者負責將蘇摩盛入器物。最後位列第四的祈禱者，是祭事全體之監督者，作為所謂的大導師，負責以其三吠陀之全部知識指導祭事進行。其助手中，次祈禱者（Brāhmaṇācchaṃsin=Brahmaṇāt-śaṃsin）是隨從祈禱者之祈禱，主要是負責讚嘆因陀羅；點火者負責點燃祭火；拂穢者負責所謂的清澄（pavamāna），亦即負責以蘇摩拂去不淨，以令純淨。

此等祭官皆精通一切儀式，此固無庸贅言，原則上，更需具備智德優秀且能真正與神交通之資格。若缺智德，於祭事中犯錯，則全體祭事歸於無效，經書對此屢作警戒。

雖然如此，欲令祭事顯示效果，不只是祭官，祭主本身亦應非常謹慎。總而言之，祭官與祭主的關係如同精神上的君臣或親子，祭主應絕對服從祭官命令，且衷心尊敬、供養，以令滿足。若違背祭官之意，或予以侮蔑或薄遇，則其自身祭祀效果已滅。從而提供能令祭官滿足的布施，是祭主最大之義務，聖典亦可見言及布施之額度。例如《百道梵書》（四，三，四，三）載有行蘇摩祭時，需要牛百頭以上；《愛達雷亞梵書》（八，二〇）載有行即位式（rājasūya）時，需要布施牛千頭與土地；《卡提亞亞那天啟經》（一五）載有行即位式，牛二萬頭，行灌頂式（abhiṣeka）牛十萬頭。固然此中交雜印度人習慣的誇張表現，但顯然的，行祭事時，必須布施的觀念早已存在，且隨著時日增進，布施的額度累增。最後形成布施額越多，其功德越大，若無布施，縱使其祭事順當進行，亦無功德。又，行大祭時，祭主不只必須供養祭官，在行祭前後，祭主本人亦需專注於淨潔心身，修種種加行。依祭祀類別，其加行之方法也略有差異，但總的說來，心情平靜，身體避免裝飾，禁酒肉及淫事等為其通則，有時亦必須禁語、不眠、斷食等。尤其作為蘇摩祭之預備的「淨潔法」（dīkṣā），其所修的種種苦行，被認為最為有效。

具備如此條件而行的祭祀功德，是由婆羅門享用？或祭主享用？祭事學者（mīmāṃsaka）對此有不同看法，但認為由祭主享用，是一般的結論，且是正當之解釋。

其次更就祭場述之，家庭的祭祀大致在住宅內執行，反之，此類祭祀幾乎都在住宅外。但又依祭祀種類而有不同，若是定期性的，大抵是在邸內的恆置祭場，至於葬禮與蘇摩祭等臨時之祭，則行於邸外，故並無一定。雖然如此，如先前所述，任何祭場都設置三火，此乃天啟祭之特質。梨俱吠陀時代尚未有三火制，但夜柔吠陀以後，則有大祭必設三火之規定。此因隨著祭事分化，聖火之制度也見分化。所謂三火，即：家主火（gārhapatyâgni）、供養火（āhavanīyâgni）、祖先祭火（anvāhāryapacana）。祖先祭火，一名南火（dakṣinâgni）。此中，家主火是主部，調理諸神及婆羅門供養物之處所，其火爐作圓形。供養火是在家主火西方，在此投入供物，奉予諸神，火爐作四角形。祖先祭火是奉上供物予祖先之場所，火爐作半月形，由於位於家主火之南，故又名南火。與此三火相對之祭壇（vedi），其設置法依祭祀類別而有差異，或於三火之中央設一祭壇，或三火各設一祭壇，並無一定。若是一時的臨時之祭（例如葬禮），則三火不別立火舍，但通常設置於邸內之祭場，其三火是各作一火舍，中間設一祭壇。要言之，天啟的祭典其祭場設備依祭祀種類而有相當大的差異，但至少就名目上而言，若無三火則不完備。

如是所行的天啟祭典雖有各種種類，但可大別為二種。此即：供養祭（havir-yajña）與蘇摩祭（soma- yajña）。所謂供養祭，是指以動植物等為供物之祭祀，且大多是在邸內的祭場執行。換言之，是調理供養的略略擴大，其性質也與調理供養頗為類似。所謂的蘇摩祭，是指動植物的供養之外，於祭祀中，須壓搾蘇摩液以祭祀神，是需要大規模設備之大祭。

二、供養祭（havir-yajña）

供養祭也有種種區別，通常經書所揭如次七種，為其根本（prakṛti）。（一）置火式（agny-ādheya），（二）火祭（agni-hotra），（三）新滿月祭（darśa-pūrṇamāsau），（四）初穗祭（āgrayaṇa），（五）四月祭（cāturmāsya），（六）供獸祭（paśubandha），（七）薩烏多拉瑪尼祭（sautrāmaṇī）。

（一）置火式（agny-ādheya）　家長期初始，在家庭內設置家火（āvasathya），同時，作為公祭之祭場，在邸內、住宅之東方立三火舍。所謂置火式，即是於此初始置火之儀式。大抵選在結婚當月的滿月之日，但有時也在新月之日執行。其行法是，首先行祭者對家主火壇作五種祓。亦即：(1) 三度拂竈，(2) 以牛糞（gomaya）三度塗竈，(3) 以聖笏（sphya）在竈上由東向西，或由南向北畫三條線，(4) 以拇指或食指拂去其上塵埃，(5) 三度灑水，除去畫線。其次在竈上置火，火或由他處取來，或以阿拉尼（araṇī）木片鑽之。祭主夫妻此時坐在供養火舍之東，待日沒，夫誦咒，從東方進入供養火舍，其次移至家主火舍，坐於火爐西側，妻同樣由南方來此，與夫並坐。此時，行祭者將阿拉尼給予祭主夫妻，並教示今後應長久尊敬火並善加保存。是晚，夫妻徹夜坐於火邊，添加薪柴，令火燃燒不絕，直至翌朝行祭者來滅火之前，都應守候在側。如是，費時二日的置火式才告完成[5]。（阿帕斯丹帕天

5. Eggeling, Śatapatha brāhmaṇa, I. pp. 274~276.

啟經五，一以下。卡提亞亞那天啟經四，七—一〇。阿修瓦拉亞那天啟經二，一，九以下）

（二）**火祭**（**agni-hotra**）　朝夕二回，以牛酪及諸種供物投入三火之儀式。行祭者是祭官。（阿帕斯丹帕天啟經六。卡提亞亞那天啟經四，一二—一五。阿修瓦拉亞那天啟經二，二—五）

（三）**新滿月祭**（**darśa-pūrṇamāsau**）　與家庭之祭典的新滿月祭（**pārvaṇa**）並行，且是諸祭中最為重要的祭祀。對於新滿之日，祭事學者看法不一，但大體上視為是在陰曆的一日與十六日。行此祭需費時二日，亦即預備祭與本祭。預備祭稱為布薩（**upavasatha**），在新滿之前日，祭主夫妻行一定之加行（**vrata**），眠於家主火舍之泥屋〔佛教的布薩（**uposatha, upoṣadha**）即是其變形〕。翌日，開始行本祭，首先供養火壇，如法向南火壇作五種祓，從家主火壇移火至此。此稱移火式（**uddharaṇa**）。其次，行祭者或祭主在三個火壇各投入二根薪火。投第一根時，唱言：「阿耆尼！於祈誓中，我有榮光（**mamâgne varco vihaveṣv astu**）」（梨俱吠陀一〇，一二八，一），第二根默然投之。此名置薪式（**agny- anvādhāna**）。其次，諸祭官誦種種咒文，施行作法，以種種供物供養諸神與祖先。需特加注意的是，行滿月祭時，以因陀羅為諸神中之主神；行新月祭時，則以祖先為主位。到了午後，祭主夫妻取米、麥和以牛酪食之（此名**vratôpāyanīya**，亦即斷食日之食），到了日沒，行火祭，此祭才告完成。此祭以月之盈昃為期，是為祭祀諸神而發展出的例月祭，又，作為其附屬，常依情況而行種種特別之祭。此因印度之祭祀大多行於新滿月之日，自然由此產生伴隨定期的新滿月祭而行之祭。故通常將此視為諸祭之模範，《夜柔吠陀》曾言及此祭，其他聖典也有非常詳細之述說。基於此等，喜雷普蘭多（**Hillebrandt**）撰有《印度古代新滿月祭》（*Das altindische Neu-und Vollmondsopfer*, Jena 1880）一書。（阿帕斯丹帕天啟經一—三。卡提亞亞那天啟經二，三，四，一—

五。阿修瓦拉亞那天啟經一，一，四—一，一三）

祖先奉餅祭（piṇḍa-pitṛ-yajña） 與私祭之祖先祭（śrāddha）相應之公祭，於新月祭之午後執行。祭場為南火舍，亦即在南火之南側挖三個洞穴，其上敷達魯巴草，以此作為祖先降臨之處。其傍設焚火，防止阿修羅與羅剎來相妨害。一切就緒，祭主獲得祭官許可後，向阿耆尼乞求，求彼為祭主喚來祖先，進而曰：「蘇摩之友之祖先！汝從古道來，請給予我等富有」，其次，持水瓶，以左手注水於穴，並呼喚祖先之名，曰：「請洗淨。」此恐是依循提供洗足水給予客人之印度風習。其次取餅三分，置於三穴，曰：「祖先！此乃奉汝之餅。」行如是供養之後，行祭者向祖先曰：「請歸古道」，至此祭事即告完成。此際，祭主之妻若欲得子，則取剩餘之餅食之，將有靈驗（阿帕斯丹帕天啟經一，七—一〇。阿修瓦拉亞那天啟經二，六。七。襄卡亞那天啟經 四，三—五）。此祭是新滿月祭之附屬祭，故不屬於七供養之一。

（四）**初穗祭**（āgrayaṇa） 以新收成之作物供養諸神與祖先，又可說是新嘗祭。大致是一年三回。秋期奉獻米的，稱為奉米祭（vrīhy-āgrayaṇa）；春或雨期奉獻麥、稗等地，稱為奉麥祭（yavâgrayaṇa）；夏期奉獻竹實的，稱為奉竹祭（veṇuyavānām iṣṭi-）。所祭拜之神，若是奉米祭，是因陀羅、阿耆尼之雙神（Indrâgnī）與一切神（Viśve devāḥ）、天地神（Dyāvā-pṛthivī）等，其他二祭則是蘇摩神。（阿帕斯丹帕天啟經 六，二九，二以下。阿修瓦拉亞那天啟經 二，九。襄卡亞那天啟經 三，一二）

（五）**四月祭**（cāturmāsya） 一年三次，每四個月執行一次。春期、雨期、秋期之初始的滿月之日執行。亦即春分的帕魯達那月（phālguna，第二與第三月之交），行一切神祭（Vaiśvadeva）；

雨期的阿夏達月（āṣāḍha，第六與第七月）行瓦魯納祭（Varuṇa-praghāsa）；秋分的卡魯提卡月（kārttika，第十與第十一月），行薩卡祭（Sākamedha，字義不明）。隨著季節，奉獻農作物予諸神與祖先，以祈繁榮。就此三種祭都尊重瑪魯多群神（Marutas）觀之，恐是因於時風（monsoon）與農作物有密切關係。

此中，若是一切神祭，祭主夫妻應著新衣，以米飯（puroḍāśa）奉獻瑪魯多群神，以酪奉獻一切神，此乃此祭之眼目。

若是瓦魯納祭，祭主夫妻再著先前所著用之衣，進行複雜的儀式，進而奉上米飯予因陀羅及阿耆尼雙神，奉上酪與羊予瓦魯納神（由行祭者執行），又，同樣奉上酪與羊予瑪魯多群神（由佇立者執行）。於此祭中所行的主婦懺悔式，是其特質之一。此即祭事結束時，佇立者（pratiprasthātṛ）首先靠近坐於家主火近旁的夫人，問曰：「有幾許情夫？」對於此問，夫人若無情夫，即答曰：「無。」若有情夫，須答其數，或舉與其數相應之藁。一般相信此際若作偽證，作為處罰，其家族與情夫將有禍至。如是自白之後，祭官命令夫人呼瑪魯多之名，面西，頭戴粥器（karambha-pātra），捨其罪於南火，據此當得罪消。此際，其夫不許發一言。

薩卡祭以在午前祭祀諸神，祈求家畜（尤其是牛）繁榮；午後行祖先祭（pitṛ-yajña），供養耶摩神為其主眼。又，祭祀多利央帕卡（三母或有三眼者，Tryambaka），亦即魯多拉神，也在此時，奉上糕餅，唱誦咒文，祈求魯多拉神離去。

此外，或以農具祭（śunāsīrīya）作為第四祭。祭祀守護農耕的修那西拉（śunāsīrau）雙神，行農作繁榮之禁厭。śuna 是犂頭之意，sīra 可能是意指犂。其期日不明，《百道梵書》（二，六，三，一〇）所揭是薩卡祭後的任何時日皆可。（阿帕斯丹帕天啟經 八。卡提亞亞那天啟經 五。阿修瓦拉亞那天啟經二，一五—二〇。襄卡亞那天啟經三，一三—一八）

（六）供獸祭（paśu-bandha）　諸多祭典（尤其是蘇摩祭）常以動物作為犧牲，但天啟經中，除此之外，另載有獨立之供犧祭，視為七供養之一。通常是依準新滿月祭之例行之，以山羊供奉因陀羅、阿耆尼、蘇利亞、生主等為其目的。通常布薩之預備祭與本祭需費時兩日，但有時省略預備祭，僅於本祭當日完成此祭。其祭事相當複雜，但大體而言，祭場大致是在郊外，祭場中，設三火，作祭壇，立帕拉夏樹（palāśa）之祭柱（yūpa），此外，更準備種種祭具。將作為犧牲的動物以香水洗淨，縛於祭場外，待一切就緒，將犧牲牽入祭場。此時，祭官與祭主先後而行，犧牲跟隨其後。在祭場中，將犧牲繫縛在祭柱，頭西足北，屠殺者持兩刃刀，以其中一刃屠殺。其次，行祭者受取其刀，以另一刃將犧牲作種種調理，陶器盛之，以奉予神。此祭目的是祈求豐年，或怨敵退散，具有調伏之義，故禁厭的性質頗為強烈。又，此祭具有臨時祭之形態，且在郊外執行，頗似蘇摩祭，故經書或將此祭列於蘇摩祭中。（阿帕斯丹帕天啟經 七。卡提亞亞那天啟經 六。阿修瓦拉亞那天啟經三，一—八）

（七）薩烏多拉瑪尼祭（sautrāmaṇī）　此祭以蘇多拉曼（Sutrāman，善保護者），亦即因陀羅為主神，兼祀阿修溫、薩拉斯瓦提神。此祭特徵是以米酒（surā）供奉此等諸神，故也可視為蘇摩祭的一種。其祭式有二類，即：卡烏其利祭（kaukilī）與加拉卡祭（carakā）。前者是獨立（svatantrā）之祭，後者是附屬於即位式之祭。此祭之執行需費時三日。

第一日，將從一頭牛所榨牛乳混上米酒，其上散撒米芽（śaṣpa）粉，用以祭祀阿修溫。第二日，從二頭牛所取牛乳混上米酒，撒上麥芽（tokman），供奉薩拉斯瓦提神。第三日，以三頭牛所榨之乳摻蘇摩酒，撒上燒米（lāja），供奉因陀羅。此祭同於供獸祭，也是臨時的祈願祭（kāmyâṣṭi, naimittikā）之一種，婆羅門姓祈求名譽，剎帝利祈求勝利，吠舍祈求富貴時，須行此祭。（阿帕斯丹帕天啟經一九。卡提亞亞那天啟經一五，九，二七以下、一九。阿修瓦拉亞那天啟經三，九）

三、蘇摩祭（soma-yajña）

以蘇摩神酒供奉神與祖先之風習早已見於梨俱吠陀時代，且其儀式也有相當複雜的發展。到了經書時代，蘇摩已失去作為飲料的實質價值，但以此為中心而發展的祭典猶甚隆重，欲完成大願望，必行此祭。此一部類之祭需要大規模的準備，即使有特別目的或是特殊的人也難以行之，大多為臨時祭。

蘇摩祭之定數並無一定。通常以七會（sapta saṃsthāḥ）為其代表，其實也只是名目而已，實際上，只要是供養祭以外的大祭，都可以蘇摩祭之名稱之。故印度學者下如此籠統之定義：「非供養祭之祭是蘇摩祭，非蘇摩祭之祭是供養祭。」此因初始並無調理祭、供養祭與蘇摩祭等分類，爾後在作整理與進行分類時，基於大規模的祭典都採用蘇摩酒，遂以蘇摩祭稱之。以下述說其主要的八種。

（一）阿耆尼修多瑪（agniṣṭoma）　蘇摩祭中，最為單純，且是最根本性的，純粹以蘇摩酒奉獻為主旨。之所以稱為「阿耆尼修多瑪」，其因在於此祭之詠歌（sāman）中有讚嘆阿耆尼之語，故若予以直譯，雖應譯為「火讚」，但並無「火祭」之義。若依據《卡提亞亞那天啟經》（七，一，四）所載，此祭於春天舉行，但《百道梵書》（一〇，一，五，四）認為一年中的任何時期皆可。若從需要蘇摩新芽看來，大抵應在春分的新月或滿月之日舉行。在此祭中，應予以注意的是，首先應招聘祭官。先前所述的諸祭，其祭官大多五、六人而已，若行此祭，則須十六祭官。第二是選定祭場。

其祭場應選郊外清淨之地，東面有大樹，其下有清澈水流，且稍向東方或東北方傾斜。此因造蘇摩酒之水應汲取自日光不照射之處，且本祭之晨朝需眺望曙光。第三是祭主之加行。行此祭時，祭主夫妻須於祭場建立加行處（dīkṣita-vimita），在行祭之前的前三日、四日、十二日乃至一年（諸經意見不一）之內，於此修加行。所謂的「提庫夏」（dīkṣā）即此，此間應剃除鬚髮，剪指甲，禁欲，禁足，行各種苦行。一般相信愈峻嚴愈有效果，若能達到氣息奄奄，將是加行之極致。第四是前日祭。在此日，全部祭官都應到祭場準備事宜。亦即首先設三火爐，其次築大祭壇（mahā-vedi），其西端之東方造一小屋（sadas），屋中設六個竈（dhiṣṇya），其旁挖四個洞穴，中間置二個臼台等。其次是行「購蘇摩」（somakrayaṇa）之儀式，婆羅門若販售蘇摩新芽時，祭主須以牛一頭購之，並將新芽運往小屋。儀式終了，繼續進行將山羊供奉蘇摩神之儀式，當夜，祭官與祭主都夜宿小屋，徹夜保護蘇摩芽至拂曉。此夜名為大夜（mahārātri）。至第五日，將蘇摩芽以石磨碎，以其汁奉神。此名為搾日（sutyam ahar）。此儀式於朝、晝、夕行之，一日執行三回，朝搾是「風味」，用以供奉因陀羅（參照梨俱吠陀一〇，一一二，一）；晝搾是「真饗應」，同樣是供奉因陀羅（參照梨俱吠陀一〇，一七九，二）；夕搾用以供奉薩維多利神與其他諸神，以及祖先等〔三回名為終日祭（ekâha）〕。朝搾儀式之進行，是天未亮時，各祭官開始準備種種祭具，此間大約誦一千頌之咒文，且以米飯、燒米供奉因陀羅與普項。旭日東升，祭官與祭主各自於既定位置，或讚美神，或讀誦咒文，執行既定任務，以便儀式進行。搾蘇摩的場所通常是在小屋（sadas）中，屋中置石臼，蘇摩新芽和水研磨，搾取其汁液。所得汁液置入一定器皿，更以羊毛篩過濾而置入蘇摩桶（droṇa-kalaśa）中。負責此清澄工作的，是祭主，詠歌者與拂穢者於此時不間斷的歌唱「清澄歌」（pavamāna-stotra），祈求其液清澄。新酒既得，則和以牛乳、酪等，以杯盛之，由祭官輔助而奉予神。實際言之，此祭最為主要的，是蘇摩液之搾取，至於列於最後的將蘇摩汁液盛於杯中而奉予神祇，未必為其要目。其次的晝搾或夕搾，儀式略異於朝搾，但大體上，是以同一方式進行，故其說明從略。夕搾結束時，解除種種道具之配列，或燒，或送人等，並以布施酬勞祭官，祭主夫妻沐浴，著新衣，作為此祭之終結（阿帕斯丹帕天啟經一〇—一三。卡提亞亞那天啟經七—一〇。瓦伊達那天啟經一一—二四）。

此阿耆尼修多瑪祭以及阿提阿耆尼修多瑪祭（atyagniṣṭoma），修達信祭（ṣoḍaśin；十六祭）、瓦夏培亞（vājapeya，力飲祭）、阿提拉多拉（atirātra）、阿普多魯亞馬（aptoryāma）、烏庫提亞（ukthya）等七祭總稱為蘇摩祭七會。但大多是阿耆尼修多瑪祭之變形，故此下將僅只介紹力飲祭。

（二）力飲祭（vājapeya）　初始任何人皆能行此祭，但到了後世，唯有國王得以行之。此祭之特色在於尊重「十七」此一數字，所用器具皆由十七所成。首先由祭主（國王）戴黃金冠，射十七箭，測量競馬場之場域，其次十七車並駕相競。祭主所乘用之車由三匹良馬拖曳，目的是令祭主所駕之車快速奔馳，藉此而獲得勝利。其次或準備十七桶蘇摩酒，以及十七個杯子進行購買之儀式；或祭主夫妻登上祭柱（yūpa），仰視天上，俯視自家，行天上天下統一之主之儀式。最後，下祭柱，穿上備於祭柱前的黃金履，登上座椅，接受灌頂（abhiṣeka）。此時，婆羅門應身倚黃金椅，講說有名的西耶納修帕之故事。其次，眾人三稱「統王」（samrāj），說十七種「祝祠」（ujjiti），作為此祭之終結。此際，給予婆羅門的布施是牛一百七十、衣服十七、車十七、象十七、黃金十七。此祭初始是因於何等目的而行，至今猶不清楚，若依據歐登柏格所述，vājapeya 為「力飲」之義[6]，故

6. Oldenberg, Religion des Veda. S. 351.

恐是出自於為慶祝獲得勢力而飲蘇摩或蘇拉酒之舉。（阿帕斯丹帕天啟經一八。卡提亞亞那天啟經一四。阿修瓦拉亞那天啟經九，九。瓦伊達那天啟經二七）

（三）**即位式**（rājasūya）　國王即位時行之。需經過數日的準備，此如同阿耆尼修多瑪。此際，祭主（國王）通常於布服上添加赤色上衣。此式之主要部分是，從行祭者手中接受一弓三箭，唱咒文，濶步四方，登上鋪於灌頂水器之側的虎皮，進而將置於後方，用以比擬為惡魔（Namuci）之頭的鉛踏碎，然後接受灌頂。此際，作為可增大其威勢的咒法，王之親戚齊集牛百頭於供養火之北，國王自乘馬車，入於牛群中，以弓之前端觸其中一牛，曰：「皆由我捕獲。」（阿帕斯丹帕天啟經一八。阿修瓦拉亞那天啟經九，三，四。卡提亞亞那天啟經一五）

（四）**馬祠**（aśva-medha）　梨俱吠陀時代既已執行之祭。初始是任何人皆可執行，但逐漸成為僅只有力者，尤其是國王才可舉行。此因需要相當大的花費。馬祠之舉行，本是因於世界已被國王征服，但也有國王因其經略諸方的野心而行之。恐是馬用於戰陣，且其快速最能表徵國王軍容盛大，故用以作為供奉神之犧牲。接受此奉獻之神，通常是生主，但古代也有相信軍神是因陀羅的[7]。

執行此祭約需費時一年準備。首先選定一匹作為犧牲的馬，洗淨其身（或說一百匹）。此時，令賤民屠殺作為魔之表徵的四眼犬（亦即狗眼上各有如眼似的二個斑點），投予洗馬足之水中，曰：「任何人若危害及馬，則有瓦魯納之罰。」其次，令貴族少年放牧此馬於東方，一年內任其優遊於良好場地。在此期間，祭主（國王）行種種加行，作為祭祀之準備。一年又三日後，行蘇摩祭，奉

7. Oldenberg, Religion des Veda. S. 473.

上種種犧牲獸，當日，將盛裝打扮的馬繫在祭柱（yūpa），皇后靠近馬身，祭官以布片遮蔽馬與王后，施以嘲笑之語。此應是咒法的一種，其意不明。其次，祭官與祭主行種種作法，誦咒文，最後屠馬焚之。通常此時作為先導者的山羊，亦同時焚之。眾人飲酒，為王祝福，儀式至此結束。（阿帕斯丹帕天啟經二〇。卡提亞亞那天啟經二〇。阿修瓦拉亞那天啟經一〇，六以下）

（五）**奉乳祭**（pravargya）　以素燒之陶器（mahāvīra）溫乳（gharma），用以供奉阿修溫。本是獨立祭，但後世成為蘇摩祭之附祭，蘇摩祭中，朝夕執行此祭。陶器是以供養火東方之黏土作成，其下鋪以銀板，置於供養火之東方，其四周置火溫之，初始注以酪，其次注以牛乳、羊乳，待其蒸沸，用以供奉阿修溫。（阿帕斯丹帕天啟經一一，一二，一五。阿修瓦拉亞那天啟經四，六、七。襄卡亞那天啟經五，九以下）

（六）**火壇祭**（agni-cayana）　帕魯庫那月（Phālguna）黑分之初日（或第一月第二月之間的馬迦月（Māgha）新月之日）啟建，翌年之此日圓滿，故始終需一年之時日。啟建之日，在諸祭官指揮下，以五種犧牲供養神，其頭埋於供養火壇之下，其體則棄捨於水。其次，日日之行事是在稱為「烏卡」（ukhā）的容器中盛火，兩手捧之或高舉，或低捧，保持水平，長足闊步，載於台上，禮拜其火，作必須之功課。如是，經過一年，行蘇摩祭，設祭壇（vedi），築磚造大火爐。祭壇設於發火場（agni-kṣetra）中央，縱橫一由迦（yuga＝86 aṅgula，一 aṅgula 是手指之幅度），以一萬零八百塊磚塊堆砌。壇砌成後，將先前容器中的火移入至爐中，奉上種種供物，誦祭文，此祭才告完成（阿帕斯丹帕天啟經一六以下，卡提亞亞那天啟經一六—一八。阿修瓦拉亞那天啟經四，一，二一以下）。

此祭已見於《夜柔吠陀》，但關於其起源頗有異論。初始恐受西北印度波斯火教之影響，亦即其祭拜火壇之風習被婆羅門教採用[8]。釋尊當時的事火婆羅門，或許即是此祭之修行者[9]。

（七）人祠（puruṣa-medha）　《夜柔吠陀》已有人祠之說明，至經書時代猶存其名，且是蘇摩祭之一種。以人身作為供犧之風俗太古已存，但隨著文明推進，逐漸產生以他物替代之風習，雖然如此，在特殊情況下，猶見實際行之。人祠的方法完全與馬祠相同，差別的是以人代馬。可作為犧牲的人，依據《襄卡亞那天啟經》所載，僅限於婆羅門與剎帝利，應以馬百匹、牝牛千頭購之。對於實際以人作為犧牲的方法，經書所載有別，或自己投入火中，或於祭事終了，禮拜太陽後，即歸隱於山中，爾後不得再入世間等等，並無定論。實際所採取的方法，恐是後者。此祭的目的是為成就馬祠亦不能達成之大願望。（阿帕斯丹帕天啟經 二〇。卡提亞亞那天啟經 二一，一。襄卡亞那天啟經 一六，一〇以下）

（八）一切祠（sarvamedha）　此祭夜柔吠陀時代業已存在，一切財產、妻子與眷屬都奉獻施予神與人，自己隱居於山中。就一切隱遁者（sannyāsin）都採取此一形式看來，此祭應是確實執行且執行者甚多。（卡提亞亞那天啟經 二一，二。喜拉尼亞克信天啟經 一四。襄卡亞那天啟經 一六，一五。一六）

上來兩節所揭是婆羅門教中主要之祭祀。雖相當繁雜，然若不了解其大概，至少對於古代婆羅門教之祭祀，不具有任何發言權。最後就祭祀的目的概括言之，大抵有三、四種。第一，希望現世

---

8. Hillebrandt, Vedische Opfer, S. 161.

9. 例如《長阿含經》卷十九（大正藏一，一二八上）、《中阿含經》卷十一（大正藏一，四九七下）、《中阿含經》卷十六（大正藏一，五二九上）、《四分律》卷三十二（大正藏二二，七九五下）、《方便心論》（大正藏三二，二四上）等。

成功；第二，死後生天界；第三，向神表示謝意；第四，所犯之罪消滅等。以第一與第二種最為主要。《瓦伊達那天啟經》（*Vaitāna-sūtra* 四三，八以下）載有依供物種類與祭祀種類而獲得的功德，茲列舉如次，作為本章之終結[10]。

〈祭典與供物〉	〈功德〉
行火祭	天界
奉新乳	萬福
奉熟酥	強力
奉酪	偉力
奉胡麻油	美貌
奉乳糜	子孫
奉粥	統治村落
奉米粒	力

10. R. Garbe, Vaitâna Sūtra 1878, SS. 114f. W. Caland, Das Vaitānasūtra 1910, SS. 122f.

奉蘇摩酒	神官之名望
奉肉	裕福
奉水	長命
行新滿月祭	萬福
行 dākṣāyaṇa 祭（阿帕斯丹帕天啟經三，一六，一一 襄卡亞那天啟經三，八，二）	子孫
行 sākamprasthāyya 祭	家畜
行 saṃkrama 祭（未詳）	萬福
行 iḍādadha 祭	家畜
行 sārvasena 祭（襄卡亞那天啟經三，一〇 阿帕斯丹帕天啟經三，一七，一二）	子孫
行 śaunaka 祭（襄卡亞那天啟經三，一〇，七）	咒力
行 vasiṣṭha 祭（襄卡亞那天啟經三，一一 阿帕斯丹帕天啟經三，一七，一二）	子孫
行天地神祭（Dyāvāpṛthivyor ayana）	確實之地位

行初穗祭	食物
行四月祭	萬福
奉犧牲獸予因陀羅神與阿耆尼神	長命、子孫、家畜
以淡黃之白牡牛（野羊）作為犧牲，奉予耶摩神	健康、祖先界
以似牝馬之牡馬（vaḍava）奉予多瓦修多利神	子孫
行一日之蘇摩祭（sutyā）	萬福
行 ukthya 祭	家畜
行力飲祭	無限之權力
行 atirātra 祭	繁榮
行即位式	無限之權力
行馬祠或人祠	萬福
行一切祠	優位
希望無限	行無限之供養

<table>
<tr><th colspan="5">大唐西域記</th><th rowspan="3"></th><th rowspan="3">太陽曆</th><th colspan="3">宿曜經</th></tr>
<tr><th rowspan="2">六時</th><th rowspan="2">三時</th><th rowspan="2">四時</th><th rowspan="2">月名</th><th rowspan="2">唐曆</th><th rowspan="2">月名</th><th colspan="2">景風注</th></tr>
<tr><th>斗建</th><th>唐曆</th></tr>
<tr><td rowspan="4">vasanta
漸熱</td><td rowspan="8">熱時</td><td rowspan="6">春</td><td rowspan="2">Caitra
制呾羅</td><td rowspan="4">正月 16 日
3 月 15 日</td><td rowspan="6">春分</td><td>3 月</td><td rowspan="2">角</td><td rowspan="2">卯</td><td rowspan="2">2 月</td></tr>
<tr><td rowspan="2">4 月</td></tr>
<tr><td rowspan="2">Vaiśākha
吠舍佉</td><td rowspan="2">氐</td><td rowspan="2">辰</td><td rowspan="2">3 月</td></tr>
<tr><td rowspan="2">5 月</td></tr>
<tr><td rowspan="4">grīṣma
盛熱</td><td rowspan="2">Jyaiṣṭha
逝瑟吒</td><td rowspan="4">3 月 16 日
5 月 15 日</td><td rowspan="2">心</td><td rowspan="2">巳</td><td rowspan="2">4 月</td></tr>
<tr><td rowspan="2">6 月</td></tr>
<tr><td rowspan="6">夏</td><td rowspan="2">Āṣāḍha
頞沙荼</td><td rowspan="6">夏至</td><td rowspan="2">箕</td><td rowspan="2">午</td><td rowspan="2">5 月</td></tr>
<tr><td rowspan="2">7 月</td></tr>
<tr><td rowspan="4">varṣa
雨時</td><td rowspan="8">雨時</td><td rowspan="2">Śrāvaṇa
室羅伐拏</td><td rowspan="4">5 月 16 日
7 月 15 日</td><td rowspan="2">女</td><td rowspan="2">未</td><td rowspan="2">6 月</td></tr>
<tr><td rowspan="2">8 月</td></tr>
<tr><td rowspan="2">Bhādrapada
婆達羅鉢陀</td><td rowspan="2">室</td><td rowspan="2">申</td><td rowspan="2">7 月</td></tr>
<tr><td rowspan="2">9 月</td></tr>
<tr><td rowspan="4">śarad
茂時</td><td rowspan="6">秋</td><td rowspan="2">Āśvayuja*
頞濕縛庾闍</td><td rowspan="4">7 月 16 日
9 月 15 日</td><td rowspan="6">秋分</td><td rowspan="2">婁</td><td rowspan="2">酉</td><td rowspan="2">8 月</td></tr>
<tr><td rowspan="2">10 月</td></tr>
<tr><td rowspan="2">Kārttika
迦剌底迦</td><td rowspan="2">昴</td><td rowspan="2">戌</td><td rowspan="2">9 月</td></tr>
<tr><td rowspan="2">11 月</td></tr>
<tr><td rowspan="4">hemanta
漸寒</td><td rowspan="8">寒時</td><td rowspan="2">Mārgaśīrṣa
末伽始羅</td><td rowspan="4">9 月 16 日
11 月 15 日</td><td rowspan="2">觜</td><td rowspan="2">亥</td><td rowspan="2">10 月</td></tr>
<tr><td rowspan="2">12 月</td></tr>
<tr><td rowspan="6">冬</td><td rowspan="2">Pauṣa
報沙</td><td rowspan="6">冬至</td><td rowspan="2">鬼</td><td rowspan="2">子</td><td rowspan="2">11 月</td></tr>
<tr><td rowspan="2">1 月</td></tr>
<tr><td rowspan="4">śiśira
盛寒</td><td rowspan="2">Māgha
磨祛</td><td rowspan="4">11 月 16 日
正月 15 日</td><td rowspan="2">星</td><td rowspan="2">丑</td><td rowspan="2">12 月</td></tr>
<tr><td rowspan="2">2 月</td></tr>
<tr><td rowspan="2">Phālguna
頗勒窶拏</td><td rowspan="2">翼</td><td rowspan="2">寅</td><td rowspan="2">正月</td></tr>
<tr><td>3 月</td></tr>
</table>

* āśvayuja = āśvina.
《大唐西域記》卷第二：大正藏 51, 875c~ 876a.
《文殊師利菩薩及諸仙所說吉凶時日善惡宿曜經》：大正藏 21, 388a.

第五篇

奧義書終期的學派之開展

第一章　諸學派興起的原因及其種類

筆者以上來四篇述說古代印度思想發展之光景。論述之基礎是吠陀本集乃至經書等婆羅門所造聖典，以被稱為「天啟書」（śruti）之部類為主，其個人意見尚未明顯表現的時代。換言之，是印度雅利安人種自然發展出的標準信仰，並無創始者，亦無與主義綱領相異而對峙的不同學派。姑且以「正統婆羅門教」稱之，然而「婆羅門教」此一名稱，只是用於表示其與後世非婆羅門主義之教派的相對而已，其本身實無任何統一性。隨著時勢推進，此雜然無學派時代之思想逐漸分化，到了奧義書終期，終於開展出不同主義信仰的諸多教派。從來散漫的思想系統自此逐漸獲得組織，隨處可見對峙的教團產生。此實是學派時代的現象，就文明史而言，是第三期以後；就文學史而言，是華文時代以後；就年代而言，始於西元前六、七世紀；就地理的範圍而言，是以恆河附近所謂的「中土」（Madhyadeśa）為中心，漸及於恆河下游，最後遍及於全印度。從來所述，廣義而言，可稱為吠陀時代，自此以後，稱為「吠陀以後的時代」（post-vedic period）；或將前者稱為先佛教時代，後者稱為佛教時代。簡言之，到了此一時期，印度思想界出現一大轉向。從而此部門之探究，與其說是古代，不如說是中古史之初期。之所以出現如此氣運，不外於古代思想產生變革，因此，作為前四篇之總結，予以概觀其狀勢並非蛇足。更且筆者相信此舉將有助於讀者了解印度古代哲學與宗教思想爾後的發展狀勢，故有此文之撰。

首先探求事情所以至此之原因，筆者認為大體上可歸於二種理由。第一，被稱為「吠陀之終結」

（Vedânta）的奧義書之自由思想。如先前所述，之所以產生奧義書，是由於剎帝利種的加入，故其中潛伏大量非婆羅門主義之思想。尤其就其教理內容觀之，其中含有諸多難以調和的矛盾要素，故終究無法長久持續下去。既含有自由思想，則遲早分成諸多潮流的運命自始已具。種種學派興起，就內在原因而言，直接或間接的根源全然在於奧義書的氣運與思想。第二種原因是，外在的事情，亦即當時社會的狀態。就西元前六、七世紀的印度狀勢觀之，印度雅利安民族勢力逐漸南進，因而觸及德干高原以南，最後越海而抵錫蘭島。從文明史的見地觀之，大史詩《羅摩衍那》即是此徑路之詩化。從而其文明的範圍大為擴張，處處產生特種文化，與之相應，處處有相異思想起伏亦不足為怪。加之，乘此民族膨脹之勢，教學鬱然興起，若非專門的分科的研究，無法究其堂奧之氛圍，終於成為異端思想養成之最佳狀勢。被推定是乘奧義書之氣運而出現，但與奧義書無直接聯絡的學派，大多是依此歷程而成立。如是，內外二種原因交加，西元前六、七世紀之後的二、三百年之間，或是彼此相關聯，或是獨立，諸學派滔滔興起，此即所謂學派時代初期之光景，亦即印度思想界大轉向之風潮。然而此僅只是大體的觀察，若更進一步，種種學派如何興起？其關係如何？如何發達？欲予以詳細探究將是非常困難的問題。此因得以顯示學派時代初期思想狀況的史料不見留存。今只能從各方面所蒐集暫且得以了解部分教勢的材料，予以綜合，略知其大要而已。

茲稍就與此史料有關的，略述如次。首先就奧義書聖典的方面予以稽查，古奧義書之接續，即是屬於阿闥婆吠陀的新奧義書。就其思想傾向觀之，顯然帶有分派的色彩，科魯普魯庫、那羅衍那、柁暹等人將此區分為純吠陀主義、瑜伽主義、遁世主義、濕婆主義與毗濕笯主義，此在本書第三篇業已述及。據此觀之，古奧義書分化時，其系統大體上開展成前揭五種潮流。但彼等所作如此區分，有關製作年代並不清楚，進而濕婆主義、毗濕笯主義又是屬古奧義書以外發展的有神思想。尤其五種潮流以外的佛教、耆那教、正理派等，一向與新奧義書並無直接聯絡。亦即僅以新奧義書為基本，終究不能盡窺當時諸派的興起與關係之狀勢。如前節所述，依據馬克斯穆勒與其他學者所見，婆羅門的形式的教義被整理成略詮體，是從西元前六、七世紀至西元前一、二世紀，故同屬學派時代之產物。若就其內容仔細探察，雖可發現與佛教、耆那教、古奧義書以及當時的俗信有所聯絡，但就概觀而言，梵書時代的思想仍居其主要部分，因此當時諸派的光景終究無法明白窺見。進而就崛起於此時代，史料最為豐富的原始佛教聖典觀之，彼等雖能詳盡傳述佛陀當時教學之態勢，但對於其他學派，諸如耆那教等教派，大多視為異端，對於大思潮並沒有觸及。尤其對於頗具重要性的奧義書，亦不見傳述其名稱，其疏遠的程度幾乎令人產生佛陀本人並不在奧義書思想圈內之聯想。例如被奧義書視為中姓非人格之原理的「梵」，在佛教中，自始就是具體的人格的梵天，若將此視為「梵漸次人格化」之結果，則古奧義書之終期與佛教之間，其年代必有相當的差距。雖然如此，由於沒有可作為架橋性的材料，另一方面有理由可以認為古奧義書之終期並非如此古遠，故其關係不容易決定。要言之，若僅依據原始佛教之史料，無法推定在佛教之前，印度曾有奧義書哲學存在。又，從來日本及中國的佛教學者將數論派（Sāṃkhya）、勝論派（Vaiśeṣika）、正理派（Nyāya）等推定為早於佛教成立，但若就原始佛教的史料而言，勝論派、正理派固然無庸贅言，甚至西洋學者所承認的數論派，其存在亦無明顯的證據。在如此情況下，僅依佛教史料，終究無法窺見當時其他有力諸派其教學之一般光景。

因此，得以彌補此一缺憾，得以顯示從古奧義書移行至諸派狀況的材料，近來頗受部分學者注目。此即敘事詩《摩訶婆羅多》（*Mahābhārata*）。詩篇中所敘述之事，被相信是發生於梵書時代，亦即以般度（Pāṇḍu）的五公子與庫魯（Kuru）王子之間的爭執為中心，描繪出發生於印度之大戰亂，其中含括傳說（itihāsa）、古譚（ākhyāna）、古傳（purāṇa）等諸體。最古的奧義書（姜多其亞三，四，一—二。四。七，二，一。七，七，一）中，已有史傳（itihāsa-purāṇa）之名稱，因此應是相當早以前，就已作為一種傳說而流傳，隨著年代，漸次增補，終於成為十八章十萬頌舉世無雙之大詩篇。不清楚全篇於何時完全完成，但從西元前四世紀的波你尼（Pāṇini）已言及其題名與登場人物[1]，又依據喜由拉所述，《帕烏達亞那法經》（二，二，四，二六）中曾引用其中一頌看來[2]，在西元前三、四世紀已具有相當的體系。異於《羅摩衍那》，此詩篇混入種種要素，當時的哲學宗教等論述更是常見。此中，以屬於第五章的薩納多斯夏提亞（Sanatsujātīya）、屬於第六章的薄伽梵歌（Bhagavadgītā）、屬於第十二章的解脫法品（Mokṣadharma）、屬於第十四章的阿笯歌（Anugītā）最為著名（柁暹曾有此四部分之譯，Vier philosophische Texte des Mahābhārata, *Leipzig* 1906）。就其所述見之，既有古風之祭祀主義，也有新的非祭祀主義之鼓吹，既有吠陀風之潮流，也有數論派、瑜伽派、有神派的方向，幾乎可說就是一部宗教哲學全書。因此，從來此書通常被視為意圖調和諸學派的雜書，但達魯曼與柁暹卻認為實足以代表諸學派未分之思想，尤其柁暹認為從古奧義書移至諸派的經過正應於此中探求，故極力予以論證。依據柁暹所說，就文體而言，《摩訶婆羅多》介於吠陀文體（含古奧義書）與華文體之間；就宗教的態度而言，一方面承認吠陀之神權，

1. Hopkins, Religions of India, p. 350; M. Winternitz, Geschichte der indischen Litteratur I. S. 400.
2. Sacred Books of the East vol. XIV, pp. xli, 237.

重視四姓階級，但另一方面，逐漸顯現非吠陀主義以及四姓平等主義之傾向；就哲學的傾向而言，所呈現的是，由古奧義書的吠檀多主義而逐漸分成數論的、瑜伽的與有神的道程；就實際的態度而言，顯現出往昔的形式主義、儀式主義逐漸如同佛教等，是朝向實質的、倫理的而進行[3]。若是如此，對於本問題之解決，此書實是最為重要的史料，不只正統諸派（āstika），即使所謂異端派（nāstika）之開展，據此亦得以而追蹤。然而據筆者所知，《摩訶婆羅多》全書果真成立於波你尼之前的確證不得見，更且其中含有柬埔寨（Kamboja）、支那（Cīna）、希臘（Yavana）等出現於西元前後的地名，在所謂「四哲學書」中，存在不少可視為其他學派業已成立之論述，故終究不能如杹暹所說，其所揭示是學派時代初期之光景。《摩訶婆羅多》的思想恐是含括學派成立以前至成立以後，且其本身是代表有神派之潮流。

如同上來所述，就種種材料而言，其曖昧不清之處甚多，且相互之間並無有機的聯絡，縱使綜合全部亦無法完全且詳細追蹤從古奧義書開展成諸派的次第。此實是印度思想史家最感苦惱之處。總之，意欲通過此一難關，除了作其次之探察，別無他途。亦即就內在的原因而言，古奧義書雖是諸派開展之原動力，然其思想系統未必僅限於古奧義書，既生於古思想，但也出自潛藏於民間的信仰；又就外在的原因而言，如前所述，其文明的範圍極廣，因此，在同一時代同一氣圈中，由不同地方所產生的各種思潮，雖有自然暗合的，但各自獨立而成立的學派也不少。簡言之，在學派初始時代，全印度之思想界產生革新之大氣運，各地或聯絡或獨立而成立種種學派。在一體之背後，涉及千年思想之堆積與及於德干以南的文明範圍，且由於交通不便，授受皆以口耳相傳，在此情況下，

3. Deussen, Allgemeine Geschichte der Philosophie I. 3, S. 8~11.

將所有思潮視為在同一地方，經由同一流域而分出，是毫無道理的。應是因人因地，其主義信仰而有差異，或是喜歡進步，或是甘於保守，或調和，或反動，直至思想固定，遂有諸派之勃興，如此看待才符合歷史。就此而言，之所以欠缺有機的聯絡，也是自然，從而視為曾是獨立於當時的某一潮流，才是正確。筆者依此見地而參酌諸學者意見，基於種種史料，從學派時代之初期至其後的二、三百年間，對於思想界之大勢作如次觀察。

一、**正統婆羅門的潮流**　梵書時代的形式主義到了奧義書大為動搖。但惰性使然，大體上，仍擁有社會的勢力，依然主張其「三大綱領」。若認為奧義書興起後，婆羅門教義產生根本的變革，或佛教興起後，婆羅門教倒地不起，則是大錯特錯。不只如此，一方面受當時分化的氣運所促，另一方面，為與新教派對抗，在此時期，反而編成略見組織性的婆羅門書。家庭經、天啟經、法經等即是此一時期之產物，此如前篇所述。西元前五世紀的亞斯卡（Yāska）以及西元前四世紀的波你尼所完成的梵語文法，實是為維持吠陀權威的大補品。《六吠陀分》（*Vedāṅga*）全部之完成，可能也是在此時期。尤其以馬拉瓦派（Mānava）的法經為主幹，彙集諸法典之精華，加上世界觀、人生觀的而成書的有名的《摩笯法典》，若依喜由拉所見[4]，其成書是在西元前後，可知在佛教已被阿育王視為如同印度國教之後，而婆羅門猶強烈鼓吹其主義。亦即諸派之興起，一方面是形式主義的婆羅門教不能令其滿足，但另一方面，則是作為國民的宗教，作為諸派之首席，婆羅門猶固守其主義所致。此婆羅門教雖隨從民族擴張而遍及四方，然其中心地，仍是俱盧，亦即所謂的「中土」，故《摩

4. Sacred Books of the East vol. XXV, pp. cxivf.

笯法典》（二，一七）又稱此地為普拉夫瑪瓦魯達（Brahmâvarta，聖地）。

二、有神的潮流　對於往昔諸神之崇拜雖日漸衰頹，但猶見崇拜，故有家庭經與天啟經出現。雖然如此，在氣候風土與社會歧異的時代，往昔諸神已無法維持同一神格，因此民眾信仰上的各各神格產生極大變化。因陀羅已非往昔之雷霆神，而是作為「帝釋天」（Śakra devêndra），是武勇神且擁有諸多妻妾之天神；生主也不再是原理之神，而是成為人格神；蘇摩也不再只是酒神，而是純然的月神；而造一切神則成為工巧神，諸神在神格上產生極大變化。又，吠陀時代尚無名稱的財富神庫培拉，亦即毘沙門天（Vaiśravaṇa）、女神吉祥天（Lakṣmī）等新的神格也見產生，總之，給予具體的與人格的寫象，是此時代民眾信仰之特色。佛教所說的梵天、帝釋天即是此通俗信仰存在之跡證。在如此通俗的多神教之間，產生一種新氣運，亦即認為其間存在一個中心的大神格，彼具有創造與支配之作用，同時也產生對此神的絕對信仰，意欲受其攝理之運動。此即筆者所說的有神的潮流，也是後世印度教諸派淵源性的思想。此類氣運先前在梨俱吠陀時代終期也曾出現，但都出自於哲學性的，直至此時，因應信仰的要求而再度興起。成為其中心的神格之中，最為有力的是毗濕笯（Viṣṇu），亦即那羅延（Nārāyaṇa），以及濕婆（Śiva），亦即大自在天（Maheśvara），還有中性梵的男性化之梵天（Brahman）等三神。尤其毗濕笯與濕婆的虔誠信眾眾多，其流派遂朝向最為隆盛之氣運。《摩訶婆羅多》中，雖載有種種教派之說，終究還是屬於此有神潮流的代表性文獻，尤其到了《薄伽梵歌》（依據提蘭庫等所見，是西元前五世紀以前的作品）[5]，此一潮流到達頂點。

5. Sacred Books of the East vol. VIII, p. 30; Radhakrishnan, The Bhagavadgītā, London 1948, p. 14.

三、哲學的潮流

前揭二種潮流，可說都是保守的俗信的，進而真正承繼奧義書之氣勢，以哲學為主而興起的學派也不少。作為古奧義書之直系，所產生的新奧義書之五潮流，則帶有顯著的學派色彩。又，同樣是從古奧義書出發，卻帶有相當異端的傾向，且成為最為有力的學派的數論派，其成立是在此時期之初；以此為根據，組織古奧義書以來的觀念法而成立的瑜伽派，其基礎大致也是在此時期成立。又，其思想系統之淵源不是很清楚，但究理派，亦即勝論派（Vaiśeṣika）、正理派（Nyāya）之興起，應該也是在此時期。此外，從先前持續下來的諸多小哲學思想也相當抬頭，或作變形，或作整理，各自主張與獨立相應之權利。此中，波你尼文典派之徒所主張的「斯波多（sphoṭa）常住」的言語哲學，以及為維持吠陀暗誦功德的「聲常住論」（彌曼差派所主張），最為顯著，都是為擁護吠陀神權而提出的哲理。

四、非吠陀的潮流

前揭三種思潮中，數論雖是非吠陀主義之學派，但從任何方面而言，都與廣義吠陀有關係，因此爾後都以正統派自任。但趨勢所趣是，明確否定吠陀之教權，反抗婆羅門主義的異端派之思潮也擁有顯著勢力。無從追蹤此類氣運起於何時，以何處為中心，但至少就佛典所載看來，顯然是以恆河東岸及其下游的摩揭陀為中心而興起。從佛陀時代的摩揭陀國中所謂「六師之說」的某些教團所說看來，其中含有極端耍弄的詭辯，以及主張現世主義與不承認吠陀之神。順世派（Lokāyata）可說是此類思想之代表，彼等鼓吹極端的唯物主義、快樂主義，極具破壞性，是為反抗從前的婆羅門教而興起。又，六師之一的尼犍子（Nirgrantha），亦即耆那教徒，從種種證據看來，耆那教是佛陀的前輩，亦即是由出自剎帝利種的瓦魯達瑪那所開創，彼等主張反吠陀主義，且意欲積極改革從來的宗教，也是極為有力的一派。恆河東岸與摩揭陀的非吠陀氣運所以如此興盛，其因在於此地距離俱盧甚遠，婆羅門的感化僅只表面形式，且其形式主義早已不能令人滿足，加上此地的王者其權利強大，無須屈服於婆羅門之下。趨勢所趣是，迦毗羅衛城的太子，亦即在摩揭陀修學的大聖釋迦牟尼建設其非吠陀主義的佛教，印度思想界因此而產生大變遷。

上來分成四種潮流，概括性的觀察學派時代的初期狀況。剋實言之，如此的分類方法相當不精密，因為不清楚某些教派當攝於何等潮流，也有四種潮流都無法攝入的教派，故無法作完全的分類。此處所作，只是權宜的大體的區分而已。佛教聖典中，通常將外道諸派分成九十六種，或依其所論而分類為六十二見，此固然不能說是正確的分類，但據此得以窺見當時諸種不同的意見如何興起。若加上依據其他材料所得的不同意見，其多趣多樣實是不可收拾。雖然如此，此等並非今日研究之目的，故在此僅就其概觀，略作一述。

第二章　諸學派共通之思想

學派競立之所以，其因在於各各之主義或信仰有別，以及思想體系不同。尤其印度自古就有可以大膽發表各人所信之自由，到了學派時代，各派教義分歧，且趨於極端的也不少。但就其目的而言，都是為了解脫，亦即對於解脫假現之束縛而安住於不動之真性的看法，是一致的。此乃奧義書以來，印度思想的一大特徵。從而以此解脫觀為中心，其前提或後件之思想，諸派之間一致的看法相當多。其中大多是奧義書已定或欲定，但也有奧義書尚未明確的思想。總之，是與各派教理共同組織而成立的，此乃學派時代之稱為學派時代之所以。若予以概括，則得以掌握奧義書時代至學派時代的印度思想之特質，故此下擬簡單予以述之（雖說是共通思想，但順世派一流的思想應予以排除）。

一、**出發點**　首先就出發點見之，任何學派必然帶有幾分厭世的傾向。此世只是假現，故應捨之，藉此而臻於更為美善之境界，此即各派的出發點。此厭世觀正是解脫觀之前提思想，與解脫觀都是印度思想的特徵之一。之所以產生如此的思想，因於現實與理想所作的對比，而所憧憬的理想鄉，其之美善是現實無從比擬。徵於文獻，梨俱吠陀時代，可以說都是樂天的，厭世思想尚未表現。但到了夜柔吠陀時代，遁世者之記事處處可見，據此可知在部分思想家之間，厭世之心既已萌芽。其次，到了梵書時代，「四時期」（āśrama）之制產生，林棲（vānaprastha）、遁世（saṃnyāsa）被視為婆羅門之義務，進而到了奧義書時代，理想界與現實界之對比非常明顯，同時，此一思想也更為根深柢固，因此遂有成為一般思想之傾向。固然在表面上，奧義書的古老部分尚未充分表現，然其內在實已常予觸及，到了中期，則公然表現，尤其到了《邁伊多拉亞那》（*Maitrāyana*），一開始即予以力說。在《邁伊多拉亞那》（一，三）中，普利哈多拉達王（Bṛhadratha）對聖人裏卡亞尼亞（Śākāyanya）說道：

聖者！由骨、皮、筋、髓、肉、精液、血液、黏液、淚、眼脂、糞、尿、風、膽汁與痰所成有惡臭無核心之此身，有何愛欲之享受？為愛欲、憎惡、貪欲、愚痴、恐怖、瞋恚、嫉妬、愛別離、怨憎會、飢、渴、老、死、病、憂等所惱的此身，有何愛欲之享受？

如此深刻沉痛之言，實衝人肺腑。當印度民族逐漸進入熱帶圈內後，厭世觀幾乎是一般思想家所共通，到了學派時代，對此已無必要作彼此之分別。佛陀出家的動機，耆那求道之目的都在於離苦得脫，數論派的出發點也是脫離現世之三苦，此外的一切學派亦皆以此為其目的。甚至當著重於現世的法典之作者也有此觀念，在《摩奴法典》（尤其第十二章）中予以詳述。任何人若運心於理想鄉，遊思於實相之境涯，必帶有幾分厭世色彩，此乃理所當然，在印度，此思想所以如此強烈，受輪迴觀的影響實是不少。亦即在梵書時代既已萌芽，到了奧義書已趨圓熟的輪迴說、業說，在學派時代成為普遍的真理，厭惡輪迴不休之心終於表現成為深刻的厭世思想。此輪迴說是印度思想一大特質，可說是解脫觀的主要前提思想。若是如此，應以何等手段脫此苦界，離此輪迴之衢？解決此問題的方法不同，因此，遂有學派之分派。或求之於實行，或求之於信仰，或求之於哲理的思辨等等，有種種方法。總而言之，藉由實行而實現哲理，藉由哲理而支持實行，將信仰訴之於知識，將知識移至信仰，以所謂「知行合一、知信一體」而達此目的，是各派都認許的。就此而言，可以說印度的哲學與宗教之間並無嚴格區別。因此，以下總括彼等所處理的問題，藉以見其共通點。

二、本體觀（我論）

就哲學而言，對於本體的看法不同是學派分派的主因，因此當然沒有全體的共通點。但任何學派，作為其根本問題而處理的題目，只有一個。此即「自我論」，廣義而言，正是生命的問題。古奧義書曾一度以此問題作為思辨中心，其見解雖有種種，但至少任何學派都認為此問題之解決，即是解決輪迴問題、解脫問題之關鍵。說為輪迴，說為解脫，追根究柢，不外於是指生命（亦即我）之狀態，故以此為中心的思想界將「我論」當作思辨中樞，也是當然。原始佛教主張「無我論」，乍見之下，似乎是此論之反對，但實際上，「無我論」也是「我論」的一種，到了大乘佛教，則明白地以本體的「我」為問題中心而進行議論。就此而言，縱使是佛教，也完全不能跳脫一般的思想。要言之，就哲學而言，印度的形而上學完全是以生命問題為中心而發展的。

三、器世界觀

印度諸派中，雖有從本體論的立場而到達無宇宙論的，但至少在世俗的立場上，對於物器世界之觀察，諸派共通的思想相當多。首先是有關存在之意義，諸派都將此視為有情輪迴之舞台。無論將此視為迷妄所產，或是實在物質的原理所產，諸派一般都認定世界所以存在，是因為有情存在，若無生物，則無需假定世界之存在。關於其成立要素，《泰提利亞奧義書》（二，一）以來的地、水、火、風、空等五元素，亦即五大說，或除去其中的「空」，而成為四大說，也是諸派共通的看法。當然對於元素的配合或性質等的論述，因學派不同而論述有相當差異，但至少在名目上可以認為「四大說」或「五大說」是共通的教理。又，關於世界的種類、形狀，《梨俱吠陀》以來有種種論述。尤其若依《愛達雷亞奧義書》所述：（一）此宇宙上下有水包圍，其中有三界，旁有日月等守護神，到了學派時代，諸派猶保存此三界之名目，對此作種種論述。尤其在此時代始漸明顯，到後世則永被相信的，是作為現世界之中心的須彌山（Sumeru，妙高山）之觀念。此須彌山原被視為是在北方喜馬拉雅山中，是諸神之淨土的高山，是神話之山，但逐漸發展成是現世界中軸的大山。依據《摩訶婆羅多》（一二，一八二）所述，此世界如一朵蓮花，其中有高達天上的神山「迷盧」（Meru，須彌山），梵天即以此為座而創作萬有；若依據佛教的說法[1]，以須彌山為中心，依序有七海、七山（七金山）環繞（須彌山本身加上鐵圍山以及須彌海，合稱九山八海），須彌山之東西南北有四洲，都是人類之住處。總之，「須彌山說」初始半是神話，半是依據奇怪的地理的考察而提出的，隨同世界觀發展，逐漸組織而成立，到了學派時代，終於成為無可懷疑的世界觀的要素之一，因此各派都予以承認。

關於世界存續之期間，或說無始無終，或說有始無終，有種種議論，但於某一時期開始，經一定時期破壞，更經一定時期又形成的「循環說」，則是諸派共所承認的。此即「劫波說」（kalpa-vāda），古奧義書僅見萌芽，未見其名目，到了學派時代才明顯表現。就其理論的基礎而言，應是創造說與業說之調和。亦即世界創造之觀念是《梨俱吠陀》以來之定說，但就業說而言，輪迴是無始無終，因此，作為其舞台的世界若非無始無終，在種種方面，免不了產生矛盾。因此，予以調和的唯一方法，就是所說的世界創造，並不是有開始的創造，而是在創造以前已有世界，從而被創造的世界爾後也有破壞的時期，常常如此反覆不止，亦即是以如此之論述予以會通。

此劫波說之詳細論述方式，因學派而異，但大體上是分為四期。依據《摩笯法典》（一，

---

1. 例如《長阿含經》卷十八（大正藏一，一一四下以下）、《俱舍論》卷十一（大正藏二九，五七中以下）等。

八一）與《摩訶婆羅多》（一二，二三二，二三）所載，首先將人間界的循環，依其道德與壽命的關係，分為四時期（yuga）。即：庫利達（kṛta，四點）、多雷達（tretā，三點）、多瓦帕拉（dvāpala，二點）、卡利（kali，一點）。此應是比擬骰子之點數而使用的名稱。第一的庫利達時代是黃金時代，人壽四百歲，道德正義完備，此將持續四千年；第二的多雷達時代，人壽三百歲，此較前者少四分之一，將持續三千年；第三的多瓦帕拉時代，人壽二百歲，人間的道德更不完全，此將持續二千年；到了第四的卡利時代，亦即當時（摩笯法典與摩訶婆羅多時代），人壽減為一百歲，道德正義頹廢，此將持續一千年。此四期結束，世界並不是就此面臨破壞，而是卡利時代結束之後，再往上回溯，直至回到庫利達時期，如此順逆循環四千回。此與希臘的演佩多庫雷斯所說「世界之狀態是由愛盛之球（sphairos）時期至憎盛不和時期，順次循環」的看法大略相同。如是，達到四千回時，總計相當於世界之主神（梵）之一日，自此進入梵之睡眠時期，一切都融合於梵，亦即世界破壞，其次的再次成立，應是梵覺醒時，此時又是空空漠漠之光景。就佛教的看法觀之，佛教固然不立創造主之梵神，但同樣依據業說而立其「四劫說」。世界成立期間是成劫，存續期間是住劫，破壞期間是壞劫，破壞後再次成立之間是空劫[2]。此即所謂「成住壞空」之四劫說，此中，對於人類壽命、道德狀態之增減循環等的說明，相較前揭婆羅門之傳說，其規模更大且更為緻密。恐是加入養於婆羅門思想，且更作佛教一流之組織而成。總之，劫波說是成立於學派時代，且是任何學派一般都認可的教理。

對於世界之形態及其成立與破壞，以及此間的人界予以詳述的，是後世古傳文學（Purāṇa）之要

2. 例如《長阿含經》卷二十一（大正藏一，一三七中）、《俱舍論》卷十二（大正藏二九，六二中以下）等。

旨，然其材料在學派時代初期早已大致齊備，此乃須予以切記莫忘的。

四、有情觀 此處所說的有情（sattva），是指在輪迴範圍內的一切生類。通常應稱為「人生觀」，但印度人對人生之探討常與其他生物相關聯，因此說為「廣有情觀」，才是恰當（固然人類常是探討之中心）。有情觀之探討與其主體之「我論」相輔相成，成為諸派重要的問題，至於生理說、心理說、有情的分類法等等方面，大致共通的思想也不少。首先就有情身體的組織而言，通常是區分成微細身（sūkṣma-śarīra）與麤身（sthūla-śarīra）等二部分（摩奴法典一，一七以下等）。所謂細身，即是靈魂身，是輪迴之主體的微細身；所謂粗身，是指由地、水、火、風等粗物質所成的所謂的肉體，即依生死而取得的部分。此一觀念在古奧義書已充分圓熟，但尚未以術語表現，到了學派時代，大部分的學派已有明顯的區別而作論述。唱說「無我論」的佛教上座部，之所以提出中有（antarābhava）[3]，也完全是受此思想所影響。心理觀方面，對於心之主體的看法，雖因學派而大有差別，但至少將感覺機關視為是眼、耳、鼻、舌、身（或皮）等所謂的五根，並立一予以總括的機關的「意」（manas），也是奧義書以來諸派所共通的。又，將有情發生之狀態，分成「四生」，即：胎生（jarāyuja）、卵生（aṇḍaja）、濕生（svedaja）、芽生（udbhijja），也是承繼奧義書所說[4]，學派時代大抵是沿襲古說。但佛教沒有將芽生的植物納入輪迴範圍，而是以化生（upapāduka，巴利語是 opapātika）代之，亦即以天人之一類或依據神通力之變化身代之，提出其四生說（catvāro yona

3. 例如《大毘婆沙論》卷七十（大正藏二七，三六三上）、《俱舍論》卷八（大正藏二九，四四中）。

4. āṇḍaja, jīvaja, udbhijja 的三生說見於《姜多其亞奧義書》（六，三，一），āṇḍaja, jāruja, svedaja, udbhijja 的四生說，見於《愛達雷亞奧義書》（三，三）。《摩奴法典》（一，四三～四六）載為 jarāyuja, aṇḍaja, svedaja, udbhijja，可知形態頗多。

yah）[5]。

最後，對於有情之種類，諸派所見不同，但最應注意的共通點是，諸派都將種種神祇視為有情之一類。在《普利哈多阿拉笈亞卡奧義書》中（四，四，四）述及輪迴之境涯，曰：「成為祖靈，成為乾闥婆，成為諸神，成為生主，成為梵天，成為其他有情」，如此的觀念，到了學派時代成為一般信條。通常雖將數論、耆那教、佛教稱為無神論，但彼等只是不立宇宙之支配神，對於一般民眾所相信之神還是承認，認為是地位高於人類的有情，因此並不否定其之存在。尤其在佛教中，不僅梵天、帝釋、忉利天（三十三天）、毘舍門天等皆歸依佛，甚至山神、樹神、鬼神等也都加入此一行列。提婆達多從山上向佛陀擲大石，當時抱住此大石的，正是山神金毘羅鬼（Kumbhīra）[6]等，類此之例，不勝枚舉。就此而言，除了極端的唯物論者，可以說印度諸派都是有神論者。但彼等所處並非究竟地位，果報盡時將退轉，又任何人皆可藉由善業而到達神位，此與往昔之思想大有差別。

五、實踐觀（修行觀）

如前所述，印度思想的特質之一，是知行合一觀，亦即任何教理都需要實行，才能實際化。從而各派相競提出具有特色的實行法，此中，共通的規定也不少。總而言之，諸派實踐之要目是盡可能脫離肉體的感覺的束縛，令心清淨，以求靈性逐漸發展。因此，首先必須制定種種規律，此中，五戒是諸派共通之規律，各派都特為注重。《摩笈法典》（一〇，六三，參照帕烏達亞那法經二，一〇，一八，二）曰：「摩笈如是說道：不殺生、守真實、不竊盜、純潔、

---

5. 《增一阿含經》卷一七（大正藏二，六三二上）、《長阿含經》卷一九（大正藏一，一二七上）、《大毘婆沙論》卷百二十（大正藏二七，六二六中以下）、《俱舍論》卷八（大正藏二九，四三下以下）等。巴利本是《長部》三、二三〇。《中部》一、七三等。
6. 《興起行經》卷下（大正藏四，一七〇中下）、《有部破僧事》卷一八（大正藏二四，一九二下以下）。

制御官能，此乃四姓共通法規之要綱。」耆那教聖典《歐瓦瓦伊亞》（*Ovavāiya*）[7]揭出在家信徒之五小戒：禁止麤殺生、麤妄語、麤不與取（竊盜），以及應滿足己妻、節度欲望。耆那教學者烏瑪斯瓦提（Umāsvāti）在《達多瓦魯達提卡瑪經》（*Tattvārthādhigamasūtra*，七，一）[8]指出：「殺生、虛偽、竊盜、非梵行、諸欲之禁止，是為戒。」瑜伽派之禁戒（yama）的規定[9]完全與此相同。佛教的五戒與此之差異，只在於以不飲酒取代其第五戒。初始只是婆羅門社會之規定而被一般人採用，但從另一方面而言，此等都是社會的規定，尤其作為修行的規定，是自然而起的教條。至於更進一步的修行法，彼等所共同注重的是，禪定的觀法，亦即瑜伽行法。奧義書曾一度成立其修練法，因此，所有學派無不將此當作解脫的唯一手段。諸學派中，雖有瑜伽派一派，但此修行法絕非該派專有，此乃必須切記勿忘的。與此相伴，吠陀時代已有的神通信仰也成為一般性的，各派都提出神通妙用，最後終於被當作修行成熟之表徵。

六、終末觀　如同筆者在前文（出發點）所述，輪迴觀、善惡業觀是學派時代已完全成熟的一般信仰。脫離輪迴而到達的不生不滅之境，正是最終目的之解脫。然此解脫觀應與其本體觀相應，故隨從不同的本體觀，諸派對於解脫的論述也不一樣。或將此視為受人格神所攝理，或說是生存意志之否定，或說是個人精神之獨存，或說宇宙唯一之實在於自己實現，其說明方式不一。雖然如此，

---

7. Ovavāiya(Aupapādika)：Suttāgame vol. II. p. 23, 6f. 又，Āyāra (Ācāra)：Suttāgame vol. I. pp. 94~99: Scared Books of the East vol. XXII. pp. 202~210; Ṭhāna (Sthāna)：Suttāgame vol. I. pp. 255f.。

8. Hemacandra, Yogasūtra 1, 19. 也與此相同。

9. Pātañjala-Yogasūtra 2, 30.

但將此境地視為不生不滅之處，絕對安穩之處，常恆不變之處，無時間空間制限之處，一言以蔽之，此乃「言詮不及，意路不到」之妙樂境，則是各派共同之所見。

以上略述其主要的共通點。若欲詳細揭出，其量甚多，避免繁瑣，略去不述。關於立此等思想的一一學派如何發揮其特色，將於別稿述之。

印度哲學宗教史新譯本／ 高楠順次郎、木村泰賢 著；釋依觀 譯. -- 初版. --新北市：臺灣商務, 2017. 03
面 ； 公分. -- （OPEN 2；64）
譯自：印度哲學宗教史
ISBN 978-957-05-3071-1（平裝）
1. 印度哲學 2. 思想史
137.09 106000314

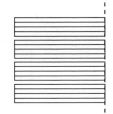

讀者回函卡

感謝您對本館的支持，為加強對您的服務，請填妥此卡，免付郵資寄回，可隨時收到本館最新出版訊息，及享受各種優惠。

■ 姓名：________________　性別：□ 男 □ 女

■ 出生日期：________年________月________日

■ 職業：□學生 □公務(含軍警) □家管 □服務 □金融 □製造
□資訊 □大眾傳播 □自由業 □農漁牧 □退休 □其他

■ 學歷：□高中以下（含高中）□大專 □研究所（含以上）

■ 地址：________________________________
____

■ 電話：(H) ________________ (O) ________________

■ E-mail：________________________________

■ 購買書名：________________________________

■ 您從何處得知本書？
□網路 □DM廣告 □報紙廣告 □報紙專欄 □傳單
□書店 □親友介紹 □電視廣播 □雜誌廣告 □其他

■ 您喜歡閱讀哪一類別的書籍？
□哲學・宗教 □藝術・心靈 □人文・科普 □商業・投資
□社會・文化 □親子・學習 □生活・休閒 □醫學・養生
□文學・小說 □歷史・傳記

■ 您對本書的意見？（A/滿意 B/尚可 C/須改進）
內容 ________編輯________校對________翻譯________
封面設計________價格________其他________________

■ 您的建議：________________________________

____

※ 歡迎您隨時至本館網路書店發表書評及留下任何意見

臺灣商務印書館 The Commercial Press, Ltd.

23141新北市新店區民權路108-3號5樓　電話：(02)8667-3712
讀者服務專線：0800-056196　傳真：(02)8667-3709
郵撥：0000165-1號　E-mail：ecptw@cptw.com.tw
網路書店網址：www.cptw.com.tw
臉書：facebook.com.tw/ecptw